김청경,

미_美완성을

꿈꾼다

김청경,
미(美)완성을
꿈꾼다

김청경 지음

최고의 메이크업 아티스트
김청경의 30년 뷰티로드

머리말

나는 메이크업 아티스트다

30년을 하루같이 일했습니다.

그중 20년은 하루 평균 수면시간이 2~3시간이었습니다. 그렇게 사람이 어떻게 사느냐고도 했지만 저는 그렇게 살았습니다.

30년 동안 만난 사람들의 수를 헤아려보니 어림잡아도 20만 명이 넘습니다.

그토록 많은 얼굴들을 메이크업하면서 저는 그들을 기분 좋게 하고 의욕 있게 하고 최선을 다해 그들에게 행복과 아름다움을 선사했습니다. 거울 속 자신의 얼굴을 보며 입가에 미소가 번지는 순간을 보게 될 때 기뻤습니다.

아름다움을 드리고 제가 더 행복했습니다.

저를 행복하게 해준 그들을 사랑했습니다.

그래서 사랑하는 사람들에 대한 이야기를 쓰고 싶었습니다.

한계를 긋지 않고 신념을 잃지 않고 달려오며 30년 동안 지켜온 나의 '초심'에 대해 이야기하고 싶었습니다.

이 사람을 더욱 빛나게 하고 싶다는 마음으로 손끝에 내가 가진 능력과 진정성을 모아 보여준 그 결과들과 "원장님 손은 따뜻하고 부드러워요", "언니 손으로 메이크업해야 내 얼굴이 제일 예뻐요." 하는 내 손에 대한 찬사를 자랑하고 싶었습니다.

30년 나의 뷰티로드는 지금도 현재진행형입니다. 여전히 밤낮이 뒤바뀐 채 바쁩니다. 그리고 아름다움을 향한 나의 목표는 죽을 때까지 계속될 것입니다.

엄마를 자랑스러워하는
사랑하는 나의 아들,
나의 희망인 동한이에게 이 책을 바치고 싶습니다.

2013년 3월
김청경

차례

머리말_나는 메이크업 아티스트다! 004

Part 1

어린 시절,
메이크업의 세계에
첫 발을 들이기까지

막다른 골목에서 013

가난을 알고 절망에 울다 017

힘이 되어준 신부님의 말씀 022

스스로 일어서기 025

사랑의 릴레이 030

분장학, 그 새로운 세계 035

KBS 분장실에 들어가다 042

아름다운 남자, 임성민과의 만남 054

분장실을 나오다 060

다시, 새로운 길로 068

광고 메이크업 전문가, 김청경 072

나는 대한민국 최고의 메이크업 아티스트다

나는 '메이크업 아티스트' **079**

대한민국 최고의 길로 **082**

작은 승리 **086**

내가 만난 최진실 **091**

해피페이스 김희애 **100**

스무 살의 이종원 **102**

사슴 같은 눈망울을 한 장동건 **113**

밀라노, 더 큰 도약을 위한 선택 **117**

한국에서 온 전화 **128**

김지호, 누드 메이크업의 탄생 **131**

메이크업은 빛의 예술 **135**

누드 메이크업을 만들다 **138**

유리공주 심은하 **147**

스타들의 아지트, 김청경 헤어페이스 **153**

김청경? 좋은 기운을 나눠주는 사람! **156**

나를 만들어준 스타들, 그 행복한 이야기들

- 아름다운 사람들과의 잊지 못할 인연 **161**
- 안재욱을 예쁜 여자로 만들다, 영화 〈찜〉을 위한 도전 **163**
- 김석훈, 나를 '누나'라고 부르는 멋진 남자 **173**
- 김정은, 항상 성공하는 배우 **177**
- 아름다운 여인들, 오현경과 고현정 **186**
- 여명, 내 꿈 속의 왕자님 **196**
- 클라우디아 쉬퍼, 살아 있는 여신 **201**
- 김남주, 라끄베르 신화를 만들다 **208**
- 조인성, 한결같은 순수함 **217**
- 네 가지 색의 요정 핑클 그리고 효리 **221**
- 송윤아, 지적인 아름다움 **225**
- 송혜교, '절세의 미인'으로 성장한 소녀 **228**
- 수애, 청초하고 단아한 여인 **235**
- 전인화, 백합처럼 곱고 순수하게 아름다운 **242**
- 채시라, 진정한 프로페셔널 **253**
- 천정명, 대기만성의 만년 소년 **259**
- 내 마음의 별, 이은주 **263**
- 아름다운 근성, 조윤희 **278**
- 사람을 사랑하는 것 **285**
- 영부인 전속 메이크업 아티스트 **288**

Part 4
새로운 시작, 더 먼 곳을 바라보는 나

쉰 살 그리고 터닝 포인트 295

김청경의 이름을 걸다 297

리즈케이, 모든 여성을 위한 화장품 301

가족, 내가 살아가는 이유 309

일하는 여자로서, 젊은 여성들에게 하고픈 말 313

언제 어디서든 배움을 멈추지 마라 321

진정한 아름다움이란 325

내가 이어가는 사랑의 릴레이 333

지난 일들을 돌아보면 342

김청경이 만든 최고의 메이크업 테크닉 Best 7 346
누드 메이크업 | 투명 메이크업 | 동안 메이크업 | 아쿠아 메이크업 | 생얼 메이크업 | 삼각존 동안법 | 투명 메이크업의 완성, 결 커버(컨실러)

김청경이 선정한 최신 메이크업 트렌드 352
리얼 스킨 메이크업 | 윤광 메이크업 | 블랙 섀도 스모키 메이크업 | 펄 메이크업 | 네온 컬러 메이크업 | 일자 눈썹 메이크업 | 딸기우유 립 메이크업 | 퍼플 컬러 메이크업 | 틴트 립 메이크업 | 누드 립 메이크업 | 골드 메이크업

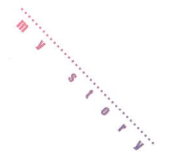

막다른
골목에서

명동 골목의 채권회사 사무실. 돈과 사람이 만나는 이런 종류의 사무실은 번화가에 있어야 마땅하지만 너무 눈에 띄는 곳은 피해야 하는 모순이 있다. 때문에 대로변보다 후미진 골목에 자리 잡게 된다. 이 사무실도 명동 중앙로에서 한참 안쪽으로 들어간 골목의 허름한 건물에 세 들어 있다. 보통의 월급쟁이는 상상도 못할 큰 단위의 돈 이야기가 시장에서 콩나물 사는 일처럼 쉽게도 오가는 곳이지만 사무실 집기는 간소하다 못해 옹색하기까지 하다. 이 옹색한 사무실에서도 구석자리의 책상 하나와 의자 하나가 내 자리다. 아침 9시에 출근해서 삐걱대는 철문을 열고 사무실에 들어간다. 그리고 손댈 때마다 비명 같은 소음을 내는 낡은 창문도 연다. 어제도, 오늘도 그리고 앞으로도 다를 것 없는 풍경. 비닐로 마감된 의자와 호마이카 책상과 유리 재떨이들.

이 채권회사 사무실 사람들의 심부름을 하고 그들이 마실 커피를 타고 커피 잔을 닦는 일. 이게 나의 일이다.

가끔 사무실 사람들이 없을 때는 혼자 괜히 사무실 곳곳을 유영하듯 거닐곤 한다. 산소가 부족한 어항에 갇힌 물고기처럼 혼자 있을 때만 이루어지는 이 사무실 산책. 매일 느리게 반복되지만 사실은 아무 의미 없는 걸음이다. 그러다가 무엇에 치민 듯, 벌컥 창문을 열고 명동 골목을 내려다 본다. 한참 동안.

갑자기 사무실 문이 열리고 커피 심부름, 은행 심부름 등의 일거리가 떨어진다. 그래, 나의 일, 내가 할 일이 여기 있다. 말 없이 커피를 타고 잔을 씻는다. 립스틱 자국이 묻은 커피잔들이 쌓여가는 싱크대 앞에 서니 수돗물인지 눈물인지 모를 물줄기가 후두둑 떨어진다.

이 모습이 1980년, 열아홉 살의 김청경이었다.

우리 집이 늘 어려웠던 건 아니었다. 대지주이자 사업가였던 할아버지 덕분에 어린 시절, 적어도 내가 중학교 때까지 우리 가족은 부잣집 소리를 들으며 풍족하게 살았다. 할아버지로부터 많은 재산을 물려받은 아버지와 미적 감각을 타고난 어머니, 그리고 우리 자매들은 항상 깔끔하게 차려입고 예의 바른 아이들로 동네에 소문이 났다. 그중에서도 맏이인 나는 뭐든 잘하는 똑똑한 아이였다. 자화자찬이 아니라 정말로. 지금도 그렇지만 어릴 때도 나는 체구가 작았다. 작은 키 때문에 항상 반에서 제일 앞자리를 도맡았지만 아무도 나에게 함부로 하지 못했다. 내 체격보다는 내가 가진 능력들이 더 크게 보였기 때문이다. 초중고 시절 나는 항상 반장과 전교회장을 맡았고 공부도 잘했다. 예체능도 빠지지 않았다. 화가였던 큰아버지의 영향을 받아 네 살 때부터 미술을 배웠는데 여러 가지 색깔을 배합하고 내 뜻대로 그리는 작업에 금방 마음을 빼앗겼다. 어머니는 누구나 인정하는 미인이었다. 한번 마주치면 누구나 뒤돌아볼 정도였고 옷과 색채에 대한 감각이 탁월했다.

국전에서 특선을 수상하기도 한 미술가였던 큰아버지의 영향도 컸다. 나는 네 살 때부터 큰아버지의 화실을 드나들며 그림을 그렸다. 큰아버지의 화폭을 엿보며 내 나름대로의 상상력을 종이에 펼쳐보였다. 큰아버지는 어린 나의 그림을 지켜봐주시고 천부적인 재능이 있다며 격려해주셨다. 어렸지만 내가 그리는 그림은 아이들의 그것과는 좀 달랐다. 넉분에 항상 내 손에는 연필과 종이가 있있고 초중고 학창시절 내내 미술대회에서 많은 상을 받았고 결국에는 미대에 진학하게 되는 바탕이 되었다. 스케치하는 습관은 어른이 되어서도 지속되어 핸드백 속에 항상 작은 스케치북을 갖고 다니게 되었다.

나는 어리지만 좋고 싫음에 대한 표현이 확실한 아이였다. 옷차림이든 소지품이든 내 주장과 의사표현이 확실했다. 미술시간에 임하는 태도나 그림체도 친구들과는 좀 달랐다. 항상 칭찬을 받고 그림이 교실 뒤에 걸리는 아이였다. 게다가 말도 똑 부러지게 잘했다. 어떤 주제든

막힘없이 어른스럽게 말하는 나는 부모님의 자랑이었다. 쓰고 보니 내 자랑 같지만 어릴 때의 내 모습이 정말 그랬다. 누군가는 내가 작은 체구를 커버하기 위해 더 노력을 한 것 아니냐고도 하는데 꼭 그렇지만은 않은 것 같다. 내가 작다는 걸 의식하기 전에도 나는 뛰어났다. 아주 어릴 때부터 나는 늘 잘하고 싶었고, 무엇이든 내가 마음만 먹으면 잘할 수 있다는 자신감으로 넘쳐났다. 나라는 사람은 그냥 그렇게 태어난 것 같다. 나는 항상 최고가 되고 싶고, 잘하고 싶어하고 지기 싫어하는 똑똑한 아이였다. 거기에 어머니로부터 물려받은 깔끔하고 부지런한 생활 태도가 나를 만든 바탕이 아닐까 싶다.

my story

가난을 알고
절망에 울다

작고 똑똑하고 자신감 넘치는 부잣집 큰딸. 어릴 적의 나를 기억하는 사람들이 한결같이 하는 말이다. '경제적인 어려움'이란 건 다른 세상 이야기, 책이나 뉴스에 나오는 아주 특수하게 어려운 사람들의 이야기라고만 생각하고 살았던 시절이 있었다. 하지만 내가 고등학교를 마칠 즈음 아버지가 운영하던 사업이 어려워졌다. 부모님의 대화 중에 '돈이 없다', '압류가 들어온다'는 이야기들이 들려오고 우리 집은 한순간에 기울었다. 살림살이가 줄어들고 작은 집으로 이사를 갔다. 전에는 아무렇지 않게 사들이던 것들을 살 수 없게 되었고 무심코 쓰던 물건들이 귀해졌다. 결핍을 모르고 살아왔던 가족들에게는 낯설고 고통스러운 일상이 시작되었다. 생활 규모를 줄여야 한다는 각오를 하기도 전에, 가난은 해일처럼 빠르고 무심하게 우리 가족을 덮쳤다. 처음에는 수습을 해보려 애쓰시던 아버지도 어느 시점이 지난 후로는 자포자기하신 것처럼 보였다. 그저 이 상황을 이 악물고 바라만 보실 뿐이었다. 아버지는 남편으로서는 좋은 사람이었고 우리에게도 자상한 아버지였지만 위기 앞에서는 약하셨다. 스스로 뛰어난 능력이 있었다기보다는 할아버지의 유산으로 잘 유지해왔던 사업이었다. 할아버지는 평생 남의 땅을 밟아본 적이 없을 정도로 부자였고 할아버지의 여덟 형제와 사촌들, 육촌 친척들까지 다 먹고살게 해줄 정도로 배포가 큰 분이셨다. 워낙 큰 부자이다보니 모두가 재산을 잃고 길에 나앉았던 전쟁 때도 큰 고생을 하지 않았다고 한다.

그런 할아버지의 막내 아들이었던 나의 아버지. 오직 부유한 환경만을 알고 귀하게 자랐으니 사업가적인 강단이 있을 리 만무했다. 그 와중에 나를 놀라게 한 건 어머니였다. 엄마 자신도 부유한 집에서 곱게만 자란 딸이었고 은행장 비서로 일하다가 아버지를 만났다. 아버지와 결혼해서는 우리들을 낳고 '사모님' 소리 들으며 평탄하게 살아왔다. 하지만 큰일이 닥치자 체면도 잊고, 남들 시선도 의식 않고 오직 가족들 생계만을 생각하는 강한 어머니로 거듭나셨다. 당장 시장 볼 돈 한 푼이 없도록 어려워졌지만 불평하지 않고 아버지를 탓하지도 않으셨다. 집안이 기울고 내가 본격적으로 생계에 보탬이 되기 전까지 약 4년여 동안 엄마는 우리 집의 실질적인 가장이었다. 공사장에서 거칠고 낯선 인부들을 상대로 도시락을 팔았고 미제 물건을 싸들고 집집마다 돌아다니며 보따리 장사를 하셨다. 평생 아쉬운 소리 한 번 안 하고 우아하게만 사셨던 엄마가 몸뻬바지를 입고 외판원이 되었다. 나중에는 보험 판매원 일까지 뛰어들어야 했다. 고급 옷들은 모두 팔아버리고 한때 누렸던 '사모님' 체면도 다 버렸다. 엄마의 변신은 극적이었고 한편으로 가슴 시리게 충격적이었지만 어쩔 수 없는 일이었다. 그리고 그런 어머니를 보며 이를 악물었다. 어머니는, 우리 엄마는 정말 강했다. 우리가 안 볼 때 혼자서 눈물을 참으셨는지는 모르겠다. 하지만 내가 아는 한 적어도 자식들 앞에서 엄마가 약한 모습을 보인 일은 없었다.

절망적인 상황 속에서 어머니는 우리 가족의 등불이었다. 서럽고 자존심 상해서 울컥 눈물이 나려다가도 엄마를 생각하면 참을 수 있었다. 어리지만 나름대로 이 상황을 버텨내려는 동생들을 보며 나 역시 힘을 내자고 다짐했다. 하지만 아무에게도 말할 수 없는 수치심과 절망감은 컸다. 대학 진학을 앞두고 한창 희망에 차 있던 나에게 갑자기 어려워진 집안 형편은 마음을 무겁게 짓눌렀다.

'기죽지 말자. 달라진 건 아무것도 없어.'

이렇게 속으로 되뇌이며 집을 나서도 그때뿐. 워낙에 감수성이 예민하고 타고난 자존심이 강한 나였기에 궁색해진 상황을 순순히 인정하기가 더 힘이 들었다. 그즈음의 나는 정말 바닥이었다. 똑똑하고 말 잘하고 자존심 센 김청경은 어디론가 사라지고 나는 점점 말 없고 우울한 아이로 변해가고 있었다.

겉으로는 꿋꿋한 척하며 사무실에 나갔지만 나는 속으로 서서히 죽어가고 있었다. 지척에 학교를 두고 가지 못하는 아쉬움, 갑자기 닥쳐온 가난이 준 좌절감, 무너진 자존심, 영영 이룰 수 없을 꿈들을 생각하면서 우는 날이 잦았다. 한참 피어나야 할 열아홉 살의 나는 반대로 점점 시들어갔다. 명동 사무실의 일이란 것도 내 적성과는 맞지 않는 데다 순전히 당장의 생계를 위해 억지로 떠밀려 들어간 곳이었기에 정이 들 리가 없었다. 오직 돈을 벌기 위해 원치 않는 일을 하며 나를 소진하고 있다는 생각, 그리고 앞으로도 영영 이 상황을 벗어날 수 없을 거라는 불길한 예감은 내 정신을 벼랑 끝으로 몰아댔다.

나는 그즈음 아주 진지하게 죽음을 생각했다. 어떻게 죽으면 아프지 않을까 연구했다. 카톨릭 신자로서 죄가 될 생각인 줄은 알았지만 당시에는 정말 죽고 싶을 만큼 괴롭고 힘들었다. 가난을 등에 지고 마음속엔 늘 죽음을 생각하면서 찾아간 곳이 명동성당이었다. 그래도 최후에 붙들 곳은 하느님뿐이라 생각했었나보다. 성당에 마음을 붙이고 기도로 마음을 달래려 애쓰면서 봉사할 곳을 찾다보니 미사해설자가 눈에 들어왔다. 중고등학교 때 줄곧 해왔던 방송반 활동의 기억을 살려 명동성당에서 미사해설자로 봉사하게 되었다. 어릴 때부터 목소리가 맑고 명료하다는 칭찬을 받아왔던지라 미사해설자를 뽑는 테스트에 무난히 합격했다. 그리고 맡은 해설자로서 소임을 잘해냈다. 주일에 미사에 나가 아나운서처럼 해설을 하고 미사해설단 지도신부님으로부터 칭찬을 받는 것, 그 짧은 시간이 당시 내 일상을 지탱해주었다. 주일 미사에서 해설을 하고 신부님과 성당에서 또래들과 어울리는 그때만큼은 이전의 내 모습, '똑똑하고 말 잘하는 부잣집 큰딸 청경이'로 돌아간 듯했다.

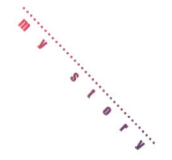

힘이 되어준
신부님의 말씀

명동성당의 미사해설자 담당 신부님. 지금은 그분의 성함도 제대로 기억나지 않는 것이 안타깝다. 전체적으로 기품 있는 인상에 늘 따뜻하게 웃어주시는 인자한 중년의 신부님이셨다. 나를 유난히 예뻐하셨는데 해설을 하고 내려오면 그냥 지나치지 않고 꼭 좋은 말씀을 해주셨다.

"오늘 정말 잘했어요."

"율리안나 덕분에 미사 분위기가 유난히 좋았네요."

미사를 마친 후 신부님이 한마디씩 해주시는 칭찬을 듣기 위해 성당 생활을 더 열심히 했다. 혼자 미사해설을 연습하고 성당에 갈 때는 복장도 단정하게 했다. 진학을 하지 못하고 명동 사무실에서 시들어가던 시간 동안 성당 활동, 특히 인자하신 신부님의 격려는 큰 힘이 되었다.

하지만 내 안의 절망감은 숨길 수 없었다. 그런 내 마음을 아셨는지 신부님은 나에게 대학에 꼭 진학하라고 하셨다.

"율리안나는 꼭 대학에 가도록 해요. 이대로 주저앉지 말고 용기를 내요. 지금 할 수 있는 것을 하세요."

사실 '집안이 망해서 학교 못 가는 아이들'은 나 말고도 많을 터였다. 수동적으로 집안 사정이 나아지기를 기대만 하지 말고 내가 무언가 상황을 바꿀 수 있는 행동을 해야만 했다. 헛된 희망과 당연한 절망 사이에서 하루에도 몇 번씩 방황하던 나. 사실 나의 가장 큰 문제는 가난이 문제가 아니라 낙심하고 있던 내가 아니었을까. 신부님은 거듭 '대학에 꼭 진학하라'고 말씀하셨다.

그래, 난 공부를 해야 했다. 그대로, 아무런 발전도 미래도 꿈도 없이 당장의 생활비만을 위해서 나를 소진시킬 순 없었다.

집으로 돌아가서 엄마와 마주 앉았다.

"엄마, 나한테 2년만 주세요. 학교를 다시 갈게. 그리고 졸업하고 집에 돈 되는 일을 할게요."

엄마의 표정이 굳어졌다. 돈 벌어서 동생들 생활비를 대야 할 큰딸이 학교를 다시 다니겠다니. 이러지도 저러지도 못하고 주방에서 그릇만 정리하고 있는 엄마의 뒷모습이 한없이 작아 보였다. 가슴이 찌르는 듯 아팠지만 이를 악물고 다시 말을 이었다.

"엄마, 대신 2년제 가서 딱 2년만, 내가 하고 싶은 공부 열심히 하고 바로 돈 벌게. 엄마한테 다 해달라는 거 아니에요. 등록금도 내가 벌고 학교 다니면서 아르바이트도 할 거예요. 그러니까…… 그러니까 엄마, 저한테 2년만 시간을 주세요. 네?" 여기에 이르자 엄마도 말 없이 고개를 끄덕이셨다. 다른 것도 아니고 공부를 하겠다고 시간을 달라고 애걸하는 딸. 그런 딸에게 어떤 말도, 보장도 해줄 수 없었던 엄마의 심정이 어땠을까. 이제 내가 그때의 엄마보다 더 나이를 먹었지만 지금도 그때의 엄마 마음은 짐작도 할 수 없다.

스스로 일어서기

곧장 명동 사무실을 그만두었다. 배울 것도 없었고 사무실의 환경과 사람들, 그곳의 모든 것이 나를 지치게 했다. 마침 친구 어머니가 가게를 하시는데 직원이 필요하다는 얘기가 들렸다. 고등학교 때 나와 1, 2등을 다투던 친구였다. 친했지만 둘 다 공부를 잘하고 말발이 좋아 늘 경쟁심을 느끼고 서로를 의식하며 지냈던 친구였다. 친구 집에 고용인으로 들어간다는 것이 힘들었지만 나는 이를 악물고 자존심을 접었다. 그 친구의 어머니가 운영하는 화장품 판매점에 직원으로 취직했다.

가게는 청량리에 있었다. 꽤 규모가 있는 판매점이었고 여러 가지 브랜드의 화장품을 모두 취급했다. 어릴 때부터 꾸미는 것에 관심이 많고 미술을 좋아했기에 화장품 매장 일은 재미있었다. 콜드크림과 코티 분과 막 유행하기 시작한 여러 가지 색조 화장품들을 만져볼 수 있었다. 다양한 화장품들을 테스트하고 손님들에게 맞는 것을 권해주는 일은 활발한 내 성격에도 잘 맞았다. 여러 가지 화장품의 질감과 컬러, 사용법을 익히는 것도 재미있는 일이었다. 내 미술적인 재능과 관심사가 화장품으로 옮겨가던 때였다. 명동 사무실에서 하루 종일 웃지도, 말하지도 않고 시들시들하게 보내던 때가 언제였던가. 그 화장품 가게에서 나는 점점 기운을 찾았다. 얼마 안 있어 나는 '항상 웃는 얼굴로 손님을 대하는 착실한 직원'이라는 말을 들으며 동네에서도 좋은 평판을 얻게 되었다.

친구는 화학공학과 전공이었다. 여유로운 부모님 덕에 대학에 가서 학교생활을 마음껏 누렸던 그 친구. 1학년답게 친구도 사귀고 선배에게 밥도 얻어먹고 남자 친구도 만나는 그애의 대학생활 이야기는 아무리 들어도 새롭고 재미있었다. 하지만 돈 걱정에 그런 여유는 꿈도 못 꾸는 내 처지를 떠올리면 순간순간 속상하고 마음 한 켠이 찡하게 아려왔다. 친구가 누리는 대학생활의 모든 것들, 아무리 사소한 일이라도 나에게는 꿈같은 일이었다. 정말 사무치게 부러웠다. '아버지 사업이 꾸준했다면 나도 아무 거리낌 없이 저런 생활을 누리고 있겠지' 하는 생각에 바보처럼 숨죽여 울었던 적도 있다. 글 쓰는 것에 자신 있었던 나는 종종 그 친구의 리포트를 대신 써주기도 했다. 대학 과목이었지만 교양과목이라 별로 어렵지도 않았고 재미있었다. 그렇게 한두 번 리포트를 써줬는데 친구가 무척 만족해했다. 친구의 리포트를 써준다는 것이 귀찮거나 자존심 상하지는 않았다. 그냥 재미있었고 대학생 친구의 리포트를 쓴다는 사실 자체가 마냥 좋았다.

친구는 자기 학교 동기들을 종종 데리고 가게에 놀러왔는데 대부분 남학생이었다. 공대 학생 6백명 중 여학생이 몇 명뿐이라 여학생들은 완전히 공주 대접을 받는 분위기였다. 친구는 내가 자기 친구들과 친해지길 원했고 나도 자연스레 그들과 어울렸다. 하지만 우리들 중 대학생이 아닌 건 나뿐이었고, 누구도 나에게 눈치를 주거나 함부로 대하진 않았지만 그런 사실을 의식하며 열등감을 느끼고 있던 나는 겉으로는 태연한 척 웃고 떠들면서도 마음은 힘들었다. 명동 사무실을 나와 화장품 매장에서 일하던 당시의 나. 극단적인 절망감에서는 벗어나 기운을 내고 있었지만 대학교에 다니는 친구를 보면서 느끼는 상대적 열등감은 점점 깊어갔다. 동시에 학교로 돌아가고 싶다는 갈망도 걷잡을 수 없게 커져만 갔다.

결국 대학 진학을 결심한 나는 서울예전에 지원하기로 했다. 학교 안내책자를 읽다보니 방송연예과가 눈에 띄었다.

'방송? 방송이라…….'

고등학교 때 학교 방송 아나운서를 했었던 나였다. 목소리가 맑고 또렷해서 명동성당에서 미사해설자로 봉사도 하고 있었다. 당시 유명했던 고은정 아나운서를 좋아했는데 방송부 선생님이 나에게 '제2의 고은정'이 되라고 격려해주셨던 일도 떠올랐다. 그러고보니 이런저런 방식으로 나는 방송과 관련된 방향으로 조금씩 다가가고 있었다. 사실 학교에서든 어디서든 말로 하는 일이라면 자신 있었다. 문창과 원서를 밀어두고 방송연예과로 마음을 굳혔다. 원서를 넣고 면접을 보게 되었다. 어느 때보다 정신을 똑바로 차리고 차분하게 면접을 봤다. 긴장을 해야 마땅한데 이상하게도 면접관들 앞에 서니 평소보다 더 마음이 편안해졌다. 당당한 내 태도가 신선했던지 면접을 보는 교수님들의 반응도 좋았다. 나는 서울예술전문대학 방송연예과 82학번이 되었다.

엄마에게 입학금만 내주면 알아서 다니겠노라 굳게 약속을 한 터였다. 때문에 대학으로 돌아온 나에게 '캠퍼스의 낭만' 같은 건 다른 나라 이야기였다. 공부는 당연히 잘해야 했고 학자금과 용돈도 내가 알아서 벌어야 했다. 딴 생각을 할 틈이 없었다. 그렇게 친구 사귀기도 포기하고 열심히 공부한 덕에 2년 동안 장학금으로 학비를 충당할 수 있었다. 그 와중에도 과대표를 하고 교수님들에게 인정받아 전공과목 출석도 내가 불렀다. 동기들과 잘 어울리지도 않고 조금 잘못된 일도 그냥 넘어가지 않는 데다 논쟁을 시작하면 절대 지지 않는 나를 고깝게 보는 친구들도 있었지만 상관없었다. 집에서 도움을 받아가면서 편하게 학교에 다니는 그들에게 내 어려운 형편을 납득시키고 싶지 않았다. 말해봐야 이해할 것 같지도 않았다.

나에게 대학생으로서 허락된 이 시간은 그들의 2년과는 무게가 달랐다. 얼마나 힘들게 얻은 두 번째 기회인가. 허비할 수는 없었다. 게다가 사실은 정말로 그런 데 신경을 쓸 '기운'이 없기도 했다. 내가 서울예전에 다닐 당시에 우리 가족은 상도동에 살고 있었는데 상도동에서 명동에 있는 학교까지 가려면 차를 두 번 갈아타야 했다. 아침에 엄마에게 5백 원을 타서 나오면 버스 두 번 갈아타고 딱 120원이 남았다. 그런데 그 돈으로는 학교식당에서 라면 한 그릇도 사먹을 수가 없었다. 식당에 가는 걸 포기하고 자판기 커피를 뽑아 점심 대신 마셨다. 종이컵에 담긴 커피 한 잔을 얼마나 긴 시간동안 음미하며 마셨던지. 그래도 고개를 똑바로 들고 배고픔을 티내지 않으려 책을 봤다. 애 티도 아직 못 벗은 스물한 살의 나는 앞만 보며 달려가는 경주마처럼 오직 결승선을 생각하며 꿈을 키웠다. 반드시 성공하겠다는 내 인생의 목표가 뚜렷하게 그려졌다.

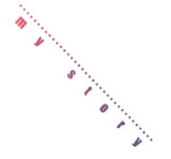

사랑의
릴레이

학교 수업이 끝나면 명동의 커피숍에서 아르바이트를 했다. 손님이 음악을 신청하면 틀어주는, 말하자면 '음악다방' 같은 곳이었는데 점잖은 손님들이 출입하는 분위기가 괜찮은 곳이었다. 나는 커피숍에서 주로 드립커피를 내리고 서빙하는 일을 했다. 그때 커피를 알게 되었는데 그때 배운 기억이 남아 있어 지금도 드립을 꽤 잘한다. 그렇게 몇 달을 커피숍에서 일하다보니 같은 시간에 항상 방문하는 낯익은 손님이 내 눈에 들어왔다. 명동성당의 젊은 신부님이었다. 내게 용기를 북돋아주셨던 미사해설 담당 신부님은 그새 다른 부임지로 떠나시고 그 자리에 새로 오신 젊은 신부님이셨다. 아마 사제를 받고 첫 부임지로 명동성당으로 오신 걸로 기억한다. 그 신부님은 내가 일하는 커피숍에 부쩍 자주 들르셨다. 나는 영문도 모른 채 신부님이 너무 반갑고 황송해서 90도로 인사를 하고 특별히 신경 써서 커피를 내려드리곤 했다. 신부님은 커피보다는 녹차를 좋아하셨는데 거의 매일 같은 시간, 9시 40분에 커피숍에 오셨다. 그리고 녹차 티백을 세 번 우려 드셨다. 책을 보거나 음악을 신청하지도 않으시고 그저 커피숍이 끝날 때까지 가만히 앉아 녹차를 드실 뿐이었다. 그리고 뒷정리가 끝나면 나와 같이 커피숍을 나서셨다. 알고보니 신부님은 밤늦게까지 아르바이트를 하는 내 귀갓길이 걱정되어 동행해주러 오신 것이었다. 당시 스물두 살이었지만 나는 작은 체구에다 어려 보이는 얼굴 때문에 고등학교 1학년 정도로밖에 보이지 않았다. 처음 보는 사람들은 내가 대학생이라고 하면 다들 깜짝 놀랐다. 젊은 신부님 눈에도 어리게만 보이는 내가 밤늦게까지 일을 하고 혼자 집으로 돌아가는 것이 꽤 걱정스러우셨던 모양이다. 버스정류장까지 데려다 주신다던 신부님은 우리 집이 있는 상도동까지 버스를 함께 타고 가시겠다고 하셨다. 처음에는 '이러시면 너무 죄송하다'고 펄펄 뛰었지만 여학생을 혼자 보낼 수가 없다며 워낙 강하게 말씀을 하시니 거절할 수가 없었다.

그 후로 거의 한 달이 넘도록 신부님은 명동에서 상도동 우리 집까지 나와 함께 버스를 타고 가주셨다. 그리고 그 늦은 밤에 다시 그 길을 되돌아 명동성당으로 돌아가셨다. 신부님도 피로하셨을 텐데 내가 뭐라고 그런 배려를 해주셨는지. 지금 생각하면 얼마나 큰 은혜이며 얼마나 큰 사랑인지. 거듭 감사할 따름이다.

신부님과 함께하는 귀갓길. 버스 안에서 자연스레 이야기를 나누며 어렵기만 하던 신부님이 조금씩 편안해졌다. 신부님은 명동성당이 첫 부임지로, 집안 형편이 어려워 무척 힘들게 공부하셨다는 걸 알게 되었다. 말씀이 많지는 않았지만 사람을 편안하게 해주는 매력이 있는 분이었다. 게다가 나와 비슷한 과정을 겪고 이 자리에 오셨다는 걸 알게 되니 내 마음도 열리면서 슬슬 내 이야기를 털어놓았다. 죽음을 생각할 만큼 절망적이었던 시간들, 고해소에서 전임 신부님께 혼이 났던 일, 학교에 다시 들어갔을 때의 기쁨, 앞으로 하고 싶은 일과 학교생활에 대해서도. 신부님은 별다른 말씀 없이 내 이야기를 잘 들어주셨다.

그러던 중 여느 때처럼 신부님과 커피숍을 나서는데 신부님이 말씀하셨다.

"자매님, 배고프지 않아요? 우리 뭐 먹을까요?"

그래서 들어간 곳이 명동 골목의 호프집이었다. 신부님이 후라이드 치킨을 시키시고 둘이 맥주 한 잔씩을 놓고 마주 앉았다. 약간 어색한 기분이 되어 치킨을 먹는 둥 마는 둥 하고 있는데,

"율리안나 자매님, 지금 그 커피숍에서 일하면 얼마를 받나요?"

"아……네, 한 15만 원 정도 받아요."

"그렇군요."

그리고 또 침묵. 나는 생각했다.

'신부님이 왜 이런 걸 물어보시는 걸까?'

신부님은 맥주를 조금 드시고 다시 말씀하셨다.

"자매님. 이제 커피숍 일, 하지 말고 공부에 전념하세요. 15만 원을 매달 장학금으로 드릴게요. 그 시간에 집에서 공부를 열심히 하세요."

15만 원을? 나에게? 나는 너무 놀랍고 창피했다. 커피숍에서 아르바이트 하고 귀갓길에 이렇게 신부님의 보호를 받는 것만으로도 넘치도록 감사한데 돈 이야기까지 하시다니. 게다가 초임지에 오신 젊은 신부님이었기에 그랬다. 불경한 생각은 아니었지만 젊은 신부님께 당당하게 보이고픈 마음도 조금은 있었나보다. 내 집안 사정이 어렵다는 건 뻔히 알려진 사실이었지만 신부님이 돈을 주신다는 얘기를 하니 무척 부끄러웠다. '창피했다'는 표현이 더 맞을지도 모르겠다. 나는 고개를 떨구고 가만히 울었다. 신부님이 약간 당황하셨는지 급하게 말씀을 이어가셨다.

"이건 내가 개인적으로 자매님을 돕는 게 아니에요. 사랑의 빚을 갚는 겁니다. 저도 집안이 가난해서 공부를 포기할 뻔한 적이 있었어요. 너무 절망스러웠는데 그때 어떤 분이 나서서 학비를 보태주셨어요. 그분 덕분에 힘을 내서 여기까지 올 수 있었어요. 언제고 그 빚을 갚겠다고 마음먹고 있었는데 율리안나를 만나게 되었어요. 내가 받은 사랑을 율리안나에게 전해주는 게 저를 도와주신 분에게 진정으로 보답하는 길이라고 생각합니다. 이렇게 생각합시다. '사랑의 릴레이' 어때요? 나중에 시간이 지나서 율리안나에게 여유가 생기면 그때 율리안나같이 어려운 학생을 돕는 거예요. 그렇게 사랑을 이어간다고 생각합시다."

낮고도 단호한 말씀이었다. 최대한 내 자존심을 지켜주면서 진심으로 나를 돕기 위해 신부님은 그 자리에서 최선을 다하고 계셨다. '사랑의 릴레이'. 그건 혹시 나에게 돈을 받을 명분을 세워주기 위해 신부님이 그 자리에서 만드신 말이 아니었을까. 하지만 그런 건 아무래도 좋았다. 얼마나 멋진 말씀인지. 그날 호프집에서 치킨을 앞에 놓고 신부님에게 설득당했고 곧 커피숍을 그만두었다. 그리고 신부님을 통해 한 달에 15만 원의 장학금을 받게 되었다. 그것을 바탕으로 학교 공부에 더욱 몰두할 수 있었다.

my story

분장학,
그 새로운 세계

방송연예과 수업은 내 적성에 딱 맞았다. 연기 이론도 실습도 모두 재미있었다. 구민 선생님과 고은정 선생님에게 주로 연기를 배웠는데 나는 기본적으로 수업태도가 좋았고 대사 암기를 잘하는 우수한 학생이었다. 어렵게 잡은 대학생활의 기회, 꿈에도 그리던 수업시간이므로 십 분도 허비할 수가 없었다. 수업이 시작되면 항상 맨 앞자리에 앉아 생글거리며 열심히 임했다. 또한 연기수업에서는 발성이 좋아 늘 좋은 평가를 받았다. 연기 실습을 할 때는 분장을 직접 했는데 꽤 재미있었다. 당시에는 학생들은 물론 프로 연기자들도 화장품이 든 가방을 직접 갖고 다니며 스스로 분장을 하고 중간중간에 분장을 수정하는 것도 다 직접했다. 영화나 드라마 촬영을 하는 연기자들도 미용실에서 화장을 하고 오지만 현장에서는 직접 수정해야 했다. 아직 '메이크업'

이라는 말 자체도 생소하던 때였다. 영화과에는 따로 '분장학' 과목이 있었지만 방송연예과에는 그런 과목이 없었다. 분장에 재미를 느낀 나는 집에서도 혼자 교재를 보며 캐릭터를 연구했다. 극 중에서 캐릭터의 개성을 살려주는 분장도 연기의 일부라는 생각이 들었다. 대충 할 일이 아니었다. 학교에서 선배들이 분장을 하는 것을 유심히 지켜봤고 무대에서 그것이 표현되는 것을 보니 분장이라는 분야에 강한 흥미가 생겼다. 그리고 이것을 제대로, 체계적으로 배워보고 싶은 마음이 들었다. 그래서 영화과와 연극영화과의 분장학 수업을 두 학기 동안 이수했다.

그전부터 내 가방 속에는 늘 작은 스케치북과 연필이 들어 있었다. 화가였던 큰아버지의 화실에서 그림을 그리기 시작했던 네 살 이후로 뭔가를 보고 상상해서 그리는 걸 멈추지 않았다. 명동의 채권회사 사무실로 출근하던 암울했던 시절에도 흔들리는 버스 안에서 창 밖에 보이는 것들을 스케치했다. 늘 무언가를 보고 그리는 걸 좋아했고 꾸준히 크로키를 해왔던 덕분인지 분장학 수업에서 나는 금방 두각을 나타냈다. 분장은 평면의 스케치북에 그리던 것과는 또다른 매력이 있었다. 3차원 입체인 사람의 얼굴에 극의 성격에 맞는 분위기와 인상, 나이, 성격을 표현하는 것은 새로운 세계였다. 손재주와 미적 감각은 물론 상상력과 연기에 대한 이해가 있어야 가능한 작업이었다. 틈틈이 그림을 그려왔고 대학에서의 연기수업으로 기본기가 갖춰진 나에게 더없이 잘 맞는 수업이었다. 당시 서울예전에는 MBC 분장실의 실장으로 있던 외부강사가 와서 분장학 수업을 지도했는데 내가 그린 스케치를 보고 '현장에서 바로 써먹을 수 있는 수준'이라고 하며 다른 학생들에게 샘플로 제안하곤 했다. 나는 내 연기수업만큼이나 분장학 수업을 열심히 들었다.

2학년 2학기. 난 이미 졸업학점을 모두 이수해서 더이상 수업을 받지 않아도 되는 상황이었다. 바로 충무로에 있는 애니메이션 회사에 취업을 했다. 지금처럼 '컴퓨터 그래픽'이라는 기술이 없던 시절 TV광고 화면에 들어가는 글자 자막들은 그런 애니메이션 회사에서 만들었다. 그 회사에서 근무하다가 분장학을 이수했던 경험을 살려 모델 에이전시로 옮겼다. 에이전시에서 소개한 모델이 촬영을 하게 되면 현장에 같이 가서 메이크업을 해주는 일이었다. 미스코리아로 당대 최고 스타였던 김성희가 출연한 케리부룩 신발 광고가 에이전시 소속 분장사로서 나의 데뷔작이었다. 그 회사에서는 한 달에 25만 원의 월급을 받았는데 충분하지는 않았지만 엄마의 짐을 다소 덜어드릴 수 있었다. 그리고 그때부터 내가 엄마를 대신해 우리 집의 실질적인 가장으로 생계를 책임지게 되었다.

그즈음 어떤 이가 회사로 나를 찾아왔다. 친구가 찾아왔다기에 나가보니 연극과 동기였다. 많이 친하지는 않았는데 왜 나를 찾아왔나 의아했었다. 그 친구는 분장학 수업에서 열심히 하던 내 모습을 기억하고 있었다.

"학교에서 KBS 분장실에 특채로 추천을 받았어. 그런데 1년 동안 연수를 받아야 한대. 그런데 난 다음 달에 결혼하거든. 결혼을 하면 그 연수 과정은 못할 것 같아. 너무 아까운 기회라서……. 나는 못하겠지만 너라면 잘할 수 있을 거란 생각이 들더라. 분장학 수업 잘했던 기억이 나서 괜찮으면 나 대신 KBS에 지원해보라고 알려주러 왔어."

'방송국이라니! 그것도 KBS라니!' 너무나 반가운 제안이었다. 나를 기억해준 것이 한없이 고마웠다. 그 친구의 말이 끝나기도 전에 "할게! 내가 할게!"라고 외치듯 대답해버렸다.

서울예전 방송연예과에서 내 전공은 연기였다. 처음에 막연히 '아나운서'가 되려고 그 과를 지원했었지만 곧 연기수업에 푹 빠져들었다. 다른 인생을 이해하고 다른 사람으로 살아볼 수 있다는 것, 그것이 내가 반했던 연기의 매력이었다. 라디오 연기와 TV 연기 실습은 항상 최고점이었고 작품을 하면 주인공을 항상 맡았다. 구민 선생님은 그런 나에게 라디오 성우가 되라고 하셨지만 나는 TV 탤런트가 되고 싶었다. 특히 김자옥은 나의 우상이었다. 최고 인기를 누리던 주연급 연기자였던 김자옥은 예쁜 목소리에 연기하는 스타일이 내 맘에 쏙 들었다. 김자옥 같은 배우가 되고 싶어서 그녀가 출연하는 드라마는 빼놓지 않고 봤고 극 중의 대사는 김자옥 톤으로 전부 외워버릴 정도였다. 그래서 졸업하자마자 KBS 공채 탤런트 시험에 응시했다. 서류는 무사히 통과했고 카메라 테스트와 최종 오디션도 겁나지 않았다. 학교 수업에서 늘 주인공을 맡았고 항상 최고 성적을 받으며 열심히 달려왔기에 내 실력에 대한 자부심으로 충만해 있었다. 탤런트 공채도 당연히 합격할 거라 믿고 있었다. 당시 KBS 탤런트 공채는 까다롭기로 유명했는데 노역까지 연기해보도록 요구했다. 차분한 마음으로 카메라 테스트와 오디션에 임했고 스스로 내 연기에 만족했다. 하지만 결과는 '불합격'. 나는 진심으로 의아했다. 심사위원들의 반응도 좋았고 스스로도 후회 없이 내 실력을 다 보여줬기에 왜 내가 불합격인지 납득할 수 없었다. 한참 후에 그 공채 시험의 뒷이야기를 듣게 되었다. 탤런트가 되기에는 내 체격이 너무 작고 미모가 빠진다는 것이 이유였다. 연기에 대해서는 다들 좋게 평가했다고 한다. '주연급 연기자' 같다는 칭찬도 했다고 들었다.

그런데 내 연기와 외모가 서로 맞지 않는다는 게 문제였다. 총평은 '연기는 주연급으로 잘하는데 키가 작고 예쁘지 않다'로 정리되었다. 자존심이 상했지만 받아들일 수밖에 없었다. 내가 탤런트가 되려면 전원주 같은 개성파 연기자로 나가는 방법밖에는 없었다. 가정부나 억척스런 촌 아줌마 역을 맛깔나게 잘하는. 그럴 수 없다면 다른 길을 찾는 수밖에. 미모에 대한 지적을 듣는 건 여자로서 쓰라린 일이었지만 다행히 난 자존심이 강한 만큼 주제파악도 잘하는 현실적인 사람이다. 오래 낙심하지 않았다. 나에게 주어진 조건을 받아들이고 연기 외에 내가 잘할 수 있는 일, 이왕이면 연기자들과 함께하는 방송에 관련

된 일을 하는 것이 맞다고 생각했다. 그래서 분장 일을 시작했고 우연인지 행운인지 최고 방송사의 분장실에 들어갈 수 있는 기회가 내 앞에 왔다.

나는 신이 나서 '당장 하겠다'고 대답을 했다. 가슴이 미친 듯 쿵쾅거렸다. 하지만 곧 현실적인 계산이 머릿속에 닥쳐왔다. 당시 모델 에이전시에서 받는 월급이 25만 원. KBS 분장실에서 연수생에게 주는 월급은 10만 원이었다. 정신이 번쩍 들며 '이게 잘하는 짓인가' 싶었다. 내가 받는 25만 원의 월급은 동생들의 학비였고, 가족의 생활비였다. KBS 분장실로 들어가면 엄마가 고생하실 게 뻔했다. 하지만 이 좋은 기회를 놓칠 수는 없었다. 방송국이라니, 그것도 우리나라 최고 방송국의 분장실이라니. 다시 한 번 엄마에게 부탁했다. 월급은 적지만 너무 좋은 기회이고 1년 연수기간이 끝나면 채용이 될 수 있으니 조금만 견뎌달라고. 엄마도 '큰물에서 꿈을 이룰 수 있는 기회'라며 기뻐해주셨다. 집안 걱정은 하지 말고 열심히 배우라고 격려하셨다.

KBS로 면접을 보러 갔다. 큰 테이블에 KBS의 중역인 듯 보이는 사람들과 미술국 사람들이 여덟 명이나 앉아 있었다. '왜 이 일을 하고 싶은지, 분장실의 연수생은 힘든 과정인데 할 수 있는지, 분장학 과정에서는 어떤 것들을 배웠는지' 등 질문이 쏟아졌다. 면접이라면 자신 있던 나는 평소처럼 또박또박하게 내 생각과 각오들을 이야기했다. 면접을 마치고 나오자 어떤 이가 따라오더니 세 사람을 뽑을 거라며 3일 후에 연락이 없으면 전화를 하라고 했다. 나중에 알고보니 KBS 미술부의 부장이었다. 면접 때의 분위기와 내 전공, 모델 에이전시에서의 경력들을 감안하면 충분히 합격할 거라 생각했지만 결과를 기다리는 3일 동안 꽤 마음을 졸였다. 탤런트 시험 낙방의 기억이 문득문득 떠오르기도 했다. 4일째 되는 오전까지 연락이 오지 않아 결국은 내가 먼저 전화를 했다. 결과는 합격. 애초에 세 명을 뽑으려 했지만 나와 서울예전의 남자 선배 한 명, 이렇게 두 명을 최종 선발했다. 너무 기뻐서 웃음이 터져 나왔다. 사람의 일이란 참 묘하다는 생각을 했다. 어떤 길이 열릴지, 뭐가 좋을지 판단하려고 애쓰지만 당장은 알 수 없는 게 사람 일이다. 공짜로 얻은 행운이 큰 짐이 되기도 하지만 과거의 좌절이 예상치 못한 좋은 반전으로 돌아올 수도 있다. 탤런트를 꿈꿨던 내가 분장사로 방송국에 들어가게 되다니. 얼마나 재미있는 인생인가. 김청경이 한국방송공사, 대한민국 최고의 방송국인 KBS 분장실의 연수생이 된 것이다.

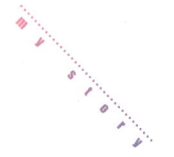

KBS 분장실에 들어가다

분장실에는 두 명의 '선생님' 밑으로 열일곱 명의 분장사들이 있었다. 최효성 선생님은 본래 KBS 분장실의 실장이었고 전예출 선생님은 TBC의 실장이었는데, 언론통폐합으로 TBC가 KBS에 통합되면서 분장실도 합쳐졌다. 그래서 이 두 분 선생님을 중심으로 분장실은 투 톱 체제가 되었다. 두 선생님은 우리나라 분장사의 1세대 격인 최고의 실력자들이었다. 최효성 선생님은 극단 〈자유〉를 시작으로 당시 우리나라 최고의 무대인 〈국립극장〉의 분장 책임자로서도 오랫동안 일하고 계셨다. 최선생님은 자상하고 온화한 분이셨는데 막내인 내가 작업 과정을 잘 볼 수 있도록 배려해주셨다. 전예출 선생님은 본래 배우로 시작했다가 분장사가 되셨다. 연극, 영화, 방송계에 지인이 많고 활동적인 분이셨던 걸로 기억난다. 이 두 분은 KBS는 물론 한국 분장계에서도 달리 견줄 사람이 없는 투 톱이었다. 분장이라는 개념이 막 시작되어 전문으로 하는 인력도 극소수였던 시절, 이 두 분은 무대와 영상 등 다양한 영역을 넘나들며 활발하게 작업하셨고 제자들도 많이 길러내셨다. 지금 분장에 응용되고 있는 기법들이나 디자인 중에도 이분들이 처음 만들어낸 것을 따라하는 것들이 많다. 그 이후에 시작한 분장사들은 모두 이 두 분의 영향을 받았다고 해도 지나치지 않으니까. 최효성, 전예출. 두 분 선생님과 최고의 분장사 선배들. 이들과 같이 일한다는 자부심에 주체할 수 없도록 가슴이 두근거렸다. 방송국에 첫 출근하던 날엔 얼마나 설레었는지 새벽부터 눈이 떠졌다. 방송국에 들어서면 피가 끓는 기분이었다. 탤런트 공채에 떨어지고 낙심했던 기억 따위는 어느새 잊혀졌다. '연기자가 아니면 어때, 분장사도 엄연한 전문인이야. 선생님들께 열심히 배워서 이 계통에서 최고가 되겠어.' 속으로 굳게 다짐하고 또 다짐했다.

첫 출근을 하고보니 분장사들은 전부 남자들뿐이었다. 나와 같이 합격했던 남자 선배는 곧 KBS를 그만두고 MBC 분장실의 정식 분장사로 자리를 옮겼다. 결국 나는 KBS 분장실의 유일한 막내, 유일한 여자, 유일한 연수생으로 층층시하 열일곱 명 분장사들의 보조 역할을 혼자 해야 했다.

나는 매일 아침 8시까지 분장실로 출근했다. 밤샘 촬영으로 엉망이 된 분장실을 청소하는 것으로 하루를 시작했다. 거울과 바닥을 닦고 선배들이 어지르고 간 도구들을 씻고 다시 사용하기 편하도록 정리하는 것도 내 몫이었다. 사람마다 작업하는 스타일과 순서가 다르니 그런 것들을 잘 파악해서 정리하는 것도 중요한 일이었다. 매일의 촬영 스케줄을 보고 그 순서에 맞게 필요한 것들을 준비해야 했다. 당시 KBS에는 사극 드라마가 인기를 끌고 있었다. 사극 연출자인 김재형 프로듀서가 그 중심에 있었다. 사극 촬영은 방송국 미술부의 큰 업무였는데 의상과 소품, 세트는 물론 분장도 보통 현대극의 두세 배의 공이 들어가야 하기 때문이었다. 사극을 위해 분장실에서 준비해야 하는 가장 큰 일은 '수염'과 '피'였다. 특히 수염을 만들었던 과정은 지금 생각해도 넌더리가 날 만큼 힘들었다. 사극에서 연기자들이 붙이는 수염은 명주실로 만든다. 수염 만드는 작업이 시작되면 미술부에서 명주실타래가 지급된다. 그 하얀 실타래를 색소로 염색해야 하는데 이 과정이 생각보다 무척 길고 복잡하다. 일단 실타래를 염색한다. 단순히 까만색만으로 해서는 안 되고 여러 가지 색깔을 배합해서 진한 갈색 톤이 나오도록 염색을 한다. 캐릭터에 따라 반백, 또는 백발의 수염도 따로 만들어야 한다. 수염을 만들려면 아침에 더 일찍 출근해야 했다. 선배들이 출근하기 전에 실타래를 염색약에 넣어두고 저녁에 다들 퇴근을 하면 건져낸 후 만 하루 동안 건조를 시킨다. 이때 염색약에 뭉친 실타래들을 일일이 손으로 펴서 말려야 하는데, 다리미가 없어 다듬잇돌 위에 젖은 홑청을 올리고 방망이질로 주름을 펴던 시절, 빨래의 구김을 펴기 위해 양팔로 당겨 펼쳤던 것처럼 실타래 안에 양팔을 넣어 바깥쪽으로 펼치듯 쳐줘서 실의 구김을 직모처럼 펴야 한다. 조금 하다보면 팔뚝과 손목이 떨어져나갈 듯이 아파온다. 한 실타래에서 보통 여덟 토막의 수염을 만들 수 있다. 실타래를 한 뼘 길이로 자르고 다시 실을 한 올 한 올 따로 떼어내야 한다. 한 올씩 풀어주는 것으로 끝나는 게 아니다. 사극을 보면 알겠지만 그 수염이란 것이 직모가 아니다. 자연의 수염에 가까운 모양이 나오도록 하려면 이 실들을 손바닥으로 비벼대야 한다. 염색약에 넣었다가 나온, 빳빳하게 건조된 실들을 양손에 쥐고 비벼서 실이 부드러워지면 엉켜 있는 실뭉치들을 다시 풀어서 한 올 한 올 가지런하게 펴, 한 뼘 길이로 정리해야 한다. 길이를 맞추기 위해서 위아래로 수차례 삐져나온 올들을 뽑아 다시 정렬하는 것을 반복하고 그것들을 또 한 줌씩 정리해야 한다. 한 번 수염을 만들 때 보통 사과상자로 세 상자 정도의 분량을 만들어야 한다. 해보지 않은 사람이라면 그 과정의 어려움을 상상하기 힘들다. 그런데 이것으로 끝이 아니다. 수염은 검은색만 필요한 것이 아니니 배역의 나이대와 성격에 따라, 검정색, 반백, 흰색의 수염들을 따로 또 만들어야 한다. 노인들의 수염을 만들 때는 검은 수염과 흰색 수염을 비율을 섞어서 따로 만들어두어야 했다. 그렇게 실을 가다듬다보면 손가락이 마치 사포에 문지른 것처럼 아파온다. 처음 수염 만들기를 배울 때는 시행착오도 있었지만 혼자서 연습하고 색깔 배합을 연구한 끝에 곧 '수염의 달인'이 되었다. 캐릭터에 맞게 정확한 길이와 색깔, 자연스러운 느낌으로 만들어서 준비하다보니 까다로운 선배들도 내 수염 만드는 실력을 인정해줬다.

　전투 장면이 있을 때는 피도 만들어야 했다. 피는 물엿과 식용색소를 섞어서 달여 만드는데 너무 묽지도, 너무 끈적이지도 않게, 최대한 진짜처럼 보이도록 만드는 게 관건이었다. 보통 수염과 피를 만드는 작업은 한 달에 한 번 했다. 사극 촬영이 많을 때는 한 달에 세 번까지 할 때도 있었다. 이런 준비 작업들은 근무시간 중에 할 수가 없었다. 근무시간에는 선배들을 보조하고 촬영장을 찾아다녀야 했기 때문에 이런 일들은 선배들이 퇴근한 후 오롯이 나 혼자 감당해야 했다. 덕분에 사극 촬영이 많은 달에는 며칠씩 방송국에서 밤을 새기 일쑤였다.

　분장실에서는 센스 있게 상황을 파악하는 것이 중요했다. 어떤 연기자가 어떤 역할로 어떤 방송을 촬영하는지, 그 연기자는 어떤 선생님에게 메이크업을 받는지를 눈치 빠르게 파악해야 했다. 매일의 촬영 스케줄이 나오기는 하지만 연수생에게 그런 세세한 것들까지 지시하고 가르쳐주는 사람은 없었다. 모든 것이 알아서 하라는 식이었고 분장 교육도 도제식이었다. 선배들이 작업하는 동안 옆에서 방해되지 않게 잘 봐두었다가 나중에 그 작업을 알아서 준비해줘야 했다. 눈코 뜰 새 없이 바빴지만 틈틈이 드라마의 대본도 읽었다. 연기자들의 극 중 캐릭터를 파악하는 건 분장의 기본. 신참 연수생인 나에게 연기자 분장을 맡길 리는 없었지만 준비하는 마음으로 열심히 읽었다. TV에서 방송 중인 드라마의 대본을 파악하는 건 큰 공부가 되었다. 이미 대학에서 연기를 해본 터라 대본을 보고 캐릭터를 파악하는 건 쉬웠다. 내 나름대로 캐릭터를 그려보고 내가 분장을 한다면 어떻게 할지 상상해보았다. 그런 다음 선배들이 분장하는 걸 지켜보며 내 생각과 무엇이 같고 또 어떤 점이 다른지 살펴보았다. 언젠가는 나에게도 분장을 맡겨줄 거라 믿고 매일매일 기회를 기다렸다.

드라마 촬영은 보통 새벽 두세 시, 심하게는 새벽 다섯 시까지 진행되는 경우도 많았다. 나는 너무나 분장을 해보고 싶었다. 새벽 촬영이 길어지면 그 드라마를 맡은 당직 선배에게 먼저 들어가라고 하고 내가 새벽촬영을 지켜봤다. 그러다가 촬영 중간에 분장을 수정하게 되면 신이 나서 달려갔다. 선배가 해놓은 것을 보고 리터치하는 정도였지만 그 정도라도 하게 되어 얼마나 신났던지. 때로는 대사를 잊고 당황하는 연기자들에게 대사를 알려주기도 했다. 연기를 전공한 데다 분장실에서 대본을 하도 많이 읽어 거의 외웠기 때문에 가능한 일이었다. 밤을 새고 지문이 없어질 정도로 일을 하면서도 항상 신이 났고 피가 끓었다. 최고의 방송국에서 최고의 선생님과 스타들을 가까이 보며 좋아하는 일을 배울 수 있다니! 나는 행운아였다. KBS 본관과 신관을 오갈 때 거의 걸어 다닌 적이 없다. 촬영장에 가는 것이 너무 신나고 분장실로 돌아가는 것도 좋았다. 방송국에서는 항상 생글생글 웃고 뛰어다녔다. 촬영장을 오가면서 어찌나 신나게 뛰어다녔던지 발꿈치가 땅에 닿은 적이 없을 정도였다. 조그만 여자애가 종종걸음으로 달음질치고 다니니 방송국 사람들도 나를 신기해했다. 눈이 마주치면 누구나 친한 사람 같았다. 입구를 지키고 있는 청원경찰들과도 친해졌는데 청원경찰들은 자기도 '청경'이고 나도 '청경'이라며 실없는 농담을 했다. 비록 막내 분장사지만 KBS의 일원이라는 게 자랑스럽고 행복했다. 노주현 같은 연기자부터 세트장에서 못질하는 아저씨까지, 방송국에 있는 모든 사람들이 나에게는 똑같이 대단해 보였고 자랑스러웠다. 누구를 봐도 큰 소리로 '안녕하세요!'를 외치며 인사했다. 몸은 힘들었지만 힘들다는 생각조차 잊을 만큼, 진심으로 마음속으로부터 행복과 자부심을 느꼈던 날들이었다. 비록 한 달에 10만 원 월급을 받는 연수생 신분이었지만 돈 같은 건 문제도 아니었다. 내가 좋아하는 일이었고 잘할 수 있는 일이었기에 때로는 선배들 이상으로 몸을 아끼지 않고 일했다. 아직 본격적으로 분장 일을 할 수는 없었지만 자의식만큼은 꿋꿋했다. 병아리지만 나도 어엿한 한 사람의 분장사라고 생각했다.

　몇 달이 지나자 나에게도 분장 일이 주어졌다. 분장 일을 한다고 해서 연수생으로서 내가 할 일이 줄어든 것은 아니었다. 선배들을 보조하면서 작업대를 정리해놓고 촬영 중간에 남은 짧은 틈을 타서 엑스트라들의 분장을 해야 했다. 본관에서 사극 촬영이 있으면 엑스트라들은 모조리 내 몫이었다. 선배들이 연기자들 분장을 하도록 준비를 해놓고 복도로 나가 줄 서 있는 엑스트라들, 적게는 70명에서 많게는 100명 이상의 엑스트라들에게 분장을 해주고 수염을 붙였다. 분장실에 자리가 있는 것도 아니고 서서 돌아다니는 사람들을 붙잡고 하다보니 정신이 없었지만 내가 작업한 엑스트라들이 화면에 등장한다는 사실만으로도 보람이 있었다. 어느 날인가 엑스트라들 분장을 하고 있는데 전예출 선생님이 나를 부르셨다. 아세톤을 사오라는 것이었다. 알고 보니 모 여배우가 분장실에 왔는데 손에 빨간 매니큐어를 바르고 왔더라. 사극에 출연할 사람이 빨간 매니큐어라니 말도 안 되는 일이었다. 여배우도 뒤늦게 깨달았는지 난처해하다가 전예출 선생님에게 매니큐어를 지울 아세톤을 사다달라고 한 것이다. 그런데 따져보면 그 역시도 말이 안 되는 행동이었다. 전선생님은 분장실 최고 책임자인 선생님이신 데다 배우 손톱의 매니큐어를 지우는 일은 분장사의 몫이 아니었다. 그런 일은 여배우 자신의 매니저나 연기자 후배를 시키면 될 일이었다. 아무튼 전선생님도 그 여배우의 처신 때문에 심정이 꽤 상하신 듯했다. 나를 부르는 목소리에 힘이 들어가 있었다.

"청경이! 청경이 여기 있니? 얼른 가서 아세톤 사와!"

여의도 방송국 주변에 아세톤을 파는 화장품 가게가 있을 리 없었다. 하지만 선생님 말씀이니 어떻게든 사다드려야 했다. 일단 '알겠습니다' 하고 나와보니 복도에 엑스트라들이 그득했다. 마침 그날 사극에서 중요한 전투 장면을 찍는 날이라 군인 역할에 투입될 엑스트라들이 분장을 받으러 줄 서서 기다리고 있었다. 당장 촬영에 나가야만 하는 사람들이었다. 아세톤을 부탁한 여배우는 분장을 받을 때까지 좀더 기다려야 했지만 당장 시급한 건 이 엑스트라들이었다. 빨리 하라고 재촉하는 선배의 명을 따라 급히 수염을 붙였다. 그렇게 동분서주하고 있는데 분장실 문이 벌컥 열리며 불호령이 떨어졌다. 전예출 선생님이었다.

"이봐! 아세톤 사오랬더니 뭐하고 있어? 빨리빨리 안 할거야!!"

분장실 고참 선생님의 날카로운 고함소리에 복도에서 웅성이던 엑스트라들이 일시에 얼어붙었다. 수염과 분장도구를 두 손에 들고 뛰어다니던 나도 놀라서 그 자리에 멈춰 섰다. 선생님은 화가 많이 나신 것 같았다. 믿을 수 없을 만큼 크게 소리를 지르며 나를 몰아붙였다.

"야! 내가 아세톤 사오랬지! 네가 무슨 분장사인 줄 알아? 너 정말 내 말 안 들을래!"

선생님이 나를 붙잡고 고래고래 소리를 지르시는데 혼이 빠질 지경이었다. 분장실 선배들과 연기자들, 수십 명의 엑스트라들 앞에서 완전히 바보가 된 것 같았다. 한참을 내 귀에 대고 소리를 지르던 선생님은 분장실 문을 쾅 닫고 들어가버리셨다. 억울하고 분해서 귀까지 벌개졌지만 이를 악물고 태연한 척하며 엑스트라들의 분장을 다 해냈다. 반쯤 혼이 나간 상태로 분장을 마치고 그들을 촬영장으로 보내고나니 몸에 힘이 쭉 빠져나가며 무릎이 절로 구부러졌다. 겨우 약국을 찾아 아세톤을 사다드렸다. 그리고 바로 화장실로 달려가 문을 잠그고 펑펑 울었다. 선생님이 야속하고 망신당한 게 억울했다. 평소에 분장사로서 자긍심을 가지라고 했던 선생님이었다.

'연기자나 연출가 못지않게 분장사도 중요한 존재다. 우리가 배우 밑에 있다고 생각하지 마라. 자부심을 갖고 당당하게 일해라.'

전예출 선생님이 귀에 못이 박히게 하던 말씀이었다. 그랬던 선생님이 여배우의 심부름을 분장사에게 시킨 것이었다. 망신당한 창피함은 순간이었다. 시간이 지날수록 내가 야단을 맞았다는 사실 자체보다 분장사로서의 자존심, 자부심 운운하며 그분이 했던 말들이 그냥 말뿐이었다는 사실이 실망스러웠다. 비록 어린 연수생이지만 나도 스스로를 분장사라고 생각하고, 선생님이 말씀하셨던 그 '자부심'을 가지려 했는데 분장실의 수장이신 선생님이 나에게 이러시다니. 밤새워 수염을 만들며 손가락 마디에 피가 맺혀도, 발이 퉁퉁 붓도록 촬영장 구석을 지켜도 한 번을 울지 않던 나였다. 하지만 그날은 정말 속이 상했다. 방송국 화장실 벽을 붙잡고 한참을 숨죽여 울었다. 그 일을 계기로 전예출 선생님과는 조금 거리를 두게 되었다. 내가 거리를 뒀다기보다는 선생님이 나에게 거리를 뒀다고 하는 편이 맞겠다. 나야 어린 연수생이니 그렇게 야단을 맞고도 선생님이 시키는 일을 묵묵히 했겠지만 웬일인지 선생님이 전처럼 나를 불러서 일을 시키지는 않았다. 아마 그분 마음속에도 그 일에 대한 민망함이 조금은 있었던 것이 아니었을까? 이유가 무엇이든 나로서는 알 수 없는 일이다.

KBS 분장실에서 나에게 진정한 '선생님'이 되어주셨던 분은 최효성 선생님이었다. 선생님은 하나뿐인 연수생, 하나뿐인 여자 분장사로 바쁘게 뛰어다니고 잡일도 마다 않는 나를 기특하게 보셨던 것 같다. 정식 분장사인 선배 두 명과 나를 한 달에 한두 번씩 따로 불러서 분장

이론 공부를 시켜주셨다. 대본을 보고 캐릭터를 잡아내는 법, 사극과 현대극 분장의 차이점, 노역과 특수분장 등 다양한 캐릭터에 맞게 분장을 디자인하는 법을 가르쳐주셨다. 실제 드라마 대본을 읽게 한 다음 그 안에서 캐릭터를 골라 스케치북에 그리도록 하셨다. 그리고 우리의 스케치가 실제 얼굴에서 어떻게 표현되는지 주름이나 음영을 만들려면 어떤 도구와 색을 사용하면 되는지 알려주셨다. 대학의 분장학 수업에서 이미 배웠던 것들도 많았지만 최선생님의 가르침은 최고 전문가의 실전에 가까운 훈련이었다. 난 이 황금 같은 기회를 놓칠세라 최선생님의 수업을 빼놓지 않았다. 어쩌다가 선생님이 바쁘셔서 수업을 못 하시면 티를 낼 수는 없었지만 너무나 아쉬웠다. 그런 식으로 거의 1년 동안 계속된 선생님의 지도를 통해 분장의 기본기를 많이 익혔다. 선배들은 야외촬영이 있으면 수업을 들을 수 없었지만 출장을 가지 않고 항상 스튜디오에 있어야 하는 나는 최효성 선생님의 가르침을 받으며 조금씩 분장사로서의 실전 감각을 익혔다.

당시 KBS 사극의 스타는 신구 선생님이었다. 지금도 신구 선생님은 최고의 연기자지만 당시에도 최고였다. 그런 연기자도 막내 분장사인 내가 만든 수염을 달았다. 현대극의 주연은 당시 톱스타였던 한진희와 노주현이었다. 두 사람은 지금으로 치자면 장동건과 원빈 정도에 필적할 만한 당대 최고의 남자 스타였다. 깔끔하게 잘생긴 데다 훤칠하고 도회적인 이미지 덕분에 여성들 사이에서 인기가 대단했다. 이 두 사람은 전예출 선생님이 전담으로 분장을 맡았다. 나는 TV에서만 보던 톱스타들을 분장실에서 직접 보게 되니 신이 나서 소리라도 지르고 싶었지만 묵묵히 보조 역할에 전념했다. 그리고 선생님과 선배들이 분장하는 것을 꼼꼼하게 지켜봤다.

노주현 씨는 부잣집 도련님 같은 풍모에 패션 감각도 뛰어나고 자기 관리가 철저한 사람이었다. 밤샘 촬영을 한 다음 날도 얼굴이나 복장이 흐트러진 것을 보지 못했다. 항상 좋은 스킨 냄새를 풍겼고 멋지게 차려 입었으며 피부도 무척 좋았다. 게다가 꽤 유머가 있는 스타일이라 분장사들이 모두 좋아했다. 분장사들과 농담도 주고받고 촬영 중에 일어났던 재미있는 이야기도 해주었다. 막내인 나에게도 종종 말을 걸었는데 언젠가는 '청경아!'라고 큰 소리로 부르며 분장실 문을 열고 들어와 의자에 털썩 앉으면서, "청경아! 오늘은 선생님 대신 네가 한 번 내 분장해봐라!"라며 농을 해서 모두를 놀라게 하기도 했다. 나중에는 정말 반쯤은 장난으로 나에게 분장을 받은 적도 있었다. 그런 일들이 몇 번 있으면서 나는 어린 마음에 톱스타 노주현 씨가 나를 예뻐한다고 생각했다.

십여 년 후, 잡지 촬영차 나갔던 미국 출장길. LA 공항에서 우연히 노주현 씨와 마주쳤었다. 나는 너무 반가운 마음에 달려가서 호들갑을 떨며 인사를 했는데 노주현 씨는 나에게 '아, 김청경 원장님'이라고 하면서 굉장히 예의 바르게 대했다. 아마 내가 그때 KBS 분장실의 꼬마 청경이라고는 생각지 못했던 것 같다.

아름다운 남자,
임성민과의 만남

83년 당시는 여배우 트로이카의 시대였다. 장미희, 유지인, 정윤희가 그 시대의 대표미인이었고 이경진, 선우은숙, 김미숙이 그들의 뒤를 이어 막 떠오르는 스타였다. 우아하고 여성스러웠던 김미숙은 〈은빛여울〉이라는 드라마를 촬영하고 있었는데 거기 출연하는 남자배우 중에 아주 핸섬한 신인이 있다는 소문이 났다. 그가 바로 임성민이었다. 임성민을 처음 봤을 때가 아직도 또렷하게 생각난다. 키가 크고 서구적인 얼굴에 당당한 체격. 멀리서도 빛이 나고 눈에 확 띄는 사람이었다. 게다가 그에게는 기존의 남자배우들과는 좀 다른 매력이 있었다. 한진희와 노주현이 핸섬한 이미지라면 임성민은 그에 더해 세련된 도시남자의 섹시한 남성미가 있었다. 분장실에 와서 앉아 있는데 눈이 부실 정도였다. 그런데 그렇게나 잘생겼는데도 수줍음이 무척 많았다. 이렇게 낯을 가리는 사람이 연기는 어떻게 하나 싶을 정도였다. 신인배우였던 그는 나에게 분장을 받았고 나이도 비슷해서 금방 친해졌다. 그 큰 키에 허리를 구부리고 분장실에 들어오면 작은 소리로 '청경아~'라고 부르곤 했다. 그런데 이 멋진 남자는 성실하지는 못한 것 같았다. 일단 대사를 못 외웠다. 한 시간 뒤에 촬영장에 들어가야 하는데 대본에 필기한 자국이 하나도 없이 깨끗했다. 아예 펼쳐 보지도 않은 것 같았다. 게다가 종종 오전에 술 냄새를 풍기고 오기도 했다. 그런 모습을 몇 번 반복해서 보게 되니 그에 대해 서서히 실망감이 들었다. 아침부터 술 마시고 대사도 못 외우는 배우라니.

'흥, 멀쩡한 그 허우대가 아깝다.'

속으로 이렇게 비웃었다. 하지만 임성민은 사람은 좋은 것 같았다. 조용하고 겸손했다. 분위기 있는 외모 덕분에 광고제의도 많이 받고 여자 탤런트들 사이에서두 화제가 되었지만 그런 것에 개의치 않는 눈치였다. 마음속에 그에 대한 의구심이 가시지는 않았지만 대본을 들고 허둥대는 걸 외면할 수가 없었다. 그래서 임성민이 분장하러 오면 최대한 재빨리 분장을 끝내주고 대사 연습 상대가 되어주었다. 지금이야 나이가 들어 기억력이 많이 녹슬었지만 당시만 해도 나는 암기를 꽤 잘했다. 대학 때 전공이 연기였고 분장실에 들어와서는 최효성 선생님께 대본을 빨리 파악하는 법을 익혀서 웬만한 신인배우들보다 감정 잡는 데는 빨랐다. 처음엔 '분장사가 대본을 어떻게 잘 알까' 하는 눈치로 의심스레 바라보던 임성민도 내 실력을 알아보게 되었다. 나중에는 아예 대본을 받자마자 분장실로 연습하러 오곤 했다.

그러다가 스캔들이 났다. 스포츠 신문에 임성민의 이름이 도배되었다. 내용은 이랬다. '스타로 떠오르는 젊은 탤런트 임성민은 군대에 가기 전에 사귀었던 여자 친구와 결혼했다가 이혼했다'는 것. 지금이야 젊은 연예인들이 공개적으로 연애도 하고 결혼도 한다. 스타들의 이혼이나 연애사가 큰일이 아닌 개방된 세상에 살고 있지만 80년대는 달랐다. 여성 팬들의 관심을 받으며 '차세대 노주현'으로까지 평가받는 젊은 신인배우가 결혼한 적이 있다는 건 당시만 해도 충분히 수군거릴 만한 일이었다. 그렇게 모든 신문과 잡지에 임성민의 '과거'가 대서특필된 며칠 후, 그가 분장실에 들렀다. 원래도 수줍고 말수가 없었지만 넓은 어깨가 더욱 축 처져 있었다. 나는 짐짓 모르는 척하고 전처럼 웃으면서 맞이했다. 거울 앞에서 가만히 메이크업을 받던 그가 시무룩하게 입을 열었다.

"청경아, 나한테 실망했지?"

나는 고개를 저었다.

더 묻지도 않았는데, 임성민은 자기 이야기를 시작했다.

임성민이 어릴 때 만나 결혼한 아내와는 금방 헤어졌다. 아이는 임성민이 맡았다. 연로하신 부모님은 경제적 능력이 없었고 임성민이 가장 노릇을 해야 했지만 곧 영장이 나왔다. 부모님께 아이를 맡기고 군대에 갔다 온 후 드라마 출연 기회를 노렸지만 잘되지 않았다. 신인배우가 그나마 쉽게 수입을 올릴 수 있는 창구는 밤무대였다. 나이트 클럽 무대에 오르며 생활비를 벌었고 드라마에 출연해서 꽤 유명해진 그때까지도 밤무대에 나가고 있었다. 겉으로야 '떠오르는 스타'였지만 빛 좋은 개살구였다. 호봉제로 받는 드라마 출연료로는 가족을 부양하기에 한참 부족했기 때문이다. 드라마 촬영이 끝나면 밤무대에 가서 일을 했다. 집에 돌아오니 파김치가 되어 대본을 볼 틈이 없었단다. 그래서 항상 촬영 직전에 나를 찾아와 급하게 대본 연습을 하고 촬영장으로 달려갔던 것이다. 항상 조용하고 말이 없던 그가 그렇게 길고 진지하게 자기 이야기를 털어놓은 건 처음이었다. 나는 가만히 들어주었다. 일찍 한 결혼과 이혼, 부모님에 대한 죄송함, 딸아이에 대한 미안함과 아버지로서의 사랑이 담담하게 느껴졌다. '이렇게 완벽해 보이는 남자에게도 이런 시련이 있구나' 싶었다. 나는 진심으로 그가 안쓰러웠다. 그의 속사정을 잘 알지도 못하면서 혼자 실망하고 혼자 오해했던 것이 미안했다.

그 일을 계기로 나는 분장실에서 임성민의 '전속 분장사' 격이 되어 그의 메이크업을 전담했다. 동시에 대본 연습 상대가 되었다. 메이크업을 하면서도 계속 대사를 주고받았고 그의 스튜디오 촬영장에 따라가서 대본을 불러주기도 했다. 상황이 여의치 않으면 손짓 발짓, 입 모양을 동원해서 대사를 알려주기도 했다. 그렇게 몇 개월 동안, 그의 드라마 촬영을 지켜보며 친해졌다. 분장실에서 녹초가 되어 집에 돌아오면

TV로 그의 드라마를 지켜보았다. 날이 갈수록 연기가 능숙해지고 잘 생긴 얼굴이 TV 화면 속에서 돋보이는 걸 보니 마음이 뿌듯했다. 상처를 안고서도 꿋꿋하게 아버지로서, 아들로서 최선을 다하고 연기자로 성장해가는 그의 모습이 자랑스러웠다.

그 뒤로 내가 KBS 분장실을 나오게 되었고 그 후로 한동안 임성민을 만나지 못했다. 그러다가 내가 광고 메이크업에 뛰어든 후 반도패션 광고모델이었던 그를 만나 몇 번 작업할 수 있었다. 막내 분장사와 신인배우로 처음 만났던 우리는 비슷한 시기에 각자의 위치에서 최고가 되어 있었다. 임성민은 수많은 광고에 모델로 장기 출연하고 있었고 MBC와 KBS를 넘나들며 멜로드라마의 단골 남자 주연으로 절정의 인기를 누리고 있었다. 그렇지만 그 모든 인기와 명성에도 불구하고 그는 여전히 수줍고 겸손한 임성민이었다. 나는 최고 스타로 우뚝 선 그가 자랑스러웠다. 그리고 다시 한참 동안 그를 만날 수 없었다. 나 역시 촬영장을 오가며 하루에 두 시간 씩만 자는 바쁜 생활에 빠져들었기에 뒤를 돌아볼 여유가 없었다.

1995년 여름 어느 날, 신문에서 임성민의 부고를 봤다. '배우 임성민? 내가 아는 그 임성민은 아니겠지?' 한참을 들여다봐도 그 임성민이었다. 믿을 수가 없었다. 그 이름 세 글자가 눈에 들어오지 않았다. 간이 나빴다고 했다.

나는 항상 그를 기억하고 있었다. 그리고 그도 작은 '청경이'를 기억

할 거라 믿었다. 어리고 미숙했지만 자존심으로 똘똘 뭉쳐 있던 스무 살 초반. KBS 분장실에서 만난 배우 임성민은 그리스 신화 속의 아도니스처럼 눈부시게 아름다운 남자였다. 그가 배우로서 성장하는 걸 지켜봤고 스타가 되는 걸 바라보며 행복했었다. 그런데 이젠 그를 멀리서도 볼 수 없다니. '언제 한번 보자' 같은 헛된 기약조차 할 수 없게 되어버렸다. 그의 부고가 실린 신문 위에 굵은 눈물을 떨어뜨리다가 홀린 듯 압구정 성당으로 갔다. 죽은 이를 위한 연미사를 바쳤다. 그리고 며칠 동안 그의 영혼을 위해 기도했다.

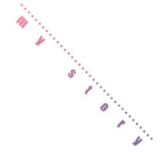

분장실을
나오다

KBS 분장실에서 1년 동안의 연수 기간을 다 마쳤다. 수첩을 세어보니 나는 휴일도 주말도 없이 꼬박 360일을 일했었다. 분장사 선배들이 주말에 쉬고 휴가를 갈 때도 분장실에 나와 수염을 만들고 다음 작품 준비를 했기 때문이다. 누가 그렇게 하라고 시킨 것도 아니었다. 그저 KBS 분장실의 일원이라는 사실이 좋았고 내가 그 일을 즐겼다. 분장실 연수생으로서의 1년 동안 '몸과 마음을 다 바쳤다'고 해도 지나친 말이 아니었다. 모든 선배들과 친했던 건 아니지만 그들도 내 노력과 실력만큼은 인정했다. '청경이처럼 하는 연수생은 없었어'라고. 나처럼 했던 연수생은 나 이전에도 없었고 그 후에도 없었다.

   1년을 마치면 정식 분장사로 채용하는 것이 애초의 조건이었지만 분장실에 빈자리가 나지 않았다. KBS 분장실은 일반 회사나 프로덕션에 비해 급여가 많지는 않았지만 최효성 선생님과 전예출 선생님 같은 최고 실력자에게 지도를 받을 수 있었고 명성으로도 최고의 집단이었다. 그 때문에 분장사들이 한번 들어오면 여간해서는 쉽게 그만두지 않았다. 자리가 언제 날지 알 수 없다는 건 알고 있었지만 그렇다고 그만둘 수는 없었다. 연수 기간이 끝나 그동안 받던 10만 원의 월급도 받지 못하게 되었지만 계속 출근했다. 8시에 출근해서 분장실 청소하고, 촬영 스케줄 체크하고, 도구들 준비하고, 선배들 보조하고, 엑스트라와 신인 연기자들 분장을 하고, 수염을 만들어 건조시킨 후 새벽별을 보며 집에 들어가는, 연수 기간과 똑같은 날들이었다. 월급도 안 나오는데 일은 더 많이 하는 나를 보고 선배들은 '무슨 헛수고냐'며 의아해했다. 하지만 그즈음의 나는 이미 KBS 분장실에 꼭 필요한 존재가 되어 있었기에 점차 내 의지를 응원해줬다.

그렇게 6개월을 더 분장실에 나갔다. 그 당시 KBS의 최고 인기 프로그램은 〈전설의 고향〉이었다. 정상급의 인기 스타도 〈전설의 고향〉에 출연하는 것이 기본적인 통과의례처럼 여겨지던 때였다. 그 시절의 드라마 제작환경은 지금과는 하늘과 땅 차이였다. 지금처럼 첨단 컴퓨터 그래픽이나 세련된 특수효과가 없었기에 많은 것들을 사람 손으로 직접 제작하고 촬영 기법으로 특수효과를 대신해야 했다. 하지만 그 덕분에, 약간 조악하지만 더욱 섬뜩하고 리얼한 맛이 있었다. 〈전설의 고향〉 촬영에는 분장이 큰 비중을 차지했다. 아름다운 여배우의 얼굴에 한 맺힌 처녀귀신이나 구미호의 얼굴을 만들어내는 건 온전히 분장실의 역할이었다. 전예출 선생님이 〈전설의 고향〉 분장을 할 때 장미희에게 구미호 분장을 하는 걸 자세히 지켜봤는데, 그 예쁜 얼굴에 수 시간에 걸쳐 무서운 여우의 얼굴을 만들어내는 과정이 놀랍고 충격적이었다. 나는 선배들의 심부름을 하고 내가 맡은 일을 하면서도 중요한 분장 작업이 있을 때는 꼭 지켜봤다. 옆에서 조용히 거들면서 작업 과정 하나하나를 빼놓지 않고 눈에 사진을 찍듯이 기억하려고 했다. 선배들의 어깨너머로 엿보았던 그런 경험들이 나중에 내가 혼자 일을 하게 되었을 때 든든한 바탕이 되었다.

6개월이 지나자 선배 하나가 분장실을 나간다는 얘기가 들렸다. 나에게도 기회가 온 것이다. 그 선배는 분장실의 처우에 불만이 많았다. 월급이 너무 적고 쉬는 날도 없어 힘들다고 했다. 사직서를 내고 나를 따로 불러서 '똑똑하게 계약해서 받을 거 다 받고 일해라, 나처럼 힘들게 일하지는 마라'고 충고해주었다. 알고보니 분장실의 분장사는 방송국의 정식 직원이 아닌 계약직이었다. 월급도 고작 16만 원에 1년마다 계약을 갱신하는 불안한 신분이었다. 내가 연수생으로서 받던 월급이 10만 원이었는데 선배들이 고작 몇 만 원 더 받고 일하고 있었다니 놀라운 일이었다. 선생님들을 제외한 모든 선배들이 다 그랬다. 최고의 방송사에서 분장사로는 최고의 인력이 모여 있는 곳이라 여기며 자긍심을 갖고 다녔는데 생각보다 처우가 열악하다는 걸 알게 되니 실망스러웠다. 그 선배가 사표를 내고 나가자 분장실 실장이 나를 불렀다. 역시 1년 계약직에 월급 16만 원을 제시하며 사인하라고 했다. 그대로, 시키는 대로 사인만 하면 꿈에도 그리던 KBS의 정식 분장사가 될 수 있었다. 하지만 나는 그냥은 받아들일 수가 없었다. 새벽별 보며 출퇴근해서 밤낮 없이 일하는데 이런 대우라니. 대학 졸업한 걸 감안해서 호봉으로 20만 원을 달라고 제안했다. 나는 그 정도는 요구할 수 있다고 생각했다. 대학에서 연기와 분장학을 배웠고 에이전시에서 더 높은 급여를 받고 일한 경력도 있다. 월 16만 원이라니, 지나치게 야박한 처우였다. 야박한 건 나뿐 아니라 다른 선배들에게도 마찬가지였다. 실장은 코웃음을 쳤다. 연수생으로 있던 새까만 후배가 '처우가 어떻고 대학이 어떻다'고 하니 그 사람 입장에서는 어이가 없었을 터. 계약하는 분장사들이 한 번도 그런 요구를 한 적이 없었기에 더욱 그랬을 거다. 실장은 어처구니가 없다는 얼굴로 나를 쓱 쳐다보더니

"너는…… 처신이 불량해서 그렇게는 안 돼."

이게 무슨 소린가, 내가 발끈해서 따져 물었다.

"무슨 말씀이세요? 처신이라뇨?"

눈에서 불이 튀어나올 것만 같았다. 처신이라니.

"항상 실실 웃고 다니면서 청경들이랑 카메라맨들한테 꼬리 치고 다녔잖아. 그런 모습 안 좋게 보는 사람 많아. 그런 거 스캔들 감이야. 다들 그렇게 얘기하는데 몰랐어?"

실소가 터져 나왔다. 이 사람은 완전히 억지를 부리고 있었다. 예의

바르게, 웃으면서, 방송국 사람들에게 인사했던 내 행동을 그런 식으로 곡해하다니. 일이 힘들어도 이 방송국의 일원이라는 게 너무 좋아서, 그래서 그렇게 웃고 촬영장에서 고생하는 스태프들에게 인사하며 힘을 냈던 건데. 억울하고 어처구니가 없어 얼굴이 달아올랐지만 정신을 차려야만 했다.

'저런 말에 넘어가면 안 돼. 흥분하면 안 돼.'

속으로 스스로를 다독이며 눈을 똑바로 뜨고 말했다.

"실장님, 말씀 조심하세요. 근거도 없이 그런 말로 사람 음해하시면 안 되지요. 더군다나 한참 어린 후배에게 그게 할 말입니까? 설혹, 만의 하나 그런 헛소문이 돌더라도 후배에 대해 해명하고 보호해야 하는 게 실장님이 할 일 아닌가요? 이런 실장님 밑에서라면 제가 싫어요. 돈을 아무리 많이 받는다 해도 여기서 일하기 싫습니다."

그 길로 분장실을 나왔다. 미래에 대한 막막함보다 수치심이 컸다. 오래 기다린 아까운 기회를 발로 차냐며 안타까워하는 선배들도 있었다. 참고 버텨보라며 말리는 사람들도 있었지만 면전에서 그런 말을 듣고 그 실장을 다시 볼 수는 없었다. 아니, 보기가 싫었다.

나중에 다른 선배의 이야기를 듣고나서 그가 그렇게까지 했던 이유를 짐작할 수 있었다. 대부분의 분장사들은 고등학교 졸업 학력이었다. 중학교 졸업도 많았다. 대학에 가는 사람이 지금처럼 많지 않았던 시절이니 당연한 일이었다. 내가 그 분장실에서 유일하게 전문대학을 나온 사람이었다. 연수생으로 일하면서 은연중에 그런 차이에서 오는 질시를 받아왔던 것도 사실이다. 하지만 견뎠다. 열심히 하면 결국에는 알아줄 거라 믿었기에. 선배들의 부당한 지시나 짜증도 받아내며 한 사람의 분장사로서 인정받으려 피나게 노력했다. 실장은 그런 내가 줄곧 고까웠던 것이다. 그런데 계약을 하라니까 '대학에서 공부하고 왔으니 그 점을 고려해달라'고 하니 제대로 심사가 뒤틀렸겠지. 실장은 중학교를 졸업하고 이 일에 뛰어들었다고 했다. 안 그래도 얄미운 어린 여자애가 대졸 운운하니 그 입장에서는 제대로 상처를 주고 싶었겠지. 그래서 그런 소설을 쓰고 나에게 모욕을 준 거다.

내막을 알고나니 도리어 허탈해졌다. 겨우 그런 것 때문에 나를? 학력만으로 사람을 판단하거나 무시하는 건 얼마나 바보 같은 짓인가. 반대로 자기 학력 때문에 열등감을 갖고 남을 배척하는 것도 똑같이 바보 짓 아닌가. 나 역시 집안 사정 때문에 대학을 갈 수 없을 뻔했기에 그런 것으로 남을 판단하지 않는데 겨우 그런 이유로 모욕을 받고 1년 6개월여 동안 공들여왔던 KBS 분장사로서의 꿈이 부서졌다고 생각하니 허무하고 속상했다. 며칠을 아무것도 하지 않고 집에서 보냈다.

내가 분장실에서 갑자기 사라지니 모두가 궁금해했다. 최효성 선생님이 뒤늦게 이야기를 들으시고 방송국으로 부르셨다. 연락을 받자마자 단장을 하고 버스를 탔다. 방송국이 가까워질수록 마음이 조여왔다. 그렇게 좋아하던 KBS 방송국에 그런 기분으로 가게 될 줄은 상상하지 못했다. 방송국 입구에서 들어가려 하니 낯선 청경이 나를 막아섰다. 미술부 분장실의 최효성 선생님 뵈러 왔다고 해도 끄떡없었다. 나를 반갑게 맞아주던 그 방송국이 아니었다. 분장실 실장이 방송국에 김청경을 들이지 말라고 이야기를 해놓았다고 했다. 내가 분장실 물건을 훔쳐갔다는 이유였다. 다시 한 번 실장의 치졸함에 혀를 내두르는 순간이었다.

'나이도 세상 경험도 훨씬 많은 선배가 어찌 이럴 수가 있나.'

잠시나마 선배로 생각하고 따랐던 게 후회되었다. 결국 최효성 선생님이 직접 나오셔서 내 신원을 보증하고 입구에 한참 동안 이야기를 한 후에야 들어갈 수 있었다. 그런 식의 실랑이를 하고나니 맥이 탁 풀리고 싸울 기운도 빠져버렸다. 1년 반 동안 집보다 더 자주 드나들던 방송국인데 갑자기 모든 게 낯설고 답답하게 느껴졌다.

최선생님께 내 억울함을 하소연하고 싶었지만 그러지는 않았다. 난 잘못한 게 없었고 거리낄 것도 없었으니 그냥 솔직하게 있었던 일만을 말씀드릴 뿐이었다. 선생님도 대략의 경위를 파악하고 계셨다. 하지만 선생님이 원하신다 해도 분장실의 살림을 담당하는 실장을 무시하고 나를 분장실로 다시 부를 수는 없는 노릇이었다. 그리고 그때는 나도 분장실에 다시는 돌아가고 싶지 않았다. 내가 없는 곳에서 나에 대해 치졸한 중상모략을 하고 다닌 사람들의 얼굴을 보면서 일하고 싶지는 않았다. 선생님도 많이 곤란하셨는지 한숨을 쉬고 크게 안타까워하셨다.

"이대로 주저앉지 말고 다른 일을 해보는 건 어떻겠니? 내가 일했던 국립극장에서 분장을 해도 좋을 거야. 극장에서 일하면 작품을 통해 좋은 경험을 많이 쌓을 수 있다."

최선생님과 그런 이야기를 하고 있는데 김재형 감독님이 들어왔다.

"청경이, 갑자기 사라져서 어디 갔나 했어! 엑스트라들 수염 붙여줘야지 뭐하고 있어? 어디 갔다 온 건가?"

최선생님이 그간의 내 사정을 이야기하니 김재형 감독님도 혀를 차시며 고개를 저으셨다. 잠깐 동안 생각하더니 갑자기 종이와 볼펜을 꺼내들었다.

"여기 한번 가봐. 나랑 아주 친한 후배가 연합광고대행사에 있어. 아마 청경이라면 환영하고 잘해줄 거야."

내가 존경하는 두 분이 이렇게 진심으로 걱정해주고 마음을 써주시다니, 너무 고맙고 기뻐서 슬쩍 눈물이 날 뻔했다. 방송국 입구에서 길이 막혀 실랑이한 후, 잠깐 동안 진심으로 낙심하고 있었는데 금세 어깨가 으쓱해졌다. 막다른 길 끝에서 더 좋은 다른 길을 만난 셈이었다.

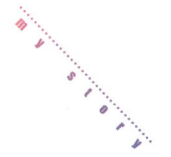

다시,
새로운 길로

김재형 감독님이 즉석에서 써주신 추천서를 들고 찾아간 곳이 바로 동방기획이었다. 당시 동방기획은 갓 만들어진 신생 기획사로 빠르게 성장하고 있었다. 재능 있는 PD들을 영입해서 많은 광고들을 히트시키고 있었다. 김재형 감독님의 후배인 광고 감독님은 KBS 분장실에 들어가기 전에 모델 에이전시에서 비제바노 광고 메이크업을 했을 때 만났던 감독님과도 친구 사이였다. 추천서와 이력서를 들고 찾아가서 만났는데 모델 에이전시와 KBS 분장실을 거친 내 경력에 크게 관심을 보였다.

"김청경 씨는 분장사로서 정통 코스를 잘 밟았군요."

만나자마자 바로 같이 일하자고 했다. 다음 날 곧장 촬영에 투입되어 찍은 첫 작품이 칠성사이다 광고였다. 곧바로 아모레 화장품 광고도 촬영했다. 그런 식으로 동방기획에서 한 달에 다섯 작품을 작업하게 되었다. 광고 메이크업은 재미있었지만 일이 너무 적었다. 양에 차지 않았다. KBS 분장실에서 밤낮 없이 일했던 습관이 몸에 익어 있던 터라 겨우 다섯 작품만 찍고 기다려야 한다는 게 지루하고 심심했다. 현실적으로도 문제였다. KBS를 나왔으니 이제 일을 더 많이 해서 집에 생활비를 보태야 했다. 그래서 최효성 선생님의 추천을 받아 국립극장에서 분장사로 일하게 되었다. 국립극장 일은 하루 일당이 만 원이었다. 당시 광고 메이크업으로 받을 수 있는 수입에 비하면 적은 돈이었다.

유니버설 발레단에서 분장사를 구한다는 이야기를 듣고 그쪽에도 지원했다. 발레단을 위한 분장은 광고나 드라마와는 다른, 내 역량을 시험해볼 수 있는 분야라는 생각이 들었다. 더 화려하고 모험적인 작업이 될 거라 생각했다. 그때 유니버설 발레단의 프리마돈나는 문훈숙 씨로 발레단은 그녀를 주역으로 한 '라실피드(Lasylphide)'라는 공연을 준비하고 있었다. 라실피드는 유명한 로맨틱 발레 작품으로 공기의 요정이 등장하는데 낭만적이고 환상적인 분위기를 만들어내는 것이 무대 연출의 관건이었다. 때문에 무대 장치와 의상은 물론 분장으로 표현되는 부분도 컸다. 담당자는 나에게 라실피드를 설명한 다음 공연을 위한 마법사 분장을 만들어보라고 했다. 나는 최효성 선생님께 배운 대로 작품 설명을 숙지하고 캐릭터를 잡아내서 스케치북에 그려냈다. 눈 부분에 화려한 컬러 메이크업이 그라데이션되어서 들어간, 환상적인 모습이었다. 연출가는 내 스케치를 보고 무척 마음에 들어 하며 공연에서 이대로 분장을 해달라고 했다. 나는 실전에서도 KBS 분장실에서 배웠던 것들을 적용했다. 발레리나의 얼굴에 라텍스를 붙이고 손으로 주물러서 쓰는 '스퍼티' 등을 붙여 얼굴 골격을 다시 만들어냈다. 인간이 아닌, 다른 세계에서 온 마법사 같은 독특한 얼굴을 만들어냈다. 전예출 선생님이 〈전설의 고향〉을 위해 했던 분장술을 응용하기도 했다. 분장실에서 힘들게 배웠던 것들, 선배들이 하는 것을 지켜보며 사진 찍듯이 눈에 담았던 것들을 기억해냈다. 그리고 거기에 내 감각을 더해서 새롭게 만들어냈다. 항상 스케치북을 갖고 다니며 스케치하고 혼자 연습했던 것들이 그 작업을 통해 발휘되었다. 선배들의 작업을 눈으로 보고, 기억하고, 생활에서 영감을 얻고, 손으로 스케치해서 다시 사람의 얼굴에 구현하는 작업. 생각했던 것들을 그대로 실제 메이크업으로 만드는 일은 흥분되는 일이었다.

내가 했던 스케치가 그대로 배우의 얼굴에 펼쳐지는 것을 본 무대감독들은 감탄사를 연발했다. 인정을 받으니 나 또한 신이 났다. 라실피드 공연은 성공적으로 끝났고 분장도 좋은 평가를 받았다. 그 공연을 계기로 1985년부터 1987년까지, 유니버설 발레단의 전속 분장사로 일했다. 1986년에는 아시안게임을 위한 한국창작발레 〈심청〉 공연을 올렸는데 그 공연의 전체적인 분장 캐릭터를 내가 만들었다. 내가 좋아하는 일을 하며 국가적인 큰 행사에 보탬이 된 것 같아 어깨가 으쓱했다. 발레 작품의 전체적인 캐릭터 분장을 창작한다는 것은 흥미롭고 자랑스러운 일이었다. 그래서 더 열성적으로 일했다. 발레단 분장 일은 재미있었다. 드라마나 광고와는 또다른, 다양한 분위기와 캐릭터들을 분장으로 만들어냈다. 때로 무대에서 돋보이기 위해 과감한 시도를 하기도 했는데 그런 과정을 통해 분장사로서 한 단계 더 발전할 수 있었다.

광고 메이크업 전문가, **김청경**

80년대 중후반을 기점으로 방송 제작 환경이 서서히 변화하기 시작했다. 방송사 출신 프로듀서들이 프로덕션을 만들어 독립했고 그런 회사들이 '외주제작사'라는 이름으로 드라마를 만들기 시작하던 때였다. 당시에 갓 설립되었던 삼화프로덕션에서 연락이 왔다. 첫 작품을 위한 분장을 맡아달라는 제안이었다. 급여와 다른 조건들도 내가 원하는 대로 해준다고 했다. 흔쾌히 계약을 했고 대본을 읽으면서 구상을 시작했는데 프로덕션에서 다시 연락이 왔다. 나와 맺은 계약은 없던 걸로 하고 다른 사람으로 분장사를 교체했다는, 일방적인 통보였다. 그들이 새로 계약했다는 분장사는 KBS 분장실에서 같이 일했던 선배였다. 나중에 현장에서 만나게 되었는데 나를 보고 자기도 '어쩔 수 없었다'는 식으로 말했다. 그런 일이 한두 번이 아니었다. 제안을 받고 계약까지 했던 일들을 그런 식으로 몇 번 놓치고 나자 심상치 않다는 생각이 들었다. 방송계는 좁고 분장사들은 몇 명 되지 않았으니 조금만 알아보면 누구 뒤에 누가 있는지는 금방 알 수 있었다. 알고보니 내 일을 가로챘던 사람들 뒤에는 방송국 분장실의 그 실장이 있었다. 분장실을 나온 게 84년이니 2년도 더 지났는데 그 실장은 그때까지도 나에게 감정을 갖고 내 일을 방해하고 있었다. 나를 채용하려는 이들이 나에 대해 물어보면 없는 말을 지어내서 험담을 하고 내가 일을 따냈다는 얘기가 들리면 인맥을 동원해 다른 사람을 추천해서 가로채는 식으로. 사실을 알게 되자 화도 나지 않았다. 도리어 헛웃음이 나왔다. '유치하고 집요한 사람 같으니.'

내막을 알게 되었지만 굳이 그에게 따지기도 싫었다. 나보다 한참 나이도 많은 남자들이 그렇게 치졸하게 굴다니. 그 나이에 그렇게밖에 행동할 수 없는 인성에 연민마저 들었다. 그들에게서 다시 일을 되찾고 싶지도 않았다. 부양가족이 있는 남자들이니 나름의 고충이 있을 터. 그들과 이 업계에서 한정된 일감을 놓고 다투기엔 내 시간이 아까웠다. 그리고 내가 그들보다 더 잘할 수는 없었다. 아예 그들이 방해할 수 없는 다른 영역을 찾아가기로 했다. 그들보다 나아져서 더이상 내 길을 막을 수 없도록 더 높이 올라가야겠다고 다짐했다. 그래서 드라마 분장에서는 완전히 손을 떼고 광고 쪽으로 가기로 결정했다.

광고촬영 분장 작업을 하면 하루에 5만 원을 받았다. 실력 좋고 성격 좋고, 꼼꼼하게 일 잘한다는 게 알려지면서 내 일당은 곧 8만 원으로 올랐다. 한 달에 다섯 건 정도로 시작했던 광고촬영이 나중에는 열 건 이상의 의뢰를 받게 되었다. 나는 촬영 제안이 오는 대로 전부 '오케이' 했다. 잠을 줄이고 밥도 차 안에서 도시락으로 때웠지만 일이 많아지니 신이 났다. 내 수첩은 곧 광고촬영 스케줄로 빽빽하게 메워졌다. 한 달에 서른 건의 의뢰를 받아 꼬박 30일을 일했다. 광고촬영을 통해 나는 거침없이 잘나갔다. 특히 화장품 광고에서 내 감각과 실력이 가장 잘 발휘되었다. 당시 우리나라에는 여덟 개의 화장품 브랜드가 있었다. 쥬리아, 피어리스, 쥬단학, 한불, 아모레, 드봉, 나드리 등의 국내 브랜드가 화장품 시장을 평정하고 있었다. 80년대 후반부터 1994년까지 이 여덟 개 회사의 메이크업 룩을 모두 내가 만들었다. 제품이 다르고 패키지가 다르고 모델이 달랐을 뿐 그녀들의 얼굴에 표현되는 메이크업 룩은 모두 내 머릿속에서, 내 손끝에서 만들어졌다.

　당시 우리나라의 화장품 회사들은 아이섀도를 중심으로 신제품 판매가 이루어졌다. 섀도 컬러를 기본으로 립스틱과 전체적인 베이스 메이크업 스타일이 결정되었다. 시즌이 바뀔 때마다 여덟 개 브랜드의 섀도와 립스틱을 놓고 스타일을 만들어내는 게 큰일이었다. 한불에 블루 섀도와 핑크 립스틱을 제안한다면 피어리스에는 보라색 섀도에 약간 톤 다운된 핑크를 제안하는 식으로 여덟 개 회사의 메이크업 룩을 만들었다. 겹치지 않고 브랜드 특유의 개성을 살리면서 유행을 적용하는 것이 과제였다.

　전인화, 최진실, 김희애, 원미경, 김혜선, 황신혜, 옥소리, 이응경, 오현경, 고현정, 이보희, 조민수, 도지원, 윤정, 채시라, 김혜수, 하희라, 장윤정, 김혜리, 김성령 등 여자 톱스타들은 의례히 화장품 광고로 데뷔하는 게 당시의 풍토였다. 그리고 그들의 광고 데뷔작은 당연스럽게 내가 작업했다. 화장품 광고 메이크업은 나에게 딱 맞았다. 타고난 색채 감각과 분장사로 쌓은 경험을 통해 배운 것들을 화장품 광고작업 현장에서 활용했다. 광고감독들도 내가 메이크업을 한다고 하면 안심을 했고 유명 모델들이 '김청경과 작업하고 싶다'며 먼저 광고사에 제안하는 일이 벌어졌다. 집에 돌아와도 다리를 뻗을 새 없이 다음 촬영장으로 이동해야 하는 바쁜 일정이 계속되었지만 나를 필요로 하고 인정해주는 사람들을 매일 만날 수 있어 보람된 날들이었다.

Part 2

나는
대한민국 최초의
메이크업
아티스트다

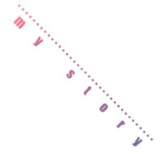

나는
'메이크업 아티스트'

1987년, 어느 일간지에서 '전문직 여성 인터뷰'라는 주제로 인터뷰 요청이 들어왔다. 인터뷰만을 위한 시간을 따로 낼 수가 없었기에 광고 촬영장에서 기자를 만나기로 했다. 당시 촬영 중인 광고는 대우전자의 '신대우가족'이라는 광고였는데 우리나라 광고사에서 최초로 시도된, 드라마형 시리즈 광고였다. 작가 신달자 씨가 대본을 쓰고 이장호 감독이 연출을 맡았으며 유인촌, 박상원, 김미숙 등 최고의 연기자들이 가족으로 등장해 대우전자 가전제품과 함께하는 일상을 드라마처럼 보여주는 광고였다. 가전 업체 후발 주자였던 대우전자가 시장에서 인지도를 높이기 위해 심혈을 기울여 구상한 프로젝트로 이전에 없던 새로운 시도였다. 일단 발상이 참신했고 출연진과 스태프들도 최고의 인력을 동원했기 때문에 업계에서도 상당히 기대하고 있었다.

지금도 광고를 공부하는 학생들의 논문이나 기사에서 종종 신대우가족 광고가 언급될 정도로 큰 화제를 불러일으켰던 걸로 기억한다. 그 광고를 위한 메이크업을 내가 맡았다. 촬영장에 온 기자는 '무명의 분장사' 정도로만 알고 있던 내가 김미숙을 비롯해 최고의 스타들과 허물없이 지내며 일하는 걸 보고 적이 놀란 눈치였다. 이미 수많은 광고 촬영을 통해 그런 연기자들과 친분이 있었기 때문에 나에게는 특별한 일이 아니었다. 인터뷰 말미에 기자는 한 달 수입이 얼마인지 조심스레 물었다. 그 당시 내 하루 촬영 일당이 20만 원이었고 한 달 내내 거의 하루도 빼놓지 않고 일하던 중이었기 때문에 600만 원의 수입을 올릴 때였다. 솔직하게 이야기했다.

"한 달에 600만 원 정도 됩니다."

기자는 눈을 동그랗게 뜨고 한참 나를 쳐다보았다.

당시 최고의 MC로 각광받던 황인용 씨가 한 달에 600만 원을 번다고 해서 별명이 '황육백'이었다. 한 달에 600만 원이라니, 보통의 직장인은 꿈도 꿀 수 없는 액수였고 황인용 같은 최고 명성의 사회자나 받을 수 있는 돈이었다. 아직 '분장사'에 대한 인식도 없었고 어떤 일을 하는지도 잘 모르던 그 시절, '촬영장에서 화장해주는 사람' 정도로 인식되던 분장사가 한 달에 600만 원을 번다는 건 세상일을 다 꿰고 있는 기자에게도 꽤나 충격적인 일이었나 보다. 그 기자의 기사를 통해, 나는 '한 달에 600만 원의 수입을 올리는 여성 분장사'로 알려지기 시작했고 잡지, 신문, TV와 라디오 인터뷰에 불려 다녔다. 88 올림픽을 계기로 새로운 외국 문물이 유입되던 시기였고 '국제화' 같은 말이 유행하면서 우리나라에 없던 다양한 전문직에 대한 인식이 높아지던 때였다. 나중에 패션 잡지 〈바자〉의 편집장이 된 정현선 기자가 그즈음 나에 관한 기사를 쓰면서 기사 제목에 '메이크업 아티스트'라는 말을 썼다. 외국에서는 나 같은 사람들을 그렇게 부른다고 했다.

'메이크업 아티스트 김청경, 메이크업 아티스트 김청경…….'

그 기사를 손에 들고 한참을 되뇌었다. '메이크업 아티스트 김청경'.

아티스트. 예술가라니 얼마나 아름다운 이름인가. 내가 하는 일은 기술인 동시에 예술이었다. 감성과 상상력과 판단력을 총동원해 사람들의 얼굴에 나의 두 손으로 표현하는 것, 그것이 나의 일이었다. '메이크업 아티스트 김청경', 그것이 그날부터 나의 새로운 이름이 되었다. 나 이전에 그렇게 불린 사람은 아무도 없었다. 나는 그렇게, 우리나라 최초의 메이크업 아티스트가 되었다.

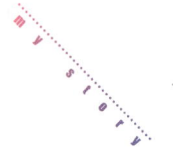

대한민국
최고의 길로

1980년대 중반부터 우리 사회에는 여러 가지 변화들이 찾아 왔다. 소련의 개혁·개방 정책 덕분에 세계적으로 개방화, 국제화의 분위기가 만들어졌고 우리나라도 1986년의 아시안게임을 기점으로 국제화, 다각화의 시대로 접어들었다는 것이 내 생각이다. 광고, 특히 TV 광고 시장이 부쩍 커졌고 광고촬영의 기법과 내용 등 전반적인 수준이 단기간에 눈에 띄게 높아졌다. 연예 산업에 종사하는 사람들의 직종도 다양해졌고 사회 전반적으로 여성의 직업, 특히 특색 있고 전문적인 직업에 대한 관심이 높아지고 있었다. 사회 전체적으로 새로운 것, 참신한 아이디어에 목말라 있을 때였다고나 할까. 내가 '최초의 메이크업 아티스트'라는 이름을 갖게 된 영광에는 나 자신의 치열한 노력에 이런 사회 분위기도 일조를 한 것 아닌가 싶다.

'신대우가족' 광고 촬영장에서 했던 인터뷰 이후 나는 1987년 한 해 동안 '황인용만큼 돈 잘버는 여성 메이크업 아티스트'로서 급속하게 유명세를 탔다. 앞서 말했듯 잡지는 물론 신문, 방송, 라디오 인터뷰까지 불려 다니며 메이크업 아티스트가 어떤 직업인지, 스타들과 함께 작업한 광고나 드라마 촬영이 어땠는지를 거의 매일 인터뷰했다. 사람들은 너무도 생소한 분야에서 일하는 젊은 여자가 내로라하는 톱스타들과 친하게 지내면서 돈도 그렇게나 많이 번다는 사실에 먼저 흥미를 느끼는 것 같았다. 돈 이야기를 꺼내야 할 때마다 조금은 민망하기도 했지만 아직 사람들에게 생소한 분야인 '메이크업'을 알리기 위해 나름 최선을 다해서 인터뷰에 응했다.

특히 〈별이 빛나는 밤에〉처럼 젊은이들이 많이 듣는 방송에서 내 이야기를 전할 때는 특히 보람을 느꼈다. 기존에 많이 알려진 직업이 아닌, 우리나라에 새롭게 소개되는 전문 직종의 선구자로서 내 일을 알릴 수 있었기 때문이다. 그즈음 나는 매일 여러 개의 광고 촬영장과 방송 녹화 현장을 누비며 정말 바쁘게 보냈다. KBS 분장실에서 일할 때부터 원래 잠을 줄여가며 일해왔지만 이 시기부터는 아예 하루에 딱 두 시간만 자며 일을 했다. 일이 있다는 사실이 감사했고 새로운 촬영장에 갈 때마다 흥분되고 신이 났다. 식사도 차에서 하고 잠도 모자랐지만 일단 나에게 제안이 들어오는 일은 사양하지 않고 모두 수락했다. 새벽에 일어나 메이크업 도구를 챙겨 집을 나섰다. 촬영장에서는 감독과 함께 시안을 상의하고, 제품과 모델에 맞는 메이크업을 구상하고, 씬이 바뀔 때마다 수정하고, 촬영이 마무리될 때까지 자리를 지켰다. 그리고 틈틈이 방송에 출연해 '메이크업 아티스트'로서의 나의 일을 이야기하고 새벽별을 보며 집에 돌아갔다. 자리에 누워서도 내일 촬영에 대한 시안 생각에 잠을 설쳤지만 그래도 행복한 날들이었다. 내가 가장 잘할 수 있는 일에 온몸을 바쳐 즐겁게 하고 있었고, 세상에서 내 이름 석 자가 인정을 받기 시작할 때였으니까.

1983에 KBS 분장실에서 급여를 받는 연수생으로 1년, 분장사 자리가 나기를 기다리며 무급으로 6개월을 일하고 쫓겨나다시피 KBS를 나올 때 속으로 피눈물을 흘리며 다짐한 게 있었다. '나를 쫓아낸 저 김 실장보다 훨씬 나은 분장사라 되리라.' 지금 생각하면 어린 마음에 오기와도 같은 생각이었지만 당시에 내가 느꼈던 억울함과 실망감은 실로 어마어마했다. 안정되게 일하며 괜찮은 급여를 받을 수 있었던 모델 에이전시 일을 그만두고 1년 반의 시간과 모든 노력을 들여 그곳의 일원이 되기를 원했는데, 모함을 받고 여자로서 수치감이 드는 모욕까지 당했기에 한동안 무척 힘들었다. 마음을 추스르면서 '내가 발전할 수 있는 길이 무엇일까'를 깊이 고민했다. 아직 메이크업이 시작 단계인 우리나라를 벗어나 방송과 광고가 발달한 선진국에 가서 메이크업을 배우는 게 어떨까 하는 생각이 들었다. 그렇다면 당연히 미국, 할리우드였다. 미국에 가서 분장을 본격적으로 배우며 할리우드 영화와 방송의 분장사로 유명해져서 그 실장에게 보란 듯이 성공하고 싶은 마음도 컸다. 내 실력에는 자신이 있었고 온몸을 바쳐 노력할 자세도 되어 있었다. 하지만 비자가 문제였다. 결혼도 하지 않은 20대 초반. 집안 형편도 어렵고 후견인으로 내세울 사람도 없는 젊은 여자에게 미국 비자가 나올 턱이 없었다. 그렇게 미국으로 가는 꿈은 좌절되었다. 하지만 광고 메이크업으로 경력을 쌓아가며 일에 미쳐 지내다보니 1987년부터는 내 이름이 업계에서 알려지기 시작했다. '김청경 없이는 광고 못 찍겠다'는 감독들이 생겨났고 스케줄표가 꽉 차기 시작했다.

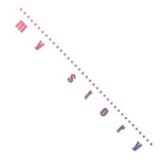

작은
승리

1989년, 드디어 우리나라에 최초의 분장사 단체인 '한국분장협회'가 창립되었다. 이전에는 연극, 영화, 방송 쪽에서 활동하는 분장사들이 각각 갈라져 있었다. 연극, 영화 등을 넘나드는 분장사들도 있었지만 어디까지나 개인적인 활동일 뿐이었고 분장사들 간에 교류도 거의 없었다. 1985년부터 프로덕션(외주제작사)들이 많이 생겨나면서 프리랜서로 일하는 분장사들이 크게 늘어났지만 이들의 실태를 파악하고 규합할 단체도 없었다. 그래서 분장협회의 설립은 분장사들에겐 크게 반가운 일이었다. 설립 초기 한국분장협회에서는 따로 흩어져서 활동하는 분장사들의 권익을 대변하고 체계적으로 교육하는 시스템을 만들려고 노력했다. 분장협회 분장사 교육의 첫 번째 강사로 나를 초청하고 싶다는 연락이 왔다. 같은 일을 하는 분장사들을 상대로 한 강의

라니 무척 영광된 일이었다. 강의 자료를 세심하게 준비해서 강의실에 들어섰다. 그 강의실 맨 앞자리에서 나는 잊을 수 없는 얼굴과 마주쳤다. KBS 분장실의 그 김실장이었다. 나를 '행실 나쁜 애', '도둑'으로 모함하고 쫓아냈던 A실장, 바로 그였다.

내가 KBS를 나간 후에도 방송계 인맥을 동원해서 내가 계약한 일들을 가로챘던 그 사람이었다. 그랬던 사람이 내 강의를 듣기 위해 앉아 있는 모습이라니. 그도 나를 알아보고 무척 놀란 표정이었다. 자기가 모함하고 괴롭혔던 어린 여자애가 분장협회 강사로 강단에 서서 분장에 대해 가르치다니 얼마나 당황했을까. 강의 시간 내내 놀라움과 열패감이 뒤섞인 듯한, 그의 묘한 표정을 잊을 수가 없다. 그건 작은 승리였다. 방송국을 나오면서 아무도 모르게 눈물을 흘리며 속으로 했던 다짐을 이루었기 때문이다. 'A실장보다 더 나은 분장사가 되겠다'는 그 다짐을. 한편으로는 그가 안쓰럽다는 생각도 들었다. 나보다 나이도 경력도 더 많은 사람이, 알량한 자존심 때문에 한참 어린 후배를 모함하다니. 당시에는 분하고 미웠지만 더이상 상관없었다.

분장협회 강의에서 그를 보게 된 후, KBS 분장실에 대한 아쉬움이나 그에 대한 원망도 깨끗이 사라졌다. 나는 그가 더이상 영향을 끼치지 못할, 더 높은 수준으로 올라왔다는 게 증명되었고 앞으로 더 발전할 것이라고 믿고 있었으니까. 그날 나는 광고 메이크업에 대해 강의했다. 20년 이상의 경력이 있는 분장사들도 정작 광고를 위해서는 어떻게 해야 할지를 몰랐다. 나는 내가 참여한 광고들을 예로 들어가며 최선을 다해 강의했다. A실장이 보고 있었기 때문에 더 열심히 했는지도 모른다. 그 강의를 마치고 나는 마음속에 남아 있던, 그에 대한 미움을 비로소 털어버렸다. 해방된 느낌이었다.

1989년에 부산에서 전화 한 통을 받았다. 부산에 아는 사람도 없는데 누가 나를 찾을까 싶었다. 받아보니 역시나 처음 듣는 목소리였다. 중년여자는 나에게 '그 잡지에 나온 메이크업 아티스트 김청경'이 맞느냐며 여러 차례 확인하더니 간절한 목소리로 이렇게 말했다. "선생님 기사를 보고 딸이 메이크업 아티스트가 되겠다고 프랑스로 유학 갔어요. 처음에는 그게 뭐하는 일인지 몰라서 반대도 많이 했지만 본인이 그렇게 원하는데 어쩌겠어요. 아무튼 이제 제 딸이 유학을 마치고 돌아오는데 메이크업을 하면서 일할 수 있는 곳도 별로 없고, 아직 메이크업에 대한 인식도 없어서 막막합니다. 제 딸이 귀국하면 선생님이랑 일할 수 있게 해주세요. 부탁드립니다." 곧 이런 전화가 빗발치기 시작했다. 내가 출연한 방송 인터뷰와 신문 기사를 보고 메이크업 아티스트의 꿈을 갖게 되었다는 여고생, 나처럼 되고 싶어 전공을 바꿨다는 대학생, 부모님 반대를 무릅쓰고 메이크업이 하고 싶어 상경했다는 젊은 회사원 등. 전국에서 다양한 사연을 가진 메이크업 아티스트 지망생들이 전화를 걸어왔다.

놀랍고 대견하고 안타까웠다. 처음 내가 이 일을 시작했을 때를 떠올렸다. 유일한 방송연예과 학생으로 영화과 수업인 분장학 강의실에 앉

앉을 때의 떨림, KBS 분장실에 처음 출근해 걸레질부터 시작했던 그날을 생각했다. 악바리같이 혼자서 달려온 길인데 이제 많은 사람들이 이 길을 가고 싶어한다니 놀라웠다. 메이크업 아티스트로서는 김청경 하나만 유명해져 있는, 어떻게 보면 비정상적인 상황에서 오직 나만을 보고 꿈을 키우고 있는 젊은 친구들에게 길을 터주고 싶었다. 그러기 위해선 그들을 내 방식으로, 체계적으로 교육하고 실습할 수 있는 곳을 만들어야 했다. 광고촬영을 통해 알게 된 연예인들도 나에게 메이크업을 받을 수 있는 공간을 만들어달라고 성화였다. 압구정동 갤러리아 백화점 앞 대로변에 있는 건물 3층을 임대해 샵을 열었다. 나의 작업실이자 메이크업 아티스트 양성소가 될 그곳의 이름은 '끄쎄보'. 불어로 '아! 아름다워라'라는 감탄의 뜻이었다. 이곳에서 메이크업을 받고 나서는 사람들이 그런 감탄사를 들을 수 있도록 만들자는 것이 나의 바람이었다.

그리고 여기서 나에게 메이크업을 배워 세상에 나가는 후배들이 아름다움을 만드는 사람이 되기를 바라는 마음도 깃들어 있는, 여러모로 의미 있는 이름이었다. 샵을 준비하며 그동안 여러 경로로 나에게 연락을 해온 친구들 열 명을 모았다. 광고 메이크업을 하며 조수로 같이 일해온 동생과 함께 본격적으로 그들을 가르쳤다. 막내 동생도 같이 메이크업을 배우기 시작했다. 동생을 포함한 나의 첫 제자 열 명. 바로 끄쎄보 창립 멤버 1기생들이 되었다. 그때부터 약 5년간 1년 과정의 끄쎄보 연수생들을 배출했다. 지금도 그렇지만 나는 꽤 엄격한 선생이었다. 일에 관해서는 철저하고 가차 없었다. 하지만 진심을 다해서 내가 경험한 모든 노하우를 그들에게 전하려고 노력했다. 젊은 친구들이 이 일을 배울 수 있는 곳이 없기에, 좁고 힘든 길을 택한 만큼 빠르고 알차게 성장했으면 하는 마음이 컸다. 그런 내 뜻을 잘 알고 따라주는 연수생들을 대할 때면 나의 스무 살 시절이 떠올라 가슴이 벅차오르기도 했다.

my story

내가 만난
최진실

어느 시대에나 '그 시대가 원하는 얼굴'이 있다. 그건 '당대 최고의 미인'과는 또다른 개념이다. 최고의 미인이 반드시 최고의 스타가 되지는 않는다. 하지만 시대가 원하는 얼굴은 곧 최고의 스타가 된다. 누구와도 비교되지 않는 스타 중의 스타가.

'대한민국 최고의 스타', '국민배우', '드라마의 여왕', '만인의 연인'. 화려한 수식어로 불리우며 우리나라 최고의 스타 자리에 올랐던 최진실이 바로 그런 얼굴이었다. 최진실은 그 시대가 사랑한 얼굴이었다.

최진실을 처음 만난 건 1988년이었다. 광고 메이크업, 특히 화장품 광고를 많이 찍기 시작하던 시기였다. 당시 최고의 모델은 패션모델이기도 했던 박영선이었다. 178의 큰 키에 길고 가는 팔과 다리, 놀랄 만큼 작고 인형같이 예쁜 얼굴을 가진 박영선은 패션쇼와 패션화보는 물론 TV광고, 방송까지 섭렵하는 최고의 모델이었다. 그녀는 당시 '지지레이디' 화장품의 전속모델이었고 내가 그 광고의 메이크업을 전담하고 있었다. 때는 봄. 박영선과 나, 촬영 스태프들은 기차를 타고 지방에 있는 촬영장으로 이동했다. 기차 안에서 스태프가 소개해준 엑스트라와 인사를 했다. 그가 바로 최진실이었다.

촬영 장소는 지방의 한 야외 수영장이었다. 메인모델인 박영선이 수영복을 입고 우아한 포즈로 일광욕을 하고 있는 장면이었다. 최진실은 그 뒤편에 있는 수영장에 뛰어드는 역할이었다. 정확하게 기억나지 않지만 그때가 아마 4월쯤이었던 것 같다. 봄이었지만 여전히 쌀쌀했다. 수영복을 입기에는 무리인 날씨였다. 하지만 일은 일이었다. 나는 박영선을 메이크업해주고 최진실을 쳐다봤다. 수영복 차림으로 감독의 지시를 열심히 듣고 있었다. 최대한 역동적으로 물에 점프해 들어가서 그럴 듯한 배경화면을 만들어주는 것이 최진실의 역할이었다. 엑스트라 치고도 작은 일이었다.

최진실은 아마 스무 번도 넘게 물로 뛰어들었던 것 같다. 뛰어들고 또 뛰어들고. 흰 물보라를 일으키며 멋지게 입수를 했지만 밖에서 장비가 말을 안 듣는다거나 메인모델의 연기나 조명의 상태가 감독 마음에 들지 않으면 또다시 물로 들어가야 했다. 박영선의 메이크업을 수정하면서 최진실을 보니 얼마나 추웠는지 오들오들 떨고 있었다. 나는 그 어린 엑스트라가 진심으로 안쓰러웠다.

최진실의 입술이 파랗게 질릴 정도가 되어서야 촬영은 끝이 났다.

하지만 '수고했다'는 인사도, 일이 끝났다는 기쁨도 메인모델에게만 주어지는 혜택이었다. 새파래진 입술로 혼자 몸을 닦고 옷을 챙겨 입는 최진실을 유심히 봤다. 그리고 같은 기차를 타고 돌아왔다.

그 촬영이 끝나고 나서 한동안 최진실이 마음에 걸렸다. 크게 빛도 나지 않고, 비중도 미미한 엑스트라였지만 힘든 촬영을 혼자 버텨낸 그녀가 마음속에 남았다. 부디 험난한 연예계에서 잘 버텨주기를, 속으로 바랬다.

그 후에 최진실을 다시 만난 건 모 화장품 광고 촬영장이었다. 감독님이 나를 조용히 부르더니 촬영 콘셉트를 설명했다. 그날의 메인모델은 김희애, 그리고 세 명의 서브모델이 있는데 그중 한 사람에게는 김희애와 같은 메이크업을 해달라는 요구였다. 새로운 광고모델로 키워보려는 것이니 특별히 신경을 써달라고 당부하면서. 나는 일단 김희애에게 메이크업을 한 후 감독이 지명한 신인모델에게도 같은 메이크업을 정성 들여 해줬다. 광고는 원 씬, 원 커트 기법으로 촬영되었는데 김희애를 잡아주던 카메라가 서서히 이동하면서 옆의 모델들을 잡았다가 다시 돌아와서 김희애와 옆 모델의 얼굴을 한 화면에서 보여주는 투 샷으로 끝이 났다. 대부분 이런 광고에서는 메인모델 한 사람의 얼굴 클로즈업으로 끝나는 것이 정석인데, 두 모델의 얼굴을 한 화면에서 보여주는 엔딩 컷을 만드는 것은 굉장히 이례적인 일이었다. 나중에 보니 그 엔딩 컷은 옅은 복숭아 색이 깔린 원 톤 무드의 화면이었는데 마치 한 폭의 르누아르 그림 같은 느낌이었다. 그 엔딩 컷에 김희애와 같이 등장했던 신인모델, 내가 공들여 메이크업을 해줬던 그 모델이 바로 최진실이었다. 그 광고를 통해 최진실은 일생일대의 기회가 된 광고에 출연하게 된다.

"남자는요, 여자 하기 나름이에요~!"

어느샌가 이 말이 유행어가 되어 있었다. 김희애와 같이 등장했던 화장품 광고의 히트로 최진실은 단박에 삼성전자 광고의 메인모델로 발탁되었다. 발랄한 주부로 등장한 그 광고로 최진실은 '섭외 1순위' 리스트에 당당히 이름을 올렸다. 최진실 아니면 안 찍겠다는 광고주들이 늘어났고 드라마와 영화 감독들도 모두 최진실만 찾았다. 화장품 촬영장의 엑스트라로 매니저도, 거들어주는 스태프도 없이 혼자였던 최진실이 엄청난 속도로 대스타가 되어 있었다. 그리고 최진실이 자신의 광고 메이크업 아티스트로 나를 지목했다. 나는 곧 최진실이 등장하는 모든 화장품 광고 메이크업을 전담하게 되었다.

　삼성전자 광고로 스타가 된 후 최진실이 처음 맡은 화장품 광고는 '쥬리아' 광고였다. 당시 여름에 많이 사용했던 '투웨이 케익' 컴팩트 광고를 촬영할 때였는데 물이나 땀에도 잘 지워지지 않는 '워터 프루프' 제품임을 강조하는 것이 그 광고의 콘셉트였다. 콘티에는 수영장 물속에서 최진실이 솟아오르는 장면이 있었다. 광고촬영을 위한 사전 회의. 감독님은 어려운 촬영이 될 것 같다며 고민이 이만저만이 아니었다. 일단 촬영을 할 수영장은 빌려놓았는데 메이크업을 한 모델이 실제로 물속에서 솟아나올 때 메이크업이 지워지지는 않을지, 그것이 당시 광고 감독님의 가장 큰 걱정이었다. 물속에서도 지워지지 않고 화면에도 완벽하게 보이는 메이크업을 하는 것이 촬영의 관건인 셈이었다. 나는 일단 해보겠다고 했다. 메이크업 박스를 뒤져보니 당시에 내가 가진 워터프루프 제품은 일본에서 구입해온 아이펜슬과 마스카라 단 두 개뿐이었다. 피부표현을 위한 파운데이션은 스틱도랑을 선택했다. 스틱도랑은 상당히 매트한 마무리감을 주는 스틱파운데이션인데 커버력이 좋지만 입자도 커서 다소 두껍게 발리는 단점이 있었다. 그런 특성을 고려해서 최대한 자연스럽게 보이도록 얇고 세심하게 펴발랐다. 아이섀도를 바르고 워터프루프 제품인 아이펜슬과 마스카라로 눈 화장을 했다. 립스틱도 발랐지만 다행히 립스틱은 자체 성분에 유분이 많아 물에는 강한 특성이 있었다. 그렇게 최진실의 얼굴에 메이크업을 완성했다.

　감독님이 처음에는 물 밖에서 물속으로 들어가는 장면을 찍자고 제안했다. 나중에 필름을 거꾸로 돌리면 물속에서 나오는 장면을 만들 수 있다고 했다. 그렇게 풀 메이크업한 최진실의 고운 얼굴이 물속으로 들어갔다. 그리고 감독의 사인에 맞춰 천천히 물 위로 올라왔다. 조감독이 황급히 타월을 들고 달려 왔지만 나는 타월을 쓰지 못하게 했다. 대신 크리넥스 티슈로 얼굴의 물기를 가볍게 찍어냈다. 메이크업은 그대로였다. 그렇게 두 번, 세 번, 계속해서 수영장 물 안으로 들어갔다 나왔다를 반복했는데도 최진실의 얼굴에 해놓은 메이크업은 멀쩡했다. 화장이 지워지지 않은 것은 물론 물기에 얼룩지지도 않았다. 입수 네 번째 만에 촬영이 끝났다. 감독과 스태프들의 감탄사가 이어지고 광고 영상을 본 광고주의 칭찬이 쏟아졌다. 다들 '메이크업을 어떻게 했기에 화장이 전혀 지워지지 않았냐'며 물어왔다. 사실 나도 몰랐다. 지금도 그렇지만 당시에도 나는 베이스 메이크업에 공을 들였다. 베이스 메이크업을 할 때는 시간 차를 두고 먼저 바른 제품이 피부에 잘 흡수될 때를 기다렸다가 다음 단계의 제품을 발랐다. 그렇게 하면 메이크업이 피부에 잘 밀착되고 시간이 지나도 잘 지워지지 않으면서 자연스럽게 보인다. 아침에 받고 간 메이크업이 자정이 넘어도 그대로 유지되는 건 기본이고 연기자들이 연기를 하다가 눈물을 흘려도 끄떡없었다. 그저 눈물방울이 맨 피부를 타고 흐르는 것처럼 보일 뿐, 얼룩지거나 화장이 지워지지 않는다. 연기자가 통곡하는 연기를 한 다음 티슈로 눈물만 찍어내자 메이크업이 그대로 유지되더라는 스태프들, 연기자들의 칭찬도 많이 들었다. 나의 '시간 차 메이크업'의 힘이다. 시간 차를 두고 꼼꼼하게 제품을 바르면 메이크업이 오래 유지된다는 것은 알고 있었지만 그 촬영을 통해 나 스스로 그 효과를 여실히 확인하게 되었다. 감독과 광고주의 인정도 받게 되었고 자신감도 얻었던 좋은 경험이었다.

최진실은 모든 화장품 광고의 러브콜을 받게 되었다. 그녀와 '네슈라 알로에' 화장품 광고를 촬영했던 것 역시 잊을 수 없는 기억이다. 최진실은 네슈라 광고를 위해서도 나를 지명해서 메이크업을 해달라고 부탁했다. 지금은 메이크업 아티스트, 헤어 디자이너, 스타일리스트로 업무가 나뉘어져 있지만 당시에는 그런 구분이 없었다. 그래서 광고를 하나 맡게 되면 그 광고를 위한 메이크업은 물론, 헤어와 의상 콘셉트까지 내가 다 정해서 해나가야 했다. 헤어 스타일링은 특별히 따로 배워본 적이 없었지만 가방에 항상 갖고 다녔던 가스 고데기 하나만으로 웬만한 스타일은 다 만들 수 있었다. 특히 〈보그〉 지에서 눈여겨보았던 패션 화보 속 헤어스타일을 완벽하게 재현해내는 것이 내 특기였다. '네슈라 알로에' 화장품 광고에서 최진실에게 해주었던 메이크업과 헤어스타일은 요즘 말로 '대박'이 났다. 그 광고 속의 최진실이 얼마나 신선하고 예뻤는지, 화장품 매장에 붙여놓은 광고 포스터를 하도 많이 떼어가는 통에 아침마다 새 포스터를 붙여야 했다는 광고주의 얘기를 듣고 나도 깜짝 놀랐다.

고백하건대, 지지레이디 촬영장에서 처음 최진실을 만났을 때는 크게 인상적이라는 느낌을 받지 못했었다. 눈빛이 살아 있긴 했지만 그다지 눈에 띄는 미인도 아니었고 다른 장점도 알 수 없었다. 나는 궁금했다. 최진실이 왜 이렇게 금방 톱이 되었는지를. 나름대로 수많은 스타들을 만나면서 '될성부른 떡잎은 알아본다'며 내 안목에 자신감을 갖고 있었는데, 내가 별 느낌 없이 지나쳤던 최진실이 이렇게 빨리 국민적인 스타가 되었다는 게 신기하기도 했고 의문도 들었다.

'왜, 최진실은 최고 스타인가?'

최진실은 분명 최고의 미인은 아니었다. 하지만 특별했다. 그녀보다 더 예쁘고 늘씬하고 젊은 배우들이 있었지만 그들은 최진실이 아니었다. 최진실은 단 한 사람뿐이었고 최진실에게는 그녀만이 가진 매력이 있었다. 그리고 시대가 그걸 원했다. 어찌 보면 최진실은 '천운'을 타고난 스타였는지도 모르겠다. 하늘이 점지해준 스타랄까. 하지만 아무리 운이 좋다고 해도 본인이 그 운을 가꾸어나가지 못한다면 헛일이다. 최진실은 철의 여인이었다. 작은 몸에 강철 같은 의지를 가진 여자였다. 작품을 할 때는 무섭게 몰입했고 스타로서의 자의식도 확고했다. 때로는 그런 면이 강하게 보일 때도 있었지만 그렇기에 최고의 자리를 그렇게 오래 지킬 수 있었는지도 모른다. 대한민국 최고의 스타였지만 놀랍도록 현실적이었다. 이야기를 해보면 스타답지 않게 서민적이고 알뜰한 면이 있었다.

언젠가 최진실이 이런 말을 한 적이 있다.

"언니, 진짜 밥을 굶어서 울어본 적 있어요? 나는 어릴 때 그런 적 있어요. 아파서 우는 거랑은 차원이 달라. 배가 고파서 눈물이 나는 건……."

나 역시 몰락한 집의 큰딸이었지만 밥을 굶어본 적은 없었다. 내가 괴로워했던 우리 집의 가난은 학비가 없어 괴로워하고 생필품을 아껴서 써야 하는 정도였다. 배가 고파서 눈물이 날 정도로 내려가보지는 않았었다. 하지만 최진실은 그런 가난을 겪었다. 극한의 가난. 배가 고파서 눈물이 나는 그런 극단적인 가난을 최진실은 알고 있었다. 뼈저리게.

그래서였을까? 최진실은 항상 영리했고 현실적이었다. 사람들은 최진실에게 '신데렐라'라고 말했지만 그녀는 하루아침에 유리구두를 얻어서 스타가 된 신데렐라가 아니었다. 시대가 원하는 재능과 강한 의지를 가진 노력파였다. 최진실은 연기자로서 자기 자리를 잘 알고 있었다. 화려한 스타의 삶을 살면서 갖은 찬사를 받고 있었지만 어느 선을 넘는 법이 없었다. 항상 두 발을 땅에 꼭 딛고 있는 느낌이었다.

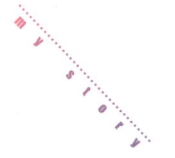

해피페이스
김희애

사십 대 중반의 나이에도 여전히 여왕 같은 기품을 유지하는 김희애. 광고와 연기에서 활발히 활동하며 많은 사랑을 받는 그녀의 얼굴에는 남다른 분위기가 있다. 김희애를 처음 본 건 그녀가 18세 때, 내가 KBS 분장실에 있을 때였다. 그즈음 서울역 옆에 큰 광고판이 있었는데 광고판 속 사진에는 십 대 소녀였던 김희애가 활짝 웃고 있었다. 그 웃음은 마치 해를 품은 듯, 빛을 내뿜고 있었다. 오며 가며 그 광고사진을 볼 때마다 행복한 기운이 느껴졌다. 그리고 얼마 후 김희애는 KBS 드라마에 캐스팅되었다. 〈여심〉이라는 드라마였는데 거기서 김희애는 18세부터 60대 노년까지의 연기를 소화해야 했다. 연기력도 탁월했다. 당시 분장실의 유일한 여자였던 내가 김희애의 메이크업을 담당했는데 어리지만 차분하고 열정적인 연기력에 감탄했던 기억이 난다.

  이후 광고 메이크업을 한참 할 때 다시 만난 김희애는 톱스타가 되어 있었다. 그녀가 출연했던 '쥬단학 화장품' 광고 촬영장에서 다시 만났는데 방송국에서 나와 처음 만났던 기억을 되살리지는 못한 듯했다. 아무튼 김희애는 배우로서도 모델로서도 내가 무척 좋아하는 캐릭터다. 깔끔하고 반듯한 이목구비에서 뿜어져 나오는 밝은 기운, 그녀가 광고판 속에서 웃는 것을 보면 환한 빛이 뿜어져 나오는 것만 같다. 김희애의 웃는 얼굴은 보는 사람을 기분 좋게 하고 행복을 전파한다. 그래서 나는 김희애의 얼굴을 '해피페이스'라고 한다. 아름다운 얼굴은 많지만 사람을 기분 좋게 하는 밝은 얼굴은 무척 드물다. 내가 꼽는 해피페이스가 몇 있는데 바로 김지호, 채림, 송혜교, 장나라가 그들이다. 그리고 그 모든 해피페이스의 원조는 바로 김희애다. 보는 사람을 행복하게 만드는 친근하고 화사한 얼굴을 가진 김희애. 그런 밝은 얼굴 덕분에 지금까지도 김희애는 많은 광고주와 감독들로부터 사랑받고 있나 보다. 진정한 해피페이스의 원조로서.

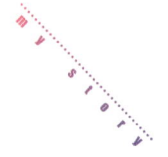

스무 살의
이종원

1988년, 올림픽을 맞은 광고업계는 호황을 누렸고 덕분에 나도 거의 매일 광고 촬영장을 오가며 바쁘게 보냈다. 거의 모든 기업에서 올림픽을 테마로 한 특별 광고를 제작했고, 스포츠 브랜드와 스포티한 이미지의 모델들이 각광을 받기 시작했다. 그즈음 올림픽을 위한 광고 한 편을 촬영하게 되었다. 어떤 대기업의 이미지 광고였는데 올림픽 공식 종목들의 격렬한 장면들을 역동적으로 보여주는 광고였다. 실제 운동선수와 대학의 체육학과에서 섭외한 모델들을 촬영했다. 거기서 이종원을 처음 만났다.

이종원은 갓 스무 살이었는데 얼굴은 앳되었지만 체격이 탄탄했다. 처음에 그를 봤을 때는 정말 운동선수인 줄만 알았다. 성실하고 비주얼이 좋았던 덕분에 그 촬영에 섭외된 모델들 중에 이종원이 가장 많은 장면을 촬영했던 걸로 기억한다. 촬영은 밤늦게까지 계속됐다. 스태프도 모델도 모두 지쳐가고 있었다. 이종원이 한 장면만 더 촬영하면 끝나는 상황이었다. 높이 뛰어오르는 장면이었는데 언뜻 보기에도 쉽지 않아 보였다. 약간 걱정이 되었지만 지금까지 종일 잘해줬던 이종원이었기에 모두 믿고 맡기는 분위기였다.

"액션~!"

감독의 사인이 떨어지고 이종원이 높이 뛰어올랐다. 멋진 폼이었다. 이대로만 나간다면 촬영은 끝, 다들 집에 가서 쉴 수 있을 것 같았다. 그런데 이종원의 폼이 흔들리더니 바닥으로 불안하게 떨어졌다.

"쿵!"

가까이 다가가서 보니 어깨를 심하게 다쳤는지 부어올라 있었다. 이대로 촬영을 할 수는 없었다.

"안 되겠다. 병원 가야지."

"아니에요. 괜찮습니다."

"이대로는 촬영 못해요. 어떻게 하려고 그래요."

나는 계속 병원에 가자고 했지만 이종원은 막무가내였다. 아프지 않다며 한사코 내 손을 뿌리쳤다.

"괜찮아요. 한 번만 더 하면 되잖아요."

"본인 몸도 생각해야지……."

"괜찮습니다. 돈 받았는데 해야죠."

스무 살 청년이 무심하게 뱉은 그 말. 아무렇지 않을 수 있는 그 말이 왠지 나에게는 신선하게 들렸다. 나도 더이상은 말리지 않았다. 말릴 수가 없었다. 그저 요령껏 안전하게 잘해내기만 바랄 뿐이었다.

다행히 이종원은 잘 뛰어올랐고 멋진 장면을 뽑아냈다. 촬영은 잘 마무리되었다. 메이크업 도구를 정리하면서 이종원을 다시 보니 한쪽 팔을 거의 움직이지 못했다. 엄청나게 아팠을 텐데 한마디 말 없이 버틴 게 기특했다. 무명 모델에게서 프로다운 모습을 본 것 같아 왠지 마음이 짠했다. 그렇게 촬영이 끝난 시각이 새벽 두 시. 태릉에서 서울 가는 첫차를 타려면 적어도 세 시간은 기다려야 할 상황이었다. 나는 괜찮다고 하는 이종원을 억지로 내 첫 차, 프라이드에 태웠다. 나도 밤샘 촬영으로 피로해서 눈꺼풀이 천근만근이었지만 그렇게 다친 몸으로 혼자 버스를 기다리게 둘 수는 없었다. 차에 태우고 서울로 향하면서 가만히 보니 무척 잘생긴 얼굴이었다. 183의 훤칠한 키에 체구가 당당했다. '이렇게 키가 크고 멋있었던 남자가 누구였더라?' 나는 혼자 골똘히 기억을 더듬었다.

'아, 임성민!'

이종원은 임성민과 비슷한 느낌이었다. 키가 크고 눈부시게 잘생겼지만 수줍음을 타는 남자. 하지만 동시에 다른 점도 눈에 띄었다. 임성민이 신사복 선전에 어울리는 세련되고 도시적이며 젠틀한 미남이었다면 이종원은 활동적이었으며 남성적인 매력이 더 강했다. 마치 그 자체로 잘생긴 운동선수 같은 느낌이었다.

이종원은 시대를 잘 타고난 미남이었다. 올림픽을 맞아 외국의 스포츠 브랜드들이 밀려 들어오고 남성적인 캐릭터의 남자배우들이 없던 시절에 광고모델로 나타나 금방 스타가 되었다. 특히 리복 광고는 코미디 프로에서 패러디될 정도로 어마어마한 히트작이 되었다. 의자를 타고 넘는 이종원의 모습은 이전에는 없던 새로운 남성상이었다. 강하고 역동적이지만 아름다운 남자의 모습.

몇 편의 광고촬영을 함께한 후 이종원과 나는 친한 사이가 되었다. 서로 '누나', '종원아'라고 부르면서 나는 그의 매니저 역할까지 하게 되었다. 메이크업과 헤어스타일은 물론 작품 선정에 대한 상의도 나와 함께했다. 연예계 데뷔 초창기의 이종원은 옛날의 임성민처럼 다소 수줍음을 타는 스타일이었다. 말수도 적고 앞뒤 재지 않는, 천생 남자 성격이었다. 때문에 연기가 쉽게 늘지 않아 고민이었다. 나는 기꺼이 이종원에게 연기지도를 해주고 촬영장에도 동행했다. 이종원을 보면서 스무 살 무렵 임성민과 KBS 분장실에서 대본연습 했던 때를 떠올렸다.

광고모델로 시작해서 스타가 된 이종원, 곧 여러 드라마의 섭외 제의가 들어오기 시작했다. MBC 드라마 〈무동이네 집〉의 남자주인공 배역을 수락하고 촬영 준비를 하는데 갑자기 입영통지서가 날아왔다. 어쩔 수 없이 드라마를 포기하고 입대를 해야만 했다. 이종원이 애초에 맡았던 배역은 최민수가 맡게 되었다.

한창 도약할 수 있던 시기에 맞닥뜨린 갑작스러운 군 입대. 제대를 하고 난 이종원은 약간 기가 꺾여 있었다. 최고의 인기와 사랑을 받으며 배우로서 성장할 수 있던 시점에 군 입대를 한 터라 아까운 마음도 적지 않았을 터. 게다가 군 입대 전에 신인이었던 후배들이 치고 올라오는 것을 보면서 잊혀지지 않을까 하는 불안감도 있었다. 드라마 출연에 대해 조언했던 내 말을 듣지 않고 마음대로 결정했던 것을 후회하며 나에게 다시 도움을 요청했다. 나는 기꺼이 이종원을 다시 반겼다. 그리고 이종원의 방송 복귀를 위해 구체적인 계획을 세워나갔다. 나는 메이크업 아티스트로 일하고 있지만 방송, 연예계 경험은 다른 누구 못지 않았다. 방송국 분장실에서 근무하면서 방송계의 생리를 체험했고 오현경을 미스코리아로 만드는 데 함께하면서 연기자로 발돋움하는 것을 돕고 있었다. 그 덕분에 드라마 감독들을 꽤 알고 있었다. 광고촬영을 통해 쌓은 인맥도 있었다. 내가 아는 인맥과 자원을 동원해 이종원을 돕기로 했다. 당시 SBS의 드라마 PD였던 운군일 PD님, MBC 〈일요일 일요일 밤에〉의 송창의 PD님께 이종원이 제대한다는 소식을 전하고 캐스팅 가능성을 타진했다. 결국 이종원은 제대한 바로 다음 날, 〈일요일 일요일 밤에〉에 출연하게 되었다. 반응은 예상보다 긍정적이었다. 광고모델로서의 이종원의 멋진 모습을 기억하고 있는 팬들이 군복무를 마치고 막 돌아온 그를 반갑게 맞아주었다. 〈일요일 일요일 밤에〉 출연을 계기로 이종원은 제대한 다음 주부터 곧장 '연예인'으로서 복귀할 수 있었다. 드라마 출연제의도 들어왔다. 제대 후 이종원이 출연했던 두 번째 작품이 바로 〈마지막 승부〉였다. 아직도 많은 이들이 기억하는 명작의 드라마, 〈마지막 승부〉. 이 작품에서 이종원은 몸을 사리지 않는 열정적인 연기로 주목받았다. 주로 연약한 모범생 이미지의 남자배우들만 있던 당시 연예계에서 진짜 스포츠맨 같은 분위기와 체격을 가진 이종원의 존재는 독보적이었다. 〈마지막 승부〉를 찍을 때는 대단했다. 농구 붐이 한창일 때 장동건, 손지창, 이종원, 심은하 등 젊은 톱스타들이 출연했던 그 드라마는 어마어마한 히트를 기록했다. 농구 경기 장면은 주로 잠실체육관에서 했는데 동원된 엑스트라가 아니라 실제로 촬영을 보러 온 팬들이 드라마 장면에 등장했다. 덕분에 드라마에서 무척 중요한 농구 경기 장면들을 생생하게 촬영할 수 있었다. 이종원은 농구 경기나 액션 신에서 대역 없이 거의 직접 몸으로 연기를 했는데 그 때문에 크게 부상을 당한 적도 있었다. 언제였던가, 그날도 잠실체육관에서 경기 장면을 찍고 경기도 외곽에서 진행할 촬영이 남은 상황이었다. 그때 이미 11시가 넘은 시간이었기에 이종원은 혼자 촬영하고 가겠다며 나에게 먼저 들어가라고 했다. 집에 돌아가서 잠이 들려는 순간 전화벨이 울렸다. 새벽 1시였다.

"누나, 나 좀 다쳤어." 이종원이었다.

당시 이종원은 서대문 근처에 살았다. 그의 집 근처에 있는 고대부속병원으로 택시를 타고 오라고 하고 나도 차를 달려 응급실 앞에서 이종원을 기다렸다. 엑스레이를 찍어보니 심각했다. 혼자 2층 높이의 담장에서 뛰어내리는 장면을 촬영하다가 바닥으로 떨어졌는데 떨어질 때 자세가 불안정했던지 두 다리에 모두 부상을 입었다. 한쪽 다리는 인대가 늘어났고 발뒤꿈치의 뼈가 거의 바스러지듯 여러 조각으로 부서졌다. 통증도 엄청났다. 당시 〈마지막 승부〉 촬영을 위해 나는 이종원의 매니저, 코디, 분장을 모두 담당하고 있었다. 감독과 촬영 상황을 상의해야 했다. 이대로는 촬영을 할 수가 없었다. 감독과 상의해서 다음 날 아침에 이종원의 부상에 대한 기사를 내고 촬영분을 수정해서 이종원의 비중을 줄이기로 했다. 하지만 본래 극 전체 흐름에서 이종원의 역할 비중이 컸고 인기가 워낙 많을 때라 촬영분을 줄이기가 쉽지 않았다. 결국 감독은 나에게 '이종원을 그냥 서 있게만 해달라'고 했다. 그런데 이종원의 부상 정도로는 '그냥 서 있는 것'도 불가능한 상태였다. 뒤꿈치 뼈가 바스러졌기에 서 있으면 안 되는 상황이었다. 나는 한사코 안 된다고 했지만 할 수밖에 없었다. 결국 이종원은 목발을 짚고 서 있다가 카메라가 비출 때만 잠시 목발을 놓고 연기를 했다. 나는 그 모습이 너무 속상해서 울고 말았다. 배우라는 건 그렇다. 아파도, 힘들어도, 목소리가 안 나올지라도 연기가 우선이다. 많은 사람들이 연예인들은 돈도 쉽게 벌고 화려하게 사는 것처럼 오해하지만 그렇지만도 않다. 화려한 모습 뒤에는 치러야 할 대가가 있다. 내 몸의 안위보다 연기가, 내 사정보다는 촬영장이 우선인 상황이 많다. 고통과 어려움을 숨기면서 다른 인생을 연기해야 하는 고충은 꽤나 혹독하다. 아무튼 이런 어려움도 있었지만 〈마지막 승부〉 촬영은 나에게도 큰 경험이었다. 이종원을 비롯한 젊은 배우들이 코트에 나설 때 관중들이 질러대던 함성은 실로 엄청났다. 신인이었던 장동건과 손지창은 그 드라마를 통해 최고의 하이틴 스타가 되었다.

〈마지막 승부〉로 이종원의 인기가 높아질 무렵, 친구인 송지나 작가가 드라마를 준비하고 있었다. 바로 〈모래시계〉였다. 〈모래시계〉에 대한 이야기를 듣자마자 나는 이종원을 꼭 〈모래시계〉에 출연하게 하고 싶었다. 송지나 작가에게 이종원을 부탁했다. 당시에 이미 최민수와 박상원이 캐스팅되어 있었다. 송작가는 이종원의 신선한 이미지가 마음에 들지만 최민수는 확정된 상태이고 그 친구인 검사 역을 하기에는 나이가 맞지 않으니 주연급을 맡기지는 못할 것 같다고 했다. 대신 고현정의 보디가드 역할을 해준다면 좋겠다고 했다. 나는 그 제안을 수락했다. 최고의 작가인 송지나에 대한 믿음도 있었고 일단 작품도 캐스팅도 너무 좋았다. 송지나 작가는 섬세한 연기가 서툰 이종원을 위해 대사는 줄이고 비주얼과 액션 신을 추가해서 분위기를 만들어주기로 했다. 그리고 〈마지막 승부〉가 끝나면 곧장 〈모래시계〉를 촬영하기로 했다. 그런데 〈마지막 승부〉의 촬영 일정이 길어지면서 일정이 틀어졌고 이종원이 부상을 당하면서 한 달 이상 촬영장 복귀가 불가능했다. 결국 〈모래시계〉의 보디가드 역은 신인 이정재에게 돌아갔다. 〈모래시계〉에서 말 없이 고현정을 지켜주던 보디가드. 아직도 많은 시청자들이 그 드라마 속의 이정재를 기억하고 있다. 놓치기에 너무 아까운 배역이었지만 어쩔 수 없었다. 애초에 이종원을 위해 만들어진 말 없고 지고지순한 보디가드 캐릭터, 그 역할을 덧입은 이정재 역시 너무나 멋진 모습으로 등장했고 신인 연기자에서 일약 스타로 떠오르게 되었다.

그 뒤로 한동안 메이크업 작업 스케줄이 너무 많이 밀려들어 이종원을 신경 쓰지 못하고 지냈다. 그러던 중 송지나 작가의 아버지 고희연이 열려 참석하게 되었는데 그 자리에서 반가운 얼굴들을 만났다. KBS의 전산 PD는 귀가하는 방향이 같아 방송국 출근 버스에서 종종 마주치기도 했었다. 정말 오랜만에, 거의 10년 만에 만나는 자리였다. 전산 감독은 그때 한석규를 주인공으로 한 새 드라마를 준비하는 중이라며 한석규의 동생 역할을 맡을 만한 배우를 찾고 있다고 했다. 나는 단박에 이종원을 추천했다. 이미 〈마지막 승부〉로 스타가 되어 있던 이종원에 전산 감독도 호감을 보였고 그 자리에서 출연시키자고 결정을 했다. 나는 출연조건 등 계약조건을 모두 조율하고 전산 감독에게 이종원의 전화번호를 알려주었다. 그리고 곧 이종원에게 전화를 해서 전산 감독의 새 작품, 〈젊은이의 양지〉에 추천했다고 알려주었다. 형 역할로는 당대 최고 연기파 배우인 한석규. 한석규와 같이 출연하면서 연기자로서 한 단계 발전할 수 있는 절호의 기회였다. 그리고 다섯 배로 인상된 출연료 계약 내용도 알려주었다. 당시 드라마에 출연하는 탤런트들은 호봉제로 출연료를 받고 있었는데 그동안 이종원은 신인배우로 낮은 호봉의 출연료를 받고 있었다. 나는 전산 감독을 설득해 이종원의 개런티를 호봉이 아닌 '회당' 개런티로 정해주었다. 그렇게만 되면 이종원은 기존에 받던 것보다 다섯 배 정도 인상된 출연료를 받을 수 있었다. 이종원 역시 누나 덕분이라며 기뻐해줬다. 그렇게 이야기가 잘되어가는가 싶었는데 어느 날 저녁, 갑자기 이종원과 전산 감독이 함께 우리 집 앞으로 찾아왔다. 전산 감독의 말인즉슨 '이종원이 자꾸 출연의사를 번복하니 김청경 씨가 결정을 해달라'는 것이었다. 이종원에게 물으니 현재 출연 중인 방송사에서 타 방송사 드라마에 출연하는 걸 원치 않는다고 했다. 그러면서 '의리'를 지켜야 하니 전산 감독의 새 드라마 출연이 어렵겠다고 말했다. 그런데 이종원은 그 방송사와 계약으로 묶인 관계도 아니었다. 나는 '계약을 한 것도 아닌데 그쪽에서 그런 요구를 하는 건 부당하다. 너무 좋은 기회니 〈젊은이의 양지〉에 출연하라'고 조언했다. 사실이 그랬다. 계약 관계도 아닌데 이종원에게 그렇게까지 요구할 수는 없었다. 게다가 〈젊은이의 양지〉 출연은 가장 유망한 드라마 감독과 같이 일할 수 있는 절호의 기회였다. 이 작품을 통해 한 단계 올라갈 수 있었다. 놓칠 수 없는 배역, 놓칠 수 없는 기회였다. 나는 둘을 붙잡고 한참 이야기한 후 그 자리에서 이종원의 출연 계약서를 작성했다. 〈젊은이의 양지〉는 1995년 시청률 50%가 넘는 최고의 드라마가 되었다. 전산 감독의 연출과 이종원, 배용준 등 떠오르는 청춘 스타들의 가족애, 형제애에 대한 이야기는 많은 사람들의 심금을 울렸다.

오현경, 고현정, 이종원……. 연예계에 매니지먼트 개념이 아직 확립되지 않았던 시절, 몇몇 연기자들의 매니저 역할을 맡아 그들이 신인에서 스타로 성장하는 길을 함께했었다. 메이크업, 작품 선정은 물론 로드 매니저 역할까지 도맡았다. 비용도 받지 않고 내 돈으로 다했다. 지금은 누가 돈을 아주 많이 주고 해달라고 부탁을 해도 그렇게는 절대 못할 것 같다. 젊었기 때문에 가능했던 일이었다.

하지만 속으로는 신이 났다. 작품부터 일정까지, 배우에 대한 모든 것들을 신경 써줘야 했고 체력적으로도 무척 힘들었지만 사실은 그런 모든 것들이 좋았다. 매일매일 방송과 광고 촬영장을 오가는 생활. 방송을 너무나 사랑하는 나에게는 흥미진진한 나날이었다.

지금은 최고의 스타가 되어 사랑받는 그들을 볼 때마다 어설프게나마 매니저 노릇을 했던 그 시절이 떠오른다. 고등학생이었던 오현경과 십 대 소녀 고현정, 갓 스무 살 청년 이종원의 얼굴을 가끔 생각한다. 생각할수록 흐뭇하고 자랑스럽고 좋은 추억이다.

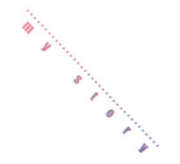

사슴 같은 눈망울을 한
장동건

장동건은 대한민국 대표 배우다. 나는 대한민국을 자랑하기 위해 할리우드로 보내고 싶은 배우를 꼽는다면 제1호로 장동건을 꼽을 것이다. 외모로 보나 연기로 보나, 인기나 인지도로 보나 장동건에게 따라 붙는 '최고'라는 수식에 토를 달 사람은 없을 것이다. 지금의 장동건을 표현하자면 잘생기고 멋지고 섹시하기까지 한 핸섬가이다. 나이가 들며 더 멋져지는 조지 클루니처럼, 멋진 장동건이 더욱 멋지게 늙어주기를 기대하며 지켜보고 있다.

1992년, 장동건을 처음 봤던 날을 기억한다. MBC 아침프로그램에 그 전날 뽑힌 신인탤런트로 출연한 장동건. 한 사람씩 자기소개를 하는데 한 청년이 눈에 띄었다. 소년 같은 반항적인 눈망울로 카메라를 꽂아보고 있었다. 키가 큰 탓인 듯, 어깨를 굽히고 눈만 들어서 카메라를 향해 자기소개를 하는데 자세는 반항적인 느낌이었지만 눈망울은 사슴같이 순진하고 아름답게 보였다. 잘생긴 얼굴에 눈이 번쩍 뜨였다. 신인탤런트 '장동건'. 그 이름을 기억해두었다. 그리고 한두 달 후, 촬영을 마치고 친한 동생들과 신사동에서 만났는데 평소 친하게 지내던 탤런트 김찬우가 장동건을 데려와 인사를 시켰다.

"너 TV에서 봤어"라고 말을 붙였더니 무척 수줍어했다.

장동건은 키가 무척 크고 호리호리한 체격에 어깨가 넓었다. 말수가 무척 적고 예의가 바른 스무 살 청년이었다. 노래도 잘 불렀다. 이종원, 손지창, 김찬우, 장동건. 이렇게 넷과 어울려 노래방엘 가곤 했는데 그때 손지창은 김민종과 듀엣으로 음반 녹음 중이었다. 그런데 나는 손지창보다 장동건의 노래가 더 좋았다. 그래서 동건이에게도 몇 번이나 음반을 내라고 권유했다. 그렇게 여러 차례 어울리며 지내던 어느 날 김찬우에게 연락이 왔다.

"누나, 〈우리들의 천국〉에 내가 동건이를 추천해서 같이 하게 됐어!"

반가운 소식이었다. 축하한다고 하며 찬우에게 말했다.

"그런데 찬우야, 동건이를 데리고 들어간 건 네가 실수하는 것 같은데?"

그때 김찬우는 이미 톱스타였다. 그러나 내가 찬우에게 던졌던 농담처럼 〈우리들의 천국〉에서는 장동건이 가장 큰 인기를 끌며 시청자들의 사랑을 받았다. 그리고 연이어 캐스팅된 〈마지막 승부〉를 통해 장동건은 일약 톱스타가 되었다. 장동건, 손지창, 이종원, 심은하. 〈마지막

승부〉에 출연했던 모든 신인 연기자들이 큰 인기를 얻었지만 그들 중 최고의 스타는 역시 장동건과 심은하였다. 가장 잘생기고 가장 인기 있는 최고의 스타. 장동건의 연기는 1997년 드라마 〈의가형제〉에서도 빛을 발했다. 〈의가형제〉에서는 손창민, 이영애와 함께 출연했는데 아역 배우 출신으로 탄탄한 연기력을 갖춘 손창민과 형제로 출연하면서 안정된 연기력을 보여주어 모두를 깜짝 놀라게 했다. 데뷔 연차로 보면 신인이라 해도 좋은 시기였는데 일취월장, 눈부시게 발전했다. 2000년에 방송된 〈이브의 모든 것〉도 잊을 수 없다. 대한민국 국민 절반이 봤다고 해도 좋을 만큼 엄청난 시청률 신기록을 세우며 장동건은 또 한 번 성공했다. 미모를 중시하는 연예계지만 너무 잘생기고 예쁘면 연기력이 조금 떨어진다는 선입견이 있는데 장동건은 그것마저 깨고 항상 놀라운 연기력을 선보였다. 배우의 진가는 역시 연기에 있는 것이다.

그리고 영화 〈친구〉와 〈태극기 휘날리며〉를 보면서는 그를 정말 할리우드로 보내야겠다는 자랑스러움을 갖게 되었다. 대한민국 최고 배우 장동건을 세계가 알아주기를 바라면서. 영화 개봉 무렵에 장동건과 커피, 의류 등 광고촬영을 자주 함께했는데 서른 중반에 접어든 장동건은 십여 년 전 스무살 때나 똑같이 착하고 점잖았다. 최고의 배우가 누구냐고 물어온다면 나는 당연히 엄지손가락을 치켜들고 '장동건'이라고 말할 것이다. 대한민국 최고의 스타, 최고의 남자에게 '누나'로 불리우며 좋은 관계로 지낸다는 건 자랑스럽고 가슴 벅찬 일이다.

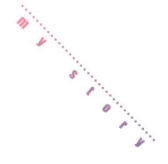

밀라노, 더 큰 도약을 위한 선택

1989년부터 1994년까지 나는 말 그대로 '눈코 뜰 새 없이' 바쁜 시간을 보냈다. 끄쎄보를 거점으로 메이크업을 배우려는 학생들이 모이기 시작했고 그곳에서 내 스타일의 메이크업을 만들어가고 있었다. 톱스타들도 끄쎄보를 사랑했다. 메이크업을 받고 차를 마시고 일부러 끄쎄보에서 사람을 만났다. 끄쎄보는 메이크업 아티스트는 물론 내로라하는 스타들을 위한 사랑방이 되어갔다. 광고촬영을 위한 메이크업 의뢰는 쉴 새 없이 들어왔고 매일 새 광고를 위한 콘셉트를 생각하느라 밥을 먹으면서도 쉴 새가 없었다. 나는 하루에 두 시간씩만 잤다. 그렇게 해야 나에게 들어오는 광고 의뢰를 모두 소화할 수 있었다.

서울에는 끄쎄보, 지방에서는 제주도 중문단지와 식물원이 나의 거점이었다. 제주도를 자주 찾은 데는 이유가 있다. 지금이야 잡지나 카탈로그 촬영을 위해서 외국을 수시로 드나들지만 당시만 해도 기업에서조차 광고를 찍기 위해 해외 촬영을 간다는 건 드문 일로 여겨지던 시절이었다. 자금도 부족했다. 그런 상황에서 기업 마케팅팀에게 가장 인기 있는 촬영 장소는 역시 제주도였다. 외국에 나가지 않고서도 이국적인 화면을 많이 뽑아낼 수 있기 때문이었다. 덕분에 시즌이 바뀔 때마다 20일 이상은 제주도에 내려가 있었는데 광고제작사 피디들이 내가 제주도에 있으면 정해진 촬영 장소를 제주도로 바꿔서 나를 따라오기도 했다. 촬영 콘셉트를 기획하면서 처음부터 나를 염두에 두고 일을 시작하는 PD나 기업들도 있었다. 워낙 일을 많이 하다보니 질시하는 사람들도 있었다.

'김청경이 광고판 일을 독식한다'.

하지만 개의치 않았다. 그들은 그들 스타일대로 잘해서 광고를 많이 따내면 될 일이었다. 나는 내 식대로 최선을 다할 뿐. 하지만 하루에 두 시간만 자고 매일 촬영장에서 생활하다시피 하는 강행군은 내 건강을 서서히 갉아먹었다. 체격은 작지만 타고난 체력이 강한 터라 몇 날 밤을 새도 끄떡없던 나였지만 이 즈음에는 세 번이나 쓰러져서 병원에 입원해야만 했다. 광릉수목원에서 김미숙을 모델로 델몬트 주스 광고를 촬영하다가 실신했을 때는 꼬박 만 이틀 동안 병원에서 깨어나지 못한 적도 있었다. 거의 코마 상태와 다름없는 깊은 잠을 잤다고 했다. 그 이틀 동안의 기억은 지금도 전혀 없다. 정신을 차려보니 병원이었고 그 상황에서도 나는 다음 촬영 걱정을 하고 있었다. 병원에서 거울을 보

니 눈이 퀭하게 들어가고 얼굴 살이 쏙 빠져 있었다. 가족들은 물론 같이 작업하는 PD들과 연예인들이 걱정할 정도가 되었다.

계속되는 강행군으로 나빠진 건강도 문제였지만 다른 고민도 있었다. 1994년, 이때 나이가 서른 넷. 스무 살 초반부터 한 길을 달려와 최고의 자리에 있었지만 그 다음이 문제였다. '여기서 어떻게 더 나아갈 것인가'를 생각하게 되었다. 나와 함께 다니며 보조로 일하던 동생 정현이도 나 못지않게 실력 있는 메이크업 아티스트로 성장했고 꼬쎄보에서 메이크업을 배웠던 아이들도 나름대로 자립할 만큼 성장해 있었다. 또 젊은 메이크업 아티스트들이 등장해 막 유명세를 타고 있던 시기였다. 그들 중에는 해외 유학파도 있었고 내가 봐도 정말 실력 있는

이들도 있었다. 다들 감각이 있었고 자기 스 타일대로 메이크업도 잘했다. 이 나라에 메 이크업 아티스트라고는 나밖에 없었는데 몇 년 새 각광받는 직업이 되어 젊은 신예들이 실력을 발휘하고 있었다. 신기하기도 하고 뿌듯했지만 그들을 바라보는 내 마음이 마 냥 편치만은 않았다. '메이크업 아티스트'라 는 이름으로 처음 활동했던 사람으로서 이 제까지의 성공에 안주해서는 안 된다는 생 각이 들었다. 저들에게 모범이 될 수 있도
록, 최고의 자리를 지킬 수 있도록, 내가 한 단계 도약해야 한다는 부담 감이 밀려왔다.

'이대로 일한다면 당분간은 최고의 자리를 지킬 테지. 하지만 더 젊 고 실력 있는 후배들에게 곧 밀려나게 될 거야. 밀려날 것인가, 명예롭 게 물려줄 것인가?'

거울 속의 나를 바라보며 골똘히 생각했다. 십 년간 최고가 되겠다 는 열망 하나로 건강과 사생활을 포기하며 달려온 길이었다. 정신을 차 려보니 최고의 타이틀과 인기도 얻고 가족들을 편하게 해줄 만큼의 경 제력도 이뤘지만 앞으로가 문제였다. '이대로 지속할 것인가, 한 단계 발전할 것인가'. 무너진 건강보다 미래에 대한 이 화두가 내 마음을 더 강하게 사로잡았다.

다른 시도도 하지 않고 현상 유지만 하다가 후배들에게 밀려나는 건 내 스타일이 아니었다. 내 자존심상, 그렇게 자연스레 구식이 되어버린다는 건 참을 수 없는 일이었다. '대한민국 최초의 메이크업 아티스트', 그 자랑스러운 이름에 걸맞게 내 능력과 노하우를 더 크게 발전시키고 싶어졌다. 더 넓은 무대로 나가고 싶었다. 그러던 중 일본의 메이크업 아티스트인 우에무라 슈에 대한 기사를 읽게 되었다. 일본의 부유한 지방 성주의 아들로 태어난 그는 결핵을 이겨내고 미국으로 건너가서 할리우드 영화 분장사로 활동했다. 우에무라 슈의 메이크업엔 일본적인 분위기와 동양화적인 아름다움이 있었다. 그의 작업과 이력은 신선하고 감동적이었다. 세계적으로 변방 취급 받는 동양인으로서 또한 남자로서 메이크업 아티스트의 길에 뛰어들었다는 점도 대단하게 느껴졌다. 내가 가야 할 길도 어쩌면 이런 길이 아닌가 싶었다. 세계로 나가는 것. 우에무라 슈가 해냈다면 내가 못할 건 뭐란 말인가. 우리나라에서 최초, 최고의 메이크업 아티스트로서 정점에 섰으니 더 큰 무대로 나가야 한다는 비전이 그려졌다. 세계 무대에서 활동하는 최초의 한국인 메이크업 아티스트가 되어 후배들에게 본이 되고 싶었다.

물론 두려움도 있었다. 나이도 적지 않았고 언어도 문제였다. 외국에 나간다면 완전한 무명으로 바닥부터 다시 시작해야 했다. 시간과 노력을 들여 성공한다는 보장도 없었다. 하지만 백의종군하는 거라면 문제 없었다. 늘 그래 오지 않았던가. 생각해보면 지금까지도 맨손으로 혼자 부딪쳐 왔었다. 두려워하고 머뭇거릴 시간도 없었다.

KBS 분장실을 나온 후 접었던 유학의 꿈이 다시 피어올랐다. 유학을 준비하고 떠나려면 일단 일을 줄여야 했다. 그때까지 광고 메이크업 촬영 하루 일당으로 30만 원을 받고 있었는데 50만 원으로 올려서 받기로 했다. 그렇게 되면 일이 줄어들고 여유가 생길 것 같았다. 동생 정현이에게 일을 맡기고 간단히 짐을 챙겨 유럽으로 떠났다. 파리와 밀라노를 둘러보고 메이크업을 공부할 학교를 알아보기 위해서였다.

파리는 듣던 대로, 아니 듣던 것 이상으로 아름다웠다. 모든 것이 반짝반짝 빛나고 화려하고 고급스러웠으며 거리 어느 곳에나 예술과 기품이 있었다. 나는 십 대 여자아이처럼 감탄사를 내뱉으며 파리의 아름다움에 반해버렸다. 에펠탑, 루브르, 몽마르트, 튈르리 정원, 고급 상점들이 가득한 애비뉴 몽테뉴와 파리의 수많은 공원들, 심지어 이름 모를 뒷골목의 어두운 모습에도 홀딱 빠져버렸다. 보석같이 빛나는 파리에 좀더 머물고 싶었지만 서울에 일을 두고 짬을 내서 온 터에 언제까지나 거기에 빠져 있을 수만은 없었다.

파리에서의 며칠을 뒤로 하고 곧장 밀라노로 향했다. 밀라노는 파리와는 또 달랐다. 역시 아름답고 고풍스러웠지만 조금 더 어두웠고 도시의 전체적인 분위기에서 역사와 카리스마가 느껴졌다. 거리에서 보는 사람들의 스타일도 파리보다 덜 정제되어 보였지만 사람들의 스타일이 더 과감하고 자유롭다는 느낌이 들었다. 아무튼, 정체를 알 수 없는 밀라노의 매력에 조금씩 빠져들고 있을 때, 산타 마리아 델레 그라치에 성당에서 레오나르도 다 빈치의 〈최후의 만찬〉을 보게 되었다. 아

니, 그 그림은 '만났다'고 해야 옳은 표현일 거다. 그때의 그 충격이라니. 너무도 유명해서 신화와도 같은 작품인 〈최후의 만찬〉. 그 그림을 내 두 눈으로 직접 보게 되었을 때의 그 감동이 지금도 생생하게 되살아난다. 십자가에 달려 고통당해야 하는 예수의 고뇌와 위대한 신성이 고스란히 느껴지는 그 표정과 구도, 스승의 고백 앞에서 당황하며 '나는 아니다'라고 주장하며 혼란스러워 하는 제자들의 인간적인 모습들이 절절하게 느껴졌다. 그 그림을 대하며 받은 감동은 내 머리로, 눈으로, 피부로 전해지는 느낌이었다. 얼마나 그 작품과 분위기에 빠져 있었는지 세월에 바래진 색채와 벽화의 훼손된 부분마저 온전히 작품의 일부로 느껴질 정도였다. 그때까지 파리의 잔상에 젖어 있었지만 〈최후의 만찬〉을 보고 나서야 밀라노의 이곳저곳을 제대로 둘러볼 수 있

었다. 스포르체스코 성, 몬테 나폴레오네 거리를 누볐고 미술관에서는 예술 작품들, 특히 르네상스 회화를 질리도록 감상했다. 두오모 성당 앞에 다다랐을 때는 십여 년 전 처음 KBS 방송국에 들어섰을 때와 같은 벅찬 설레임을 느꼈다. 어느 날 저녁, 두오모 앞에서 긴 그림자를 바라보면서 '이곳에 있고 싶다'는 생각을 했다. 어디엔가 속하고 싶다는 바람은 정말 오랜만에 느껴보는 감정이었다. 파리는 아름다웠지만 밀라노는 특별했다. 파리보다 조금 더 어둡고 거칠었지만 역사 속에 살아있다는 느낌을 갖게 하는 도시였다. 그렇게 마음이 끌리는 대로 밀고 나갔다. 밀라노로 결정했다.

광고 메이크업 일은 함께 일하던 동생 정현이에게 아예 다 인수를 해주고 밀라노의 메이크업 학교, BCM(Beauty Center Milano)에 등록했다. BCM은 2년 과정으로 1년은 기본적인 분장학, 1년은 특수 분장을 가르치도록 되어 있었다. 나는 곧장 통역을 데리고 분장학 과정을 수강했다. 나는 이태리어는 당연히 못했지만 메이크업 실무 경험만큼은 학생들 중에서 제일 많았다. 나이 든 강사들도 한국에서 온 여자가 그 정도의 프로인 줄은 몰랐던 모양이다. 스케치와 메이크업 콘셉트를 그려서 제출하면 강사들이 서로 돌려 보고 감탄하며 놀라워했다. 그 학교의 주임 격이었던 한 강사는 내게 진지한 제안을 하기도 했다.

'실력이 출중하니 빨리 이태리어를 배워서 이 학교의 강사를 하라'는 것이었다. 어깨가 으쓱했지만 배워야 할 것들이 더 많았다. 처음 BCM에서 몇 달은 아주 기본적인 분장학과 실습을 했다. 이미 십여 년 전에 배워서 다 아는 것이었지만 최선을 다해 수강했다. 행복했다. 나를 아는 사람이 없는 곳에서 다시 대학생활을 하는 느낌이었다. 스무 살 때처럼 곤궁하지도 않고 생활을 책임져야 하는 부담도 없었다. 그저 젊은 마음이 되어 열심히 공부하기만 하면 되었다. 어릴 때 못해본 대학생활을 다시 한다는 생각으로 즐겁게 임했다. 하지만 마냥 그런 날들을 즐기고만 있을 수는 없었다. 늦깎이 학생인 만큼 빨리, 최대한의 성과를 내야만 했다. 강사에게 '나 같은 십 년 이상의 경력자가 들을 수 있는 코스가 없냐'고 물었더니 모델과 통역사를 섭외해서 메이크업 개인교습을 받을 수 있다고 알려주었다. 이탈리아 〈보그〉 팀이 운영하는 메이크업 전문가 학원이 밀라노에 있다는 것도 알아냈다. 이탈리아의 프로 메이크업 아티스트들도 그곳에서 재교육을 받고 최신 메이크업 트렌드를 익힌다고 했다. BCM의 분장학 커리큘럼도 좋았지만 어서 그 과정을 수료하고 〈보그〉의 메이크업 팀에게 최신 기술을 배우고 싶은 마음이 컸다. 그날을 앞당기기 위해 언어도 열심히 배우고 수업시간에도 열성적으로 참여했다. 메이크업은 금방 보고 배웠지만 역시 언어의 장벽이 큰 문제였다. 그래서 처음 한글을 배우는 어린아이처럼 좁은 아파트 안에 있는 가구와 사물에 이탈리아어로 낱말카드를 만들어 써 붙였다. 버스를 타고 학교로 갈 때도 길에 붙어 있는 간판들, 정류장 이름들을 중얼중얼 외우며 다녔다.

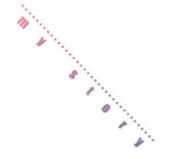

한국에서 온 **전화**

밀라노에 간 지 4개월쯤 지났을 무렵, 새벽녘에 집에서 걸려온 전화를 받았다. 전화를 받고보니 반가운 엄마의 목소리였다. 그러나 반가움도 잠시, 엄마는 착 가라앉은 목소리로 아버지가 쓰러지셨다는 소식을 힘겹게 전하셨다. 아버지는 당시에 작은 공장을 운영하고 계셨다. 중년에 사업에 실패하신 후 낙담하신 적도 있지만 가장으로서 재기하기 위해 시작하신 일이었다. 그런 아버지가 회사에서 쓰러져 위급한 상태라고 했다. 나는 곧장 서울로 돌아왔다. 아버지는 심각한 상태였다. 뇌경색이라고 했다. 그대로 차도가 없다면 반신불수가 될 상황이었다. 급한 대로 엄마가 공장 경영을 하고 나는 아버지 간병을 맡았다. 두 달 가까이 서울대 병원에서 살다시피 하며 아버지 수발을 들었다. 병상에 누운 아버지는 부쩍 늙고 쇠약해지신 모습이었다. 부잣집 아들로 항상 멋지게 차려 입고 당당했던 아버지의 옛 모습을 생각하니 가슴이 찢어지는 듯 아팠다. 큰딸로서 어떻게든 아버지를 낫게 해드리리라 마음먹고 비용에 상관없이 최고의 명의를 수소문했다. 아버지와 같은 증세의 환자를 특별히 잘 치료한다는 노 한의사에게 침 치료를 받았다. 우리의 간호 덕분에 아버지는 조금씩 나아지기 시작했다. 아버지의 상태가 어느 정도 안정되자 어머니와 동생들은 나에게 밀라노로 돌아가라고 권했다. '돌아가서 공부를 계속하라'고. 나도 그러고 싶었다. 다른 누구보다 내가 그걸 간절히 원했다.

밀라노에 두고 온 학교, 막 재미를 붙이고 있던 공부, 거기서 가졌던 꿈들을 생각하면 다른 누구보다도 절실하고 밀라노에 가고 싶었다. 하지만 그럴 수가 없었다. 쇠약해진 아버지를 보니 발걸음이 떨어지지 않았다. 동생은 업계에서 인정받는 메이크업 아티스트였고 다른 동생들도 다 잘 성장해 있었다. 내가 없더라도 부모님을 모시고 잘해나갈 수 있었다. 하지만 나는 큰딸이었다. 아버지의 사업 실패 후 사실상의 가장으로 우리 집을 이끌어온 나였다. 큰딸로서 내가 부모님 곁을 지키고 가족을 돌봐야 한다고 결론 내렸다. 엄마와 우리 형제 자매들의 극진한 간호로 아버지도 조금은 좋아지셨지만 모든 기능이 쇠약해져 예전같이 회복될 수는 없었다. 내가 이대로 밀라노로 돌아가면 아버지를 다시 못볼 수도 있다는 두려움이 밀어닥쳤다. 그렇게 되면 견딜 수 없을 것 같았다. 며칠을 고민하다가 결국 밀라노로 돌아가지 않기로 결정했다. 곧장 어머니와 동생들에게 내 결심을 말했다.

"나 밀라노 안 가요. 아버지 옆에 있을게요."

그렇게 말을 해놓고 꼬박 사흘 밤낮을 혼자 몰래 울었다. 아쉽고 또 아쉬웠지만 가족이 우선이었다.

mystory

김지호,
누드 메이크업의 탄생

'집안 사정으로 밀라노 유학을 중단하고 다시 서울로 돌아온 김청경'. 같이 일했던 광고 기획자들과 감독들은 내 복귀를 분명 반길 터였다. 내가 마음만 먹으면 할 수 있는 일은 많았다. 광고 쪽 감독들과 많이 작업하며 신뢰를 쌓았기에 공백에 관계 없이 당장 큰 광고 대여섯 개는 내 이름으로 맡을 수 있었다. 하지만 다시 같은 자리로 돌아갈 수는 없었다. 왠지 그래서는 안 될 것 같았다. 밀라노로 떠나기 전에 메이크업 일당을 50만 원으로 올려놓고, 나름대로 잘난 척을 하고 떠났는데 원상복귀 한다는 것이 영 내키지 않았다. 광고 메이크업 일은 계속 정현이에게 전담하게 하고 나는 끄쎄보를 더 키우기로 했다. 갤러리아 앞에서 압구정 성당 뒤편으로 자리를 옮기고 규모를 좀더 크게 만들고 정식으로 학원 인가도 받아서 '와츠뉴'라는 이름으로 학원을 개원했다. 메이크업이라는 새로운 분야를 열심히 배우는 학생들과 함께하다보니 힘이 났다. 그들에게 강의를 하며 바쁘게 지내다보니 밀라노에 대한 미련 때문에 심란했던 마음도 조금씩 정리되어갔다.

그러던 중에 무심코 TV 채널을 돌리다가 눈이 확 뜨이는 느낌을 받았다.

"어, 저게 누구야?"

라네즈 화장품 광고모델로, 너무 신선한 얼굴이었다. 물어보니 요즘 떠오르는 스타로 이름이 '김지호'라고 했다. 중성적이면서 묘하게 매력적인, 완전히 새로운 얼굴이었다. '김지호…… 김지호', 나는 그 이름을 머릿속에 입력했다.

라네즈의 모회사인 아모레와는 많은 인연이 있었다. 밀라노로 떠나기 전 94년까지 여덟 개 화장품의 메이크업 시안을 전부 내가 만들었는데 물론 아모레의 화장품도 다 내 손을 거쳐야만 촬영이 되었다. 밀라노로 떠나기 전 아모레에 적극 추천하고 간 모델이 신인 이영애였다. 아모레 광고를 담당하던 동방기획과 오랫동안 일을 같이 했기에 모델 선정에도 내 의사가 많이 반영되었다. 이영애는 또렷한 이목구비에 너무나 예쁜 얼굴이라 아모레 모델로 그녀만큼 적당한 인물이 없었다. 그렇게 이영애를 추천해놓고 밀라노에 갔다와보니 자매 브랜드인 라네즈 모델로 나온 새 얼굴이 김지호였다. 트렌드가 참 빨리도 변한다는 느낌에 정신이 확 들었다. 유행이 워낙 빨리 변하는 업계에서 나름대로 안목이 단련된 나에게도 김지호의 등장은 신선한 충격이었다. 이영

애는 누구나 인정하는 미인이었고 여성스럽고 깨끗한 이미지였다. 김지호 역시 예쁜 얼굴이었지만 단순히 예쁘다고만 설명하기에는 다른 매력이 있었다. '전형적인 미인'이라기보다는 페퍼민트같이 신선하고 사람들의 시선을 끄는 현대적인 느낌이 김지호의 매력이었다. 그때가 1996년이었다.

끄쎄보가 입주해있던 건물에 광고 에이전시 사무실이 있었다. 거기서 근무하던 매니저와 '누나, 동생' 하면서 친하게 지냈는데 나중에 그가 조용필이 소속된 기획사의 매니저로 갔다는 이야기를 들었다. 한동안 연락이 끊어졌던 그가 대스타의 소속사로 갔다는 소식에 그저 '잘 되었구나' 하고 넘겼는데 나중에 알고보니 그가 김지호 매니저로 일하고 있었다. 그 '동생'이 바로 지금의 싸이더스 HQ 정훈탁 이사다. 곧 정훈탁이 김지호의 메이크업을 해달라고 부탁해왔다.

"지호가 이번에 드라마에 출연하게 되었는데 1인 2역을 연기해야 해서 어떻게 이미지를 잡아갈지 고민이에요. 누나가 좀 도와줘요. 정말 좋은 역이고 큰 기회인데……."

드라마 제목은 〈8월의 신부〉. 줄거리를 받아보니 내용이 자못 심오했다. 전생과 현생을 무대로 한 이야기로, 죽은 여자가 다시 태어나 새 인생을 살고 헤어진 남자친구를 다시 만난다는 내용이었다. 한 사람에게 두 개의 다른 분위기를, 그것도 전생과 현생의 분위기를 다르게 연출해야 하는 까다로운 캐릭터였다. 드라마의 키워드는 '환생'과 '사랑'이었다. 현실 세계도 어려운데 환생이라니. 막막했지만 일단 김지호를 만나보기로 했다. 그리고 밀라노에서 배웠던 것을 김지호의 얼굴에 실현해 보기로 했다.

메이크업은
빛의 예술

밀라노에서 늦깎이 학생으로 돌아가 분장학을 기초부터 다시 배울 때 가장 크게 관심을 가졌던 것이 바로 '빛'이었다. 회화가 그렇듯 메이크업은 사실상 '빛에 관한 작업'이다. '본다'는 것은 빛에 의해 보는 것이다. 흰색은 빛을 반사하고 검은색은 빛을 흡수한다. 명암의 차이에 따라 빛 반사율은 달라지므로 반사를 이해하면 명암의 차이를 이용해 평면에도 입체감을 표현할 수 있다. 그리고 빛의 반사는 물체의 표면에서 이루어지므로 파운데이션 아래의 피부를 가리기 위해 지나치게 두꺼운 메이크업을 할 필요도 없게 된다. 이렇게 빛이 어떤 방향에서 얼굴에 비춰지고 그것이 어떻게 반사될 것인지를 잘 알면, 그런 다음에 메이크업을 하면 얼굴에 신비하고도 극적인 분위기를 연출할 수 있다. 단적인 예로, 파우더를 많이 바르면 빛이 반사되어 도

드라져 보이고 적게 바르면 표면이 빛을 흡수해서 후퇴되어 보인다. 이 생각을 사람의 얼굴에 메이크업으로 적용하는 것이다. 어찌 보면 당연한 생각이지만 그동안 우리나라의 분장, 광고 메이크업에서는 이런 당연한 원리가 무시되어왔다. 그저 제품을 많이 발라서 본래의 얼굴 위에 완전히 다른 얼굴을 만드는 모순된 메이크업을 하고 있었다. 그 와중에 다시금 공부를 하러 밀라노에 가서 보니 그동안 한국에서 얼마나 두꺼운 메이크업을 했는지 깨달았다. 동양인의 이목구비가 평평하다보니 눈, 코, 입을 입체적으로 보이도록 음영을 많이 그렸고 피부를 화사하게 보이기 위해 두껍게 발랐다. 그 결과 화사하긴 하지만 인위적인 얼굴이 되어버리는 경우를 자주 볼 수 있었다. 주근깨도 가려지지 않는 자연스러운 피부표현, 본래의 입술색처럼 느껴지는 오렌지 빛 입술. 원래 서양인들은 이목구비가 크고 또렷해서 일부러 도드라지게 할 필요가 없었기 때문에 자연스러운 메이크업을 하는 것이 보기 좋았다. 밀라노에서 일종의 '문화충격'을 받고 생각이 많아졌다. 아버지의 병 때문에 집에 돌아와서도 영화 쪽의 조명 관련 책을 찾아보며 조명에 대해 혼자서 따로 공부를 했다. 나는 빛 반사의 기본 원리를 깨달았다. 빛은 표면에서 반사된다. 파운데이션이나 파우더 위에서 이미 빛은 반사되므로 그 밑에 있는 피부의 잡티를 가리기 위해 파운데이션을 두껍게 바를 필요가 없다는 것을 생각했다. 그런 즈음 나에게 전생과 환생에 대한 드라마 캐릭터가 주어졌다. 배우는 떠오르는 스타 김지호. 내가 밀라노에서 보고 혼자 공부한 것을 김지호에게 적용해보면 어떨까 싶었다. 나는 내 이론에 확신이 있었지만 메이크업을 받을 사람이 어떻게 생각할지, 그게 현장에서 어떻게 받아들여질지는 알 수 없는 일이었다. 당시 우리나라의 보편적인 방송 메이크업에 비하면 급진적이라고 해도 좋을 만큼 색다른 방법이었기 때문이다. 드라마 대본을 읽으면서 떨리는 마음으로 김지호와 만날 날을 기다렸다.

드디어 그날이 왔다. 김지호가 끄쎄보의 문을 열고 들어섰다. 실제로 보니 광고에서보다 더 소년 같은 느낌이었다. 인기 정상의 여자 탤런트라기보다는 매력적인 어린 남자아이 같은 모습. 호리호리한 몸에 작은 얼굴에 헐렁한 옷을 입고 둥그런 모자를 쓰고 왔는데 그 모습은 신선함 그 자체였다. 그렇게 독특한 모자가 당연스레 어울리는 사람은 아마 김지호밖에 없을 거란 생각이 들었다. 목소리 역시 소년 같았다. 수줍어하거나 점잖 빼지도 않고 매일 본 사람을 만난 것처럼 "안녕하세요!"라고 시원스러운 목소리로 인사했다. 나는 한눈에 김지호를 좋아하게 되었다. 여배우 같지 않게 털털한 그 모습이 너무 새롭고 신선해서 한여름에 깊은 산속에 들어와 있는 것 같은, 상쾌한 기분에 빠져들었다. 인사를 하고 거울 앞에 앉히고 보니 TV 화면에서보다 피부톤이 어두운 편이었다. 나는 길게 심호흡을 하고 내 생각을 김지호의 얼굴에 실현해보기로 했다.

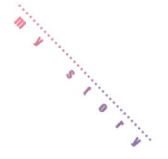

누드 메이크업을
만들다

김지호를 거울 앞에 앉혀 놓고 나는 철저하게 빛을 생각했다. 빛을 통해서 김지호의 얼굴을 가장 아름답게 살리는 것이 나의 임무였다. 지금 눈에 보이는 것이 아니라 촬영장의 조명을 고려해서 메이크업하기로 했다. 제품을 두껍게 바를 필요는 없었다. 어차피 빛이 반사되면 피부는 좋아보이게 마련이니까. 이전에 드라마에 출연하는 배우를 위해 메이크업할 때는 '스틱도랑'이라고 흔히 불렸던 스틱파운데이션을 3단계로 발랐다. 얼굴 전체적으로 한 번, 티존에 밝은 톤으로 한 번, 턱 부분에 어두운 톤으로 한 번 더. 이렇게 하면 총 세 번, 세 가지 다른 톤의 파운데이션이 얼굴에 발리는데 이목구비는 살아나지만 어쩔 수 없이 두꺼운 화장이 되어버린다. 나 역시 그동안 우리나라에서 그렇게 해왔고 김지호도 그동안은 그런 메이크업을 받아왔다. 하지만 빛에

대해 공부했던 나름의 이론을 믿고 가기로 했다. 없으면 안 될 것 같았던 스틱파운데이션은 과감하게 치워버리고 에스티로더의 리퀴드 파운데이션을 썼다. 그 제품은 그때도 김지호에게 처음 시용하는 것이었다. 거의 흐르는 물과 같은 질감의 파운데이션, 그것도 아주 적은 양을 이마와 티존, 눈 주변에만 얇게 펴서 바르고 얼굴의 나머지 부분에는 남은 것을 아주 얇게, 그라데이션하듯 발랐다. 그렇게 바르면 얼굴 전체에는 자연스럽게 광채가 돌지만 잡티가 완벽하게 커버되지는 않는다. 그러나 완벽한 피부를 만드는 것보다 주근깨가 비쳐보이는 투명한 피부로 표현해보고 싶었다.

아이섀도 컬러도 연기자들이 전혀 사용하지 않던 화이트와 오렌지 컬러를 썼다. 그 당시는 베이지와 브라운 섀도를 사용해야 눈이 부어

보이지 않는다고 생각했다. 그러나 나는 밝은 성격을 표현하기 위해 화사한 색상을 사용하고 싶었고, 콘트라스트를 줄 수만 있다면 더 밝은 색상을 사용해도 괜찮을 것 같았다. 그래서 명암 차이가 있는 화이트와 오렌지 색상으로 눈의 입체감을 표현했다. 그리고 입술에도 오렌지 컬러의 립스틱을 손으로 문질러 발랐다. 본연의 붉은 입술처럼 보이도록. 그리고 티존 부위와 눈 아래 다크써클 부위에 화이트 색상으로 하이라이트 터치를 했다.

메이크업을 끝마치자 김지호가 어리둥절한 얼굴로 내게 물었다.

"어? 이렇게 촬영해도 돼요?"

순간 가슴이 철렁했다. 내 이론에는 의심의 여지가 없었지만 지금 거울 속에 완성된 김지호의 얼굴은 맨얼굴이나 마찬가지로 보였기 때문이다. 완벽하게 모든 것을 커버하고 강한 색조를 사용하는 기존의 메이크업에 비하면 너무 자연스러워 보였다. 만약 이 실험을 여배우가 받아들이지 않는다면 접고 이전 방식으로 다시 메이크업해줄 수밖에 없었다.

"내 이론으로는 그래. 믿고 한번 가보자. 내가 같이 촬영장에 갈 텐데 그때도 아니라고 하면 현장에서 다시 해줄게."

"좋아요!"

여배우 입장에서는 난해하다고 생각할 수도 있는 나의 시도. 그러나 김지호는 순순히 받아들여줬다. 사실 털털한 성격의 그녀가 아니었다면 내 실험은 성공하지 못했을 수도 있다. 당연한 말이지만 촬영 직전에, 여배우들은 무척이나 예민해진다. 주변 사람들이나 다른 무엇보다 오직 '내가 화면에 어떻게 나올지'에 온 신경이 곤두 서 있기에 메이크업이 마음에 들지 않는다면 그야말로 큰 일이 나는 게 다반사. 그게 보통의 여배우였다. 하지만 김지호는 개의치 않았다. 한마디로 시원시원했다. 당시로서는 모험이었던 내 메이크업을 이해하고 믿어주었다. 나는 긴장된 마음으로 메이크업 가방을 꾸려서 함께 촬영장으로 나갔다.

촬영장에 가니 모든 준비가 끝나 있었다. 낯선 장비들이 많이 보였다. 알고보니 우리나라 드라마 최초로 디지털 카메라로 촬영하게 되었다고 했다. 방송국에서 큰 기대를 걸고 있는 드라마라 장비도 최신이었고 스태프도 무척 많았다. TV CF 조명 팀이 조명을 맡아 조명을 무척 세심하게 잘 준비하고 있었다. 든든하게 준비하고 있는 조명장비들을 보니 느낌이 좋았다.

SBS 드라마 〈8월의 신부〉. 김지호의 상대역인 남자 주인공은 정찬이었고 박상아, 이훈이 같이 출연하는 첫 회차 촬영이 시작되었다. 당대 최고의 청춘스타들이 한 장면에 등장하는 데다 드라마 전개를 위해서도 아주 중요한 부분이었다. 나는 화면에 김지호가 어떻게 나올지가 너무 궁금하고 긴장이 되어 머리가 다 아플 지경이었다. 드디어 촬영 시작! 다른 출연자들과 김지호가 모니터에 함께 나왔다. 감독 뒷자리에 바싹 붙어 모니터를 들여다보는 순간 나는 소리도 내지 못하고 깜짝 놀랐다. 김지호의 얼굴에 내 생각이, 내가 한 메이크업이 정확하게 맞아 들어 있었다. 모니터 안에 보이는 김지호는 환상적으로 보였다.

예쁜 눈과 단아한 코가 맑게 도드라져 보이고 얼굴 윤곽은 뽀얗게 필터가 낀 것처럼 신비스러워 보였다. 다른 출연자들도 다들 예뻤지만 지호에게서는 특별하게 몽환적인 아우라가 풍기는 것 같았다. 다른 배우와 김지호가 같은 화면에 잡히면 김지호 얼굴에만 뽀샤시한 효과를 넣은 듯 신비롭게 보였다. 김지호의 매니저도 나에게 달려와 "정말 좋은데요!"라고 감탄했다. 나중에 김지호와 감독도 모니터를 하고 무척 마음에 들어했다. 김지호의 이목구비를 뚜렷하게 강조하고 얼굴선을 아련하게 보이게 만든 메이크업. 색조를 최대한 자제하고 깨끗한 피부를 연출했던 그 메이크업이 바로 빛 반사를 이용한 '누드 메이크업'이다.

〈8월의 신부〉 연출자였던 문정수 PD는 내가 이십 대 초반, KBS 분장실에 있을 때 같은 시기에 입사한 PD로 십여 년 만에 다시 현장에서 만난 터였다. 그는 인기 있는 SBS 드라마 연출자로, 나는 메이크업 아티스트로 오랜만에 다시 만난 입장에서 실력 과시를 하고 싶은 마음도 있었는데 그 촬영을 계기로 제대로 자신감을 얻게 되었다. 어린 시절에 새내기로 같이 출발했던 사람들이 세월이 지나 진짜 프로로 성장하는 것을 보는 건 서로에게 큰 자극이 되고 더 열심히 살아가야 할 큰 동기가 된다.

〈8월의 신부〉의 첫 방송이 나가자 연예 기자들은 물론 잡지사의 뷰티 기자들로부터 '대체 김지호는 어떻게 메이크업을 했느냐'며 문의가 빗발쳤다. 마치 영화 속 여주인공에게 뽀얗게 보이는 필터를 끼워 찍은 화면처럼 김지호 얼굴에만 '뽀샤시'한 빛이 발산되고 있었기 때문에 모두 메이크업이 그런 효과를 준 것이라고 생각했다. 진한 파운데이션을 기초로 인형같이 보이게 만들던 화장법만 보아왔던 뷰티 기자들에게 김지호의 메이크업은 신선함 그 자체였다. 색조를 많이 사용하지 않으면서도 예뻐 보이게 할 수 있는 비법을 알려달라는 사람들이 줄을 이었다. 잘나가는 패션 잡지마다 '김지호의 누드 메이크업 따라하기' 기사를 만들어낼 정도였다. 그렇게 김지호 메이크업에 주목하던 여러 잡지 중 〈쎄씨〉의 뷰티 담당 기자가 김지호의 메이크업이 일본의 누드 메이크업과 비슷하다며 기사에 '누드 메이크업'이라고 썼다. 그렇게 김청경의 '누드 메이크업'이 탄생했고 한국 메이크업의 판도를 바꾸기 시작했다.

나중에 누드 메이크업을 발전시킨 윤광 메이크업을 만들 때는 누드 메이크업의 기초에 잡티 커버를 위해서 컨실러를 세심하게 사용했다. 컨실러는 반드시 두 가지 컬러를 쓰는데 각각 한 가지씩만 사용하는 게 아니라 얼굴 각 부분의 피부톤에 맞게 섞어서 발라야 한다. 한 사람의 얼굴이라도 피부톤은 얼굴 부위에 따라서 다 다르다. 눈 밑 피부가 유난히 얇다면 다크서클이 더 도드라질 테고 민감한 피부라면 군데군데 붉은 기가 돈다. 때문에 두 가지 색의 컨실러를 잘 섞어서 얼굴 각 부분에 섬세하게 발라주는 게 중요하다. 특히 누드 메이크업에서는 가장 중요한 과정이다. 손등에 두 가지 색의 컨실러를 놓고 작은 컨실러 전용 붓을 이용해 섞는다. 밝은 부위에는 밝게, 음영이 필요한 부위

에는 어둡게. 점을 찍듯이 세세하게 찍어 바른다. 만일 얼굴에 상처나 패인 부분이 있다면? 약간 밝은 톤의 컨실러를 그 부분에 채우듯이 발라주면 촬영장의 조명을 받았을 때 감쪽같이 커버된다. 역시 세심함이 관건이다. 그리고 다른 톤의 파운데이션을 추가하지 않고 그 위에 곧장 파우더를 바른다. 당연히 파우더는 파운데이션을 바른 곳에만 붙었고 적게 바른 다른 부분에는 붙지 않았다. 이렇게 하면 조명을 받았을 때 파운데이션과 파우더가 묻어 있는 부분은 강조되고 나머지 얼굴 윤곽선 부분은 은은하게 사라지는 것처럼 보이게 된다는 게 내 이론이었다. 컨실러를 꼼꼼하게 발랐기에 전체적으로 윤이 나는 도자기처럼 매끈한 피부로 보이게 된다.

그때부터 다시 하루에 두 시간 자는 생활이 시작되었다. 이른 아침부터 밤늦게까지 김지호 촬영에 동행하고 새벽에 집에 돌아와서는 드라마를 위한 메이크업을 연구했다. 촬영이 바쁠 때는 아예 김지호와 한 침대에서 자고 룸메이트처럼 함께 지내면서 모든 촬영장에 동행했다. 드라마의 인기는 점점 올라갔고 그에 따라 김지호에게 쏟아지는 러브콜도 많아졌다. 내 기억으로는 당시 〈8월의 신부〉 출연을 기점으로 김지호가 8~9개 광고에 전속모델로 나가고 있었다. 제품도 다양했다. 김지호의 스타덤에 혁혁한 기여를 한 라네즈 화장품을 비롯, 패션 브랜드, 전자 제품, 식품까지 거의 모든 브랜드에서 김지호를 원했다. 김지호는 곧 당대의 얼굴이 되었다. 시대를 대표하는 젊은 여성의 이미지가 곧 김지호였다. 나는 한층 자신감을 갖고 김지호를 통해 새로운 시도,

우리나라에 없던 완전히 새로운 메이크업 트렌드를 만들어보기로 결심했다.

〈8월의 신부〉에서 김지호가 연기하는 가영은 죽은 애인을 따라 죽었다가 환생한 여자였다. 비극적인 사연을 가진 여자지만 성격 자체는 긍정적인 인물이었다. 나는 대본을 연구하고 사랑하는 사람을 찾아 두 세계를 넘어 온 가영이의 모습이 밝고 깨끗하게 표현되길 바랬다. 김지호가 본래 지닌 이미지도 그런 분위기에 잘 맞아떨어졌다. 〈8월의 신부〉는 그해 최고의 시청률을 기록한 인기 드라마가 되었고 인기 상승 중이던 김지호는 그 드라마를 통해 톱스타로 확고히 자리 잡았다.

그렇게 시작된 김지호와의 인연은 지금도 여전하다. 그 남편인 김호진까지도 친한 사이로 잘 지낸다. 요리도 잘하고 입담도 좋은 다정한 남자. 김호진은 김지호와 더없이 잘 어울리는 멋진 남편이다. 그 둘이 사는 모습을 보면 흐뭇하고 예뻐서 저절로 웃음이 난다. 한동안 공백기를 갖고 연극무대로 돌아온 후 여전히 의욕적으로 활약하는 김지호. 얼마 전 〈부러진 화살〉에서 털털한 기자 역으로 등장한 얼굴은 여전히 1992년에 동그란 모자를 쓰고 와츠뉴의 문을 열고 들어왔던 그 김지호에서 딱 멈춰 있는 것 같다.

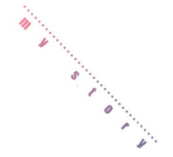

유리공주
심은하

김지호를 통해 보여줬던 누드 메이크업은 황수정과 명세빈으로 이어지면서 피부 표현이 더 맑아지는 메이크업으로 발전했다. 그리고 심은하에 이르러서 '투명 메이크업'으로 완성되었다. 놀라운 것은 2000년에 내가 선보였던 심은하의 투명 메이크업이 2005년에 고현정의 첫 복귀작인 드라마 〈봄날〉에서 선보였던, 그 청초하고 신선한 메이크업과 같다는 사실이다. 이미 2000년도에 심은하는 거의 맨 피부와 같은 투명 베이스, 섀도나 아이라인을 하지 않고 마스카라 정도로 눈화장을 연출하는 메이크업을 하고 있었다. '칼리 화장품', ' 디오스', '맥심' 등 광고 속의 심은하는 노 메이크업에 가까운 모습으로 여신이 되었다. 칼리 광고는 당시 CF 감독의 거장인 김규환 감독님이 연출했는데 매번 촬영할 때마다 인상적인 경험을 했다.

촬영장에는 스튜디오 절반 규모로 큰 수조가 설치되어 있었다. 물이 채워진 스튜디오 바닥, 배경에는 큰 고목이 놓여 있었다. 분장실에서는 감독님의 콘티 설명을 들으며 헤어, 메이크업을 준비했다. CF 촬영 며칠 전 스튜디오에서 먼저 촬영한 지면 광고의 메이크업 톨을 그대로 요청하셨다. 지면 광고 때 클로즈업을 생각해서 눈화장에 마스카라도 하지 않고 아주 투명하게 메이크업을 했는데 사진이 아주 잘 나와 호평을 받았었다. 그때와 똑같이 메이크업을 해달라는 요청이었다. '스틸 사진과 동영상은 차이가 있는데…….' 약간 우려가 되기도 했지만 아이라인을 전체적으로 하지 않고 피치 톤의 아이섀도를 엷게 펴 바른 후 눈꼬리에 윤곽선만 살짝 그려주었다. 이번에는 아예 마스카라도 하지 않았다. 헤어는 길게 늘어뜨린 웨이브 스타일로 정했는데 귀 옆머리는 살짝 말아서 옆으로 정리한 반묶음 스타일로 완성했다. 메이크업과 헤어 스타일링을 마친 심은하는 아름다웠다. 그녀가 출연했던 드라마 〈아름다운 그녀〉의 제목과도 같은, 그렇게 아름다운 모습이었다. 예쁘고, 우아하고, 섹시한 스타들은 많지만 '아름답다'는 표현이 잘 어울리는 스타는 아마 심은하 외에 몇 없을 거라고 생각한다. 심은하는 스튜디오 바닥에 설치된 얕은 물속으로 자박자박 걸어 들어갔다. 그리고 쓰러진 고목나무에 살짝 걸터 앉았다. 스튜디오는 어느새 안개 낀 숲 속의 호숫가로 변해 있었다. 비가 막 개었지만 아직도 습하고 스산한 숲 속에 아름다운 심은하가 앉아 있었다. 촬영은 신속하게 이루어져 세 시간 만에 끝났다. 감독은 물론 모델과 스태프들, 나 역시 너무

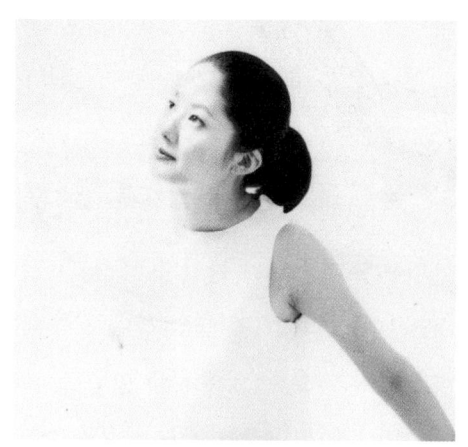

나 만족스러운 분위기 속에서. 그 칼리 화장품 광고가 TV에 나가자마자 폭풍 같은 반응이 밀려왔다. 광고의 은은한 분위기와 심은하의 아름다운 얼굴이 완벽한 조화를 이루었다는 호평을 받았다. 한석규와 함께 출연한 맥심 광고에서도 심은하는 우아하고 아름다웠으며 디오스 가전 광고에서는 깔끔하고 청순한 매력을 뿜어냈다. 심은하는 당대의 최고 스타였다.

"원장님, 스타들 중에 누가 제일 예쁜가요?" 메이크업 아티스트로서 일을 시작하고 지금까지, 인터뷰나 모임에서 줄기차게 받는 질문이다. 당시에 누군가가 이렇게 물어오면 나는 주저 없이 '심은하'라고 답했다.

"완벽한 미인은 송혜교지요. 그런데 저는 심은하가 제일 예뻐요. 그녀에게는 범접할 수 없는 신비한 매력이 있어요. 오랫동안 수많은 스타를 만나봤지만 이상하게도 심은하를 메이크업할 때는 크리스탈을 만지는 것처럼 조심스러워져요. 깨질까봐 조심스레 다루어야 하는 무엇을 대할 때처럼 손길이 신중해지거든요."

당시 심은하에게 내가 해주었던 메이크업은 누드 메이크업에서 발전된 '마이너스 메이크업'이었다. 심은하의 얼굴에는 '어떻게 화장을 해줄까'라는 고민을 하지 않았다. 대신 그녀가 가진 본래의 아름다움을 최대로 드러내는 것을 목표로 삼았다. 본래의 맑은 피부를 드러내기 위해 파운데이션으로 피부를 덮지 않았다. 깊은 눈망울을 볼 수 있도록 눈화장을 줄였다. 심은하의 붉은 입술에는 순수한 레드컬러를 발라도 어색하지 않고 잘 어울렸다. 누드톤 피부에 눈화장을 거의 하지 않고 입술만 레드로 강조한 스타일. 이것이 바로 누드 메이크업을 바탕으로 한 심은하의 마이너스 메이크업, 원 포인트 메이크업이었다. 보통의 메이크업은 얼굴 부위를 눈, 볼, 입술로 구분해서 전체적으로 조화가 되게

하는 것이라면 원 포인트 메이크업은 세 부분 중 한 곳만을 강조해서 아름답게 보이게 하는 메이크업이다. 눈이 예쁜 사람은 아이 메이크업으로 눈을, 입술이 예쁘다면 입술 색을 강조하고 다른 부분의 메이크업은 절제해야 원 포인트 메이크업이 제대로 완성된다. 누드톤 피부와 붉은 입술. 심은하에게 너무도 잘 어울렸던 이 메이크업은 도자기 같은 피부와 청순한 붉은 입술로 여성미를 한껏 드러내는 스타일이었다.

심은하는 정말 다양한 느낌을 가진 배우였다. 그 작은 얼굴에는 청순함, 도도함, 단아함, 섹시함이 다 담겨 있었다. 그리고 놀라운 연기력을 통해 자기가 가진 다양한 면들을 끌어내곤 했다. 출세작이었던 드라마 〈마지막 승부〉에서 심은하를 처음 만나 그녀의 첫 광고 데뷔작이었던 '포카리 스웨트' 작업을 같이 한 것을 계기로 그녀의 연기인생의 절정의 시간 동안 함께 작업을 해왔다. 심온히는 항상 조용하고 잔잔했다. 종일 촬영장에 같이 있어도 크게 웃거나 말소리를 높이는 법이 없었다. 촬영 중간중간 대기하는 시간에는 혼자 조용히 책 읽는 걸 즐겼던 심은하. 때문에 은하보다는 그녀 곁을 지키는 어머니와 더 많이 이야기를 나누었다.

어느 날인가 잡지에서 웨딩드레스 사진을 보던 심은하가 불쑥 물었다.

"외국에서 결혼하게 되면 외국에 같이 가서 메이크업해주실 수 있으세요?"

한참 활발하게 활동하던 은하가 결혼 생각이 있는 건가 싶었는데 얼마 후에 다시 만난 촬영장에서 선물을 건네며 이렇게 말했다.

"언니, 그동안 너무 고마웠어요. 저 은퇴할 거예요."

그녀 앞에서, 뭐라 말할 수 없이 서운하고 아까웠다. 내가 아는 가장 아름다운 여자가 이렇게 우리 곁을 떠나다니. 다시 그녀가 연기하는 모습을 볼 수 없다는 것이 속상했다. 그녀의 은퇴는 연예계는 물론 많은 사람들에게 큰 놀라움과 아쉬움을 남겨주었다. 그만큼 배우 심은하의 자리는 컸다. 아쉬움도 컸지만 기대도 있다. 한 남자의 아내로, 아이들의 엄마로 생활하고 있지만 여전히 아름다운 그녀가 언젠가 돌아와 주지 않을까…… 하는 기다림을 나는 아직도 갖고 있다.

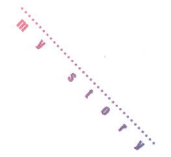

스타들의 아지트,
김청경 헤어페이스

메이크업 아티스트 양성소로 처음 시작했던 와츠뉴는 금방 연예인들의 아지트가 되어갔다. 광고와 드라마에 출연하는 젊은 스타들이 와츠뉴에서 메이크업을 받고 대본을 읽고 쉬어가기도 했다. 나중에는 아예 그곳에서 약속을 잡고 사람을 만나기도 했다. 와츠뉴에 오면 당대의 톱스타들을 거의 다 만날 수 있었다. 김지호의 성공을 계기로 갓 데뷔한 신인 배우와 모델들까지 나에게 메이크업을 받겠다고 찾아오기 시작했다. 나는 나를 필요로 하는 사람들을 웬만해서는 거절하지 않는 편이었지만 내 한 몸으로 그들의 촬영장을 모두 찾아다닐 수는 없는 노릇이었다. 갤러리아에서 압구정 성당 쪽으로 이전했던 장소도 점점 좁게 느껴졌다. 연예인들과 매니저들 사이에서 내 이름을 건 미용실을 본격적으로 시작하는 게 좋겠다는 이야기가 조금씩 들리더니 곧 원성으로 변했다. '김청경에게 제대로 메이크업을 받고 싶은데 만나기가 힘들고 와츠뉴도 비좁다'는, 나에게는 기분 좋은 원성이었다. 나 역시 더이상은 이 구조로 버티기 힘들겠다 싶었다. 청담동의 한 건물에 85평 되는 공간을 임대해서 미용실을 열었다. 이름은 '김청경 헤어페이스'. 원장인 나와 동생 김정현을 비롯해 메이크업 아티스트들이 있고 다섯 명의 헤어스타일리스트를 고용해 라인업을 갖췄다. 곧바로 30여 명의 스타들이 우리 샵의 멤버가 되었다. 라끄베르 광고로 말 그대로 '확 떴던' 김남주를 비롯해, 송혜교, 채림, 김소연, 김정은, 송윤아, 추상미, 명세빈, 황수정, 양미경 등과 그전부터 나에게 메이크업을 받던 김지호, 채시라, 심은하, 전인화가 김청경 헤어페이스의 고정 멤버였다. 거기다가 이은주와 강성연처럼 활동을 시작한 신인들까지 김청경 헤어페이스의 예약 리스트에 이름을 올렸다.

나는 일단 샵에 거점을 두고 스타들을 메이크업하고 광고촬영도 내가 직접 계속해서 나갔다. 새벽에 일어나 샵에 나가서 7~8명의 연예인들을 메이크업하고 광고촬영도 강행했다. 김지호의 라네즈, 김남주의 라끄베르 광고가 히트 치면서 밀라노로 떠나기 전과 같이 거의 모든 국내 브랜드의 화장품 광고를 내가 도맡게 되었다. 광고 시장은 더욱 커져서 다양한 방송·지면 광고 작업 의뢰도 부쩍 많아졌다. 체력적으로는 무척 벅찼지만 다시 시작한다는 마음으로 들어오는 일들을 거의 맡아서 해냈다. 내가 필요하다며 촬영 시안을 보내고 읍소하다시피

전화를 걸어오는 이들을 거절하기는 어려웠다. 내 한 몸 더 쓰면 되는 일이니까. 그리고 나는 무엇보다 일할 때 가장 행복해지는 사람이란 걸 잘 알고 있었다. 그렇게 김청경 헤어페이스라는 이름으로 새롭게, 누구보다도 바쁘고 행복한 날들을 만들어나갔다.

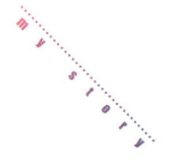

김청경?
좋은 기운을
나눠주는 사람!

피부를 접촉하는 일을 해서 그런 것일까? 나의 관심, 내 일의 주제는 오직 사람이다. 새로운 사람을 만나고 알아가는 과정이 좋다. 사적으로는 낯을 가리는 편이고 말도 많이 하지 않지만 새로운 사람을 만나고 그들의 개성을 알아가는 일은 언제나 나에게 가장 큰 즐거움, 즐길 만한 모험이다. 특히 아직 어리고 주목받지 못한 신인들을 발견하는 걸 좋아한다. 재능과 아름다움을 모두 가졌는데 아직 일이 없어서 위축되어 있는 젊은 아이들. 내 눈에는 이미 스타성이 반짝이고 있는데 스스로를 믿지 못하고 조바심을 내는 젊은 아이들을 보면 진심으로 안타깝다. 그런 신인들에겐 메이크업을 하는 동시에 치어리더가 되어 응원을 해준다.

'너는 할 수 있어. 너의 때가 오면 꼭 최고가 될 수 있어!'

오현경, 고현정, 김남주, 송혜교…… 내가 사랑하는 그녀들의 얼굴을 매만지며 수도 없이 그렇게 말을 해줬다. 그건 그들에게 거는 일종의 주문이자 나에게 하는 다짐이기도 하다.

물론 누구에게나 그런 장담을 해주는 건 아니다. 그럴 수도 없다. 재능이란 건, 특히 그중에서도 모두의 사랑을 받고 한 시대의 얼굴이 되는 스타성이란 건 엄청나게 희귀한 재능이다. 스타 지망생은 수천 명이고 가능성 있는 사람은 수십 명, 그들 중 진짜 스타가 되어 살아남는 경우는 손에 꼽는다. TV, 영화, 음악계를 통틀어 셀 수 없이 많은 지망생들이 스타의 꿈을 갖고 데뷔하지만 실제로 한 해 동안 소위 '될 만한' 프로그램에 출연해서 스포트라이트를 받는 건 열 명이 채 안 된다. 열 명 남짓. 지난 30년 동안 연예계와 광고 시장이 아무리 커졌어도 변함없는 숫자다. 신인은 스타가 되기는커녕 제대로 된 작품에서 조연 이상의 역할을 맡는 것도 말 그대로 '하늘의 별 따기'만큼이나 어려운 일이다. 그런데 참 신기한 것이, 이렇게 '공급 과잉'된 연예계에서도 '되겠다' 싶은 재목은 꼭 내 눈에 들어온다. 수십 개의 TV 광고를 모니터하다가도 꼭 눈에 띄는 인물이 있다. 출연 비중에 상관없이 광채가 나는 얼굴이 있는데 그런 얼굴은 꼭 다시 보고 기억한다. 그리고 내가 찍은 신인들은 곧 잘된다. 광고 메이크업을 오랫동안 하면서 안목이 단련된 덕일까? 아니면 우연의 일치일까? 몇 년 동안 그런 일들이 반복되고 내 의견이 캐스팅에 영향을 미치면서 업계에서도 '김청경이 찍으면 뜬다'는 얘기가 돌기도 했다. 나도 이런 내가 하도 신기해서 점쟁이한테 물어본 적이 있다. '내가 찍은 사람들이 뜬다는데 왜 이런 거냐'며. 삼십 대 중반, 한참 바쁠 때 친구들을 따라가서 재미로 물어본 것이었는데 점쟁이 대답이 의외로 진지했다.

"남한테 기운을 나눠주는 사람이네. 좋은 기운을, 태양운을 갖고 있어서 가까이 있는 사람, 좋아하는 사람을 잘되게 만들어줘."

'운을 나눠주는 사람'.

카톨릭 신자인 데다 고지식하고 정확해서 점이나 운세 같은 건 잘 믿지 않는 편이었는데 왠지 이 말만은 내 맘에 콕 박혔다. 아니, 정말로 그렇게 믿고 싶었다. '좋은 기운을 나눠주는 사람'이라니. 멋진 말 아닌가. 점쟁이의 말이 아니더라도 나는 그렇게 살고 싶었다. 남을 북돋우고 잘되기를 염원해주는 사람, 내가 가진 좋은 기운을 나눠주는 사람, 내 곁에 있는 사람들을 잘되게 해주는 사람.

메이크업할 때 나는 내 손에 마음을 담아서 기원을 한다. 내 모든 기운을 담아서 이 사람의 하루를 완벽하게 만들어주길 소망하면서 메이크업을 한다. 촬영장에 나갈 배우를 메이크업할 때는 '이 사람이 연기할 캐릭터가 메이크업으로도 잘 나타날 수 있도록, 이 작품으로 크게 인정받기를' 그렇게 바라면서 얼굴을 매만진다. 신부 메이크업을 할 때도 그렇다. '오늘이 이 신부 최고의 날이 되기를, 항상 행복하기를, 좋은 아내이자 엄마가 되기를' 기도하는 마음으로 그렇게. 그건 미신도 점괘도 아닌 그저 진실된 내 마음의 기원이다.

Part 3

나를
만들어준 스타들,
그 행복한
이야기들

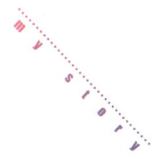

아름다운 사람들과의
잊지 못할 인연

아름다움은 그 자체로 재능이지만 그것을 세상에 발현하기 위해서는 기회와 노력이 필요하다. 스타성이 엿보이는 신인들을 만나는 건 메이크업 아티스트로서 가슴 두근거리는, 무척 즐거운 일이다. 그 원석을 다듬어 보석으로 만들어 세상에 내놓는 일 또한 스릴과 보람이 넘치는 특별한 작업이다. 그렇게 만나서 데뷔 과정을 함께했던 이들이 지금은 다들 톱스타가 되어 있지만 언제 보아도 나에게는 항상 십 대 후반의 어린 소녀의 모습으로 기억된다. 예쁘지만 약간은 촌스럽고 그래서 귀여운 소녀들로 내 맘속에 남아 있다.

　신인들, 톱스타들, 감독들과 연예계 지망생들. 30년 동안 한 길을 걸어오면서 정말 많은 사람들을 만났다. 말도 많고 탈도 많은 연예계지만 그 안에서 진정 마음을 나누며 좋아했던 사람들, 인연을 이어가고 있는 친구들도 많이 만났다. 좋아하는 일을 하며 돈도 벌어봤고 이름도 알렸지만 그래도 역시 사람이 제일 큰 재산, 사람이 제일 좋은 보상이다. 원래 남의 일에 공감을 잘하고 사람 좋아하는 성격이라 더 그런지도 모르겠다. 사람들을 만나고, 알아가고, 마음을 나누며 친구가 되는 건 나이도 무엇도 상관없다. 다음에 이어질 이야기는 그런 이야기들이다. 내가 만났던 사람들과의 인연. 지금 어떤 모습으로 남아 있든 간에 잊지 못할 소중한 인연에 대한 이야기다.

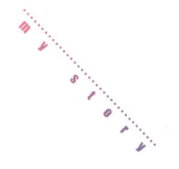

안재욱을
예쁜 여자로 만들다,
영화 〈찜〉을 위한 도전

요즘은 활동이 뜸하지만 안재욱은 1990년 중반 우리나라 최고의 톱스타였다. 드라마 〈별은 내 가슴에〉에서 최진실의 상대 역으로 출연했던 안재욱. 가수의 꿈을 가진, 반항기 있는 부잣집 아들 역으로 등장했는데 그 배역이 안재욱에게 어찌나 잘 어울렸던지 원래 최진실의 상대 역으로 더 비중이 높았던 차인표를 제칠 정도로 인기가 높아졌다. 왁스를 많이 발라 삐죽삐죽하게 스타일링한 헤어와 칼라를 밖으로 내서 입은 색깔 있는 셔츠, 검은 양복 등 그 드라마 속에서 안재욱이 선보였던 패션은 지금 보면 좀 과하다 싶지만 당시에는 최고로 앞서가는 패션이었다. 옷 좀 입는다 자부하는 남성들은 물론 고등학생들까지 안재욱의 헤어스타일을 따라했다. 학생들은 교복을 안재욱 스타일로 고쳐 입고 압구정 거리를 활보할 정도로 인기가 대단했다. 안재욱은 데뷔 이래 쭉 좋은 연기를 보여주고 있었지만 남자라기보다는 귀엽고 재미있는 도련님이나 장난꾸러기 남동생 같은 이미지였다. 그랬던 안재욱이 그 드라마 한 편으로 터프하면서도 약간 사연이 있어 보이는, 멋진 남자의 이미지로 다시 태어났다.

아무튼 97년 즈음에 안재욱은 한국 최고 스타를 넘어 중국에서도 서서히 인기를 끌기 시작하고 있었다. 그리고 그런 안재욱에게 여러 가지 작품제안이 쏟아져 들어왔다. 영화, 드라마, 광고 등 끝이 없었다. 당시의 연예계에서 안재욱만 잡으면 어떤 기획이든지 흥행이 보장되는 분위기였으니 안재욱 매니저의 전화통에 불이 나는 것은 당연했다. 그렇게 많은 출연제안을 받고 있을 때 안재욱이 선택한 영화가 바로 〈찜〉이었다.

'중학생 때부터 짝사랑하던 친구의 누나와 가까워지기 위해 여장을 하는 남자의 이야기'가 바로 영화 〈찜〉의 기본 내용이었다. 마침 할리우드 영화 〈미세스 다웃파이어〉도 한국에서 인기를 끌고 있었다. 〈미세스 다웃파이어〉는 나도 즐겨 보며 참 좋아한 영화였다. 애니메이션 성우인 로빈 윌리엄스가 아내에게 이혼당한 뒤 아이들을 매일 보기 위해 뚱뚱한 가정부 할머니로 분장을 하고 자기 집으로 들어가는, 다소 황당한 내용이었는데 아이들을 사랑하는 아버지의 마음이 잘 느껴지는 영화라서 몇 번이나 다시 보며 좋아했다. 할머니로 분장한다는 설정도 독특했고 감동과 재미가 있는, 무척 잘 만든 코미디 영화였다. 영화 〈찜〉도 어찌 보면 〈미세스 다웃파이어〉에서 영감을 얻은 기획이었다.

'남자와 여자의 역할 변신'이라는 소재는 사실 새로운 건 아니었다. 더스틴 호프만이 출연해서 감쪽같은 여장 연기를 보여줬던 1982년도 영화 〈투씨〉도 그랬고, 특별한 사연에 의해 여장을 하게 되는 남자의 이야기는 늘 흥미를 끄는 소재였다. 그리고 그런 이야기를 영상으로 잘 만들어낼 수 있게 하는 가장 중요한 요소는 바로 '분장'이었다. 물론 배우들의 연기가 가장 중요하지만 이 작품은 특히 분장의 비중이 무척 컸다.

영화 〈찜〉을 위해 영화사에서는 최고의 팀을 만들었다. 〈고스트 맘마〉로 최고의 젊은 신인감독으로 각광받고 있던 한지승 감독을 연출자로 데려왔고 안재욱, 김혜수 등 최고 스타들을 캐스팅했다. 스태프도 마찬가지로 최고로 꾸리기로 했다. 일단 할리우드 분장팀을 섭외하기로 했다. 바로 〈미세스 다웃파이어〉를 만들어낸 그 분장팀을 한국으로 데려와서 안재욱을 완벽한 여자로 만들겠다는 게 영화사의 최초 계획이었다. 하지만 할리우드의 분장팀을 우리 영화 현장에 투입하는 건 쉽지 않은 문제였다. 비용도 언어도 문제였고, 정해진 촬영 시간에서 조금만 초과해도 바로 추가로 비용을 지불해야 하는 급여체계도 당시 우리나라 영화계의 실정과는 맞지 않았다. 할리우드 분장팀 섭외가 불발된 후 영화사에서는 국내 최고의 특수분장팀을 찾기 시작했다. 영화, 연극, 광고계를 막론하고 최고 실력자를 섭외해서 안재욱을 완벽한 여자로 만들기로 했다. 그리고 나에게도 한 통의 전화가 왔다. 영화 〈찜〉을 위한 분장 오디션에 참여해달라는 요청이었다.

그때까지 수백 편의 광고와 드라마 분장을 했지만 작업을 하기 위해 오디션을 받는 건 처음이었다. 내 이름 김청경과 그동안의 포트폴리오만으로 모든 일을 해왔기에 오디션이라는 개념 자체가 생경하게 들렸다. 하지만 〈찜〉의 기획의도를 읽어보고나니 의욕이 생겼다.

영화 〈찜〉의 내용은 이랬다. '어릴 때부터 짝사랑하던 여자는 친구의 누나다. 도도하기만 하고 항상 자기를 동생 친구로만 보는 멋진 여자. 나이 서른이 꽉 차서 결혼을 생각하고 있는 그 여자와 가까워지기 위한 최후의 수단으로 여장을 한다.' 사랑하는 여자와 가까워지기 위해 여장을 불사하는 남자라니. 일단 발랄하게 상상력을 자극하는 그 스토리에 마음이 끌렸다. 그리고 최고 스타인 안재욱을 여자로 변신시켜야 한다는 과제도 재미있을 것 같았다.

'한번 해보자.'

바로 오디션 제의를 수락하고 캐릭터 연구에 들어갔다. 안재욱의 지난 작품들과 사진들을 꼼꼼히 살펴보며 얼굴 윤곽과 이미지를 파악했다. 그리고 오디션 날이 되었다. 나중에 알고보니 나 외에 다른 팀들은 모두 영화와 연극 쪽에서 활동하는 특수분장 전문가들이었다. 광고 메이크업만을 하는 건 나 혼자였다. 게다가 나는 특수분장 전문가도 아니었다. 약간 긴장도 되었지만 나를 믿고 해보기로 했다. 각자가 만들어온 콘셉트에 따라 안재욱을 여자로 분장시키고 카메라 테스트도 받았다. 스틸 사진으로, 영상으로 찍어보고 제작진에게 평가를 받았다. 처음에는 재미있을 것 같아서 시작한 일이었지만 경쟁은 결국 메이크업 아티스트로서 내 자존심을 걸고 하는 것이기에 더욱 그랬다. 결과는? 합격(?)이었다. 내가 뽑힌 이유는 간단했다.

"안재욱이 정말 예쁜 여자로 보였거든요."

한지승 감독의 말이었다. 진심으로 기뻤다.

안재욱을 여자로 만드는 것은 사실 1차적인 과제였다. 안재욱을 단지 여자로 보이게 하는 것으로는 부족했다. 영화 속에서 안재욱이 몰래 짝사랑하는 여자는 김혜수였다. 안재욱 역시 김혜수 옆에 서도 꿀리지 않을 정도로 보여야 했다. 그냥 여자가 아니라 김혜수와 어울릴 만한 친구처럼 예쁘게 보여야만 했다. 그래야 영화가 설득력이 있을 터였다. 안재욱은 남자 치고 얼굴선이 섬세하고 눈이 잘생겨서 여자 분장에 크게 어려움이 없을 것 같았다. 하지만 실제로 시도를 해보니 전혀 달랐다. 예상 못한 어려움이 있었다.

눈썹 숱이 많고 눈썹 털 자체가 무척 강했다. 남녀의 인상을 구분하는 가장 쉬운 사인이 바로 눈썹이다. 진하고 강한 눈썹은 남성적이고, 가늘게 뻗은 눈썹은 여성스럽다. 눈썹 한 부분만 잘 나와줘도 여성스러운 이미지로 변신할 수 있는데 안재욱의 눈썹은 보통 남자의 그것보다 훨씬

진하고 강한 모양이었다. 눈썹을 뽑을까도 싶었지만 어차피 극 중에서 남자와 여자를 분장으로 넘나들어야 하는 배우의 얼굴에 그런 식으로 손을 대는 건 좋은 방법이 아니었다. 안재욱의 숱 많은 눈썹을 처리하는 게 분장의 최대 관건이었다. 잠깐 고민하다가 속눈썹 풀을 짰다. 눈썹 손질용 브러시에 속눈썹 풀을 고루 묻혀서 안재욱의 눈썹을 결대로 슥슥 빗어 올렸다. 눈썹 밑에는 특수분장을 할 때 코와 피부를 만드는 스퍼티를 붙여서 눈썹 산을 자연스럽게 만들었다. 그리고 그 위에 파운데이션과 파우더를 발라 티가 나지 않도록 했다. 그런 작업을 거치고 나니 안재욱의 인상이 한층 여성스럽게 보였다. 눈썹을 정리하고 나니 전체적인 피부 표현이 문제였다. 안재욱은 피부결은 좋은 편이었지만 피부톤이 어두운 편이었다. 일단 두 톤 정도 밝은 파운데이션을 고루 펴 발랐다. 내 장기인 누드메이크업을 좀 밝은 톤으로 시도했다. 그런데 워낙에 털이 굵고 빨리 자라는 체질이라 금방 수염이 자라나기 시작했다. 오전에 메이크업을 받고 촬영장에 가면 오후 세 시쯤에는 파운데이션을 바른 턱에 푸른 기가 돌았다. 파운데이션 한 겹으로는 해결이 안 될 모양이었다. 당시 김청경 헤어페이스를 막 오픈하고 무척 바쁠 때였지만 결국 영화 촬영장에 매일 갈 수밖에 없었다. 누드 메이크업은 포기하고 수염을 커버하면서 자연스럽게 보이는 데 집중했다. 리퀴드 파운데이션을 최대한 고르게 세 겹으로 바르고 파우더를 고루 발라서 수염을 완전히 가렸다. 제품을 많이 발라 화면에서 인위적으로 보이면 어쩌나 싶었는데 그렇지는 않았다. 보습을 철저히 하고 제품이 잘 스며들도록 시간 차를 두고 꼼꼼하게 발랐기에 물광 느낌까지는 아니었어도 조명을 받으면 전체적으로는 화사해 보였다.

여성스러운 인상을 만들기 위해 코도 약간 다듬었다. KBS 분장실에서 어깨너머로 봤던 선배들의 특수분장 기술을 따라 안재욱의 코끝에 실리콘을 붙여 조금 더 길고 날렵하게 만들었다. 얼굴을 다듬고 메이크업을 하고 그렇게 완성된 얼굴에 단발머리 가발을 씌우고 단정한 투피스 수트를 입히니 안재욱이 꽤 그럴 듯한 여자로 재탄생했다. 남자치고는 다리가 늘씬해서 스커트 입은 모습도 꽤 잘 어울렸다. 여자로 변신한 안재욱의 모습에 스태프들도 모두 감탄했다. 물론 그때의 분장은 지금 보면 어설픈 부분이 많다. 어디까지나 1998년 기준으로 보자면 괜찮았다는 사실! 영화는 꽤 재미있었고 안재욱의 여장도 여러 잡지와 뉴스에까지 나올 정도로 화제가 되었다. 결과물에 자극 받은 우리 팀은 내심 청룡영화상 특수분장상을 노렸다. 이 정도 호평이라면 상을 받는 것도 가능하지 않을까 싶었다. 하지만 그해에 CG 효과를 많이 사용했던 다른 영화가 있었고 상은 그 영화 팀이 가져갔다. 그래도 조금 서운했다. 기계로 만드는 효과보다는 사람 손으로 한 것이 더 가치 있는 것이 아닌가 생각했다. 특수분장 전문가도 아닌 내가 우리나라 톱 배우가 출연하는 영화에서 특수분장을 시도했고, 좋은 평가와 만족스러운 결과물을 얻었으니 그걸로 좋았다. 당시 최고의 감독으로 각광받던 한지승 감독, 역시 최고 스타인 안재욱과 작업한 것도 좋은 기억이다. 안재욱은 서울예전 후배이기도 해서 만나자마자 친해졌다. 그가 한참 중국 활동을 활발히 할 때 중국에 나가는 광고촬영 메이크업은 내가 전담했다. 가전제품부터 식품까지, 안재욱은 중국에 출시되는 거의 모든 제품군의 광고에 메인모델로 기용되었다. 최근에는 그가 출연한 뮤지컬 〈잭 더 리퍼〉의 공연에도 초대받아서 갔다. 당시에 영부인 김윤옥 여사의 메이크업을 하고 있을 때였는데 영부인을 모시고 같이 가서 즐거운 시간을 보냈다. 〈찜〉이 내게 의미 있었던 건 또한 김혜수 덕분이다. 처음 데뷔했을 때부터 알고 지냈던 김혜수와 함께한 첫 영화라서 그 작품을 하는 동안 무척 행복했었다.

김혜수는 열여덟 살 때, 그녀가 갓 데뷔했을 때부터 언니, 동생으로 지냈다. 청순하고 연약해 보이는 미인이 각광받던 시대에 청순하면서도 건강하고 밝은 김혜수의 이미지는 무척 신선했다. 김혜수를 이야기할 때 흔히 글래머러스한 몸매를 언급하는데 나는 무엇보다 그 눈을 칭찬하고 싶다. 김혜수는 다 아름답지만 특히 눈이 정말로 예쁘다. 동그란 이마에서 빛나는 그 큰 눈. 이제 그녀의 나이도 사십 대에 접어들고 연기나 태도에서 말 그대로 '원조 여신'의 카리스마가 물씬 풍기지만 지금도 그 눈빛은 열여덟 살 소녀의 눈 그대로인 것 같다.

영화 〈찜〉을 촬영하면서 김혜수에게 배운 게 하나 있다. 바로 속눈썹 붙이는 기술이다. 김혜수는 〈찜〉을 촬영할 때 분장사가 메이크업을 다 해놓으면 스스로 인조속눈썹을 붙이곤 했다. 인조속눈썹이 있다는 걸 알고는 있었지만 나는 잘 사용하지 않았다. 눈을 강조해야 할 때는 아이섀도를 활용하고 마스카라를 섬세하게 덧칠하는 걸로 대신하고 있었는데 김혜수가 인조속눈썹을 붙이는 걸 보니 참 용했다. 보통 인조속눈썹은 인형눈썹처럼 인위적으로 보이기가 쉬운데 김혜수는 아주 섬세하고 자연스럽게 잘도 붙이고 있었다. 그렇게 혼자 조용히 앉아 한 올 한 올 심듯이 속눈썹을 붙이고나니 김혜수의 그 크고 예쁜 눈이 더욱 강조되면서 인상이 확 살아나 보였다. 그 모습을 보고나서 나도 인조속눈썹을 적극적으로 사용하기 시작했다. 나름 최고의 메이크업 아티스트라고 자부하고 있던 내가 배우인 김혜수에게 한 수 배운 셈이었다.

영화 〈찜〉은 나에게 신선한 전환점이 되어준 영화였다. 처음 오디션이라는 것을 봐서 따낸 작업이었고, 내 전문분야가 아니었던 특수분장에 도전해서 성과를 냈다. 무엇보다 그 영화를 촬영하면서 좋은 사람들을 많이 만났다. 자주 연락하기는 힘들지만 그래도 이 바닥에 있으면 늘 소식을 듣는다. 그렇게 보람되게 기억되는 작업을 함께했던 사람들이 잘되어간다는 소식을 들으면 내가 칭찬을 받은 것처럼 기분이 좋다. 그리고 무엇보다 김혜수에게 속눈썹 붙이는 기술을 배웠던 건 잊지 못할 일이다.

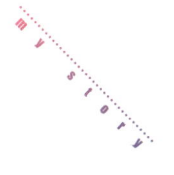

김석훈,
나를 '누나'라고 부르는 멋진 남자

이종원은 장동건, 정우성이 등장하기 이전에 우리나라에서 최고로 잘생긴 남자 스타였다. 특히 90년대 후반부터는 사극과 현대극을 넘나들며 다양한 역할을 맡았고 연기력도 날로 늘었다. 그런 이종원이 처음 비중 있는 역할을 맡았던 사극이 바로 SBS의 〈홍길동〉이었다. 1998년 당시, 나는 이종원의 매니저 역할을 하고 있었고 그의 촬영장에 자주 동행하며 방송도 꼼꼼히 모니터했다. 〈홍길동〉 첫 방송을 보는데 이종원을 보고 있어야 할 내 눈이 자꾸 엉뚱한 배우에게 향했다. 홍길동 역을 맡은 김석훈이었다. 김석훈은 참 핸섬한 남자였다. 잘생기기도 했지만 김석훈의 외모는 '핸섬'하다는 표현이 더 걸맞은 느낌이었다. 강렬하지만 선한 눈빛이 홍길동에 딱 어울렸고 반듯하고 깔끔했다. 어딘지 내가 좋아하는 여명과도 닮은 구석이 있었다. 무술 연기를 할 때는 이연걸을 연상시켰다. '정의의 사도' 역할에 어울리는 좋은 사람의 이미지를 갖고 있었다. 이종원에게 물어보니 김석훈 매니저를 알고 있었다. 매니저를 통해 연락을 해서 김석훈을 김청경 헤어페이스로 초대했다. 실제로 만난 김석훈은 역시나 핸섬하고 매너도 깍듯했다. 배우가 아니라 공부 잘해서 좋은 회사 들어간 인텔리 회사원 같은 느낌이었다. 김석훈은 〈홍길동〉의 성공으로 주목을 받던 중이었다. 여러 방송국에서 후속작품 제안도 많았다. 샵에서 만난 한 드라마의 제작진이 나에게 김지호를 새 드라마에 섭외하고 싶다고 전해왔다. 신선하고 밝은 김지호와 핸섬한 김석훈이 한 드라마에 같이 출연한다면 그림이 될 것 같았다. 김석훈에게도 좋은 기회가 될 것은 물론이었다. 그대로 추진이 되었다면 김지호와 김석훈이 같이 연기할 수도 있었을 텐데, 김지호가 그 작품을 고사하면서 손창민과 이영애로 캐스팅이 바뀌게 되었다. 안타까웠지만 할 수 없었다. 그런데 전화위복이랄까? 김석훈은 바로 SBS의 드라마 〈토마토〉에 캐스팅되었다. 상대 역은 최고의 주가를 올리고 있던 김희선이었다. 트렌디 드라마가 한참 인기를 끌며 〈토마토〉는 50%대의 시청률을 올리며 히트작품이 되었다. 드라마 속의 김석훈은 핸섬하고 단정하고 반짝반짝 빛이 났다. 그해 최고의 남자 배우로 자리매김하는 순간이었다.

그러던 중 LG 화장품에서 전문적인 색조 화장품 브랜드인 '캐시캣' 브랜드를 런칭했다. 나는 브랜드 개발 초기 단계부터 깊이 관여했고 브랜드 런칭 이벤트로 메이크업 시연을 맡았다. 그 자리에서 LG 화장품

상무님과 한 테이블에 앉게 되었다. 연예계와 모델들에 대한 이야기를 나누다가 남자 모델을 추천해달라는 제안을 받았다. LG에서 새로 런칭을 준비하는 남자 화장품 모델로 적당한 사람을 추천해달라는 제안이었다. 나는 깊이 생각할 것도 없이 바로 김석훈을 추천했다.

"드라마 〈토마토〉가 요즘 인기 최고인데 아시죠? 거기 출연한 배우 김석훈이 요즘 최고입니다."

상무님은 양복 안주머니에서 수첩을 꺼내 '김석훈'을 메모했다. 곧 LG애드의 광고감독이 전화를 걸어왔다. 광고주 측에서 김석훈을 지목했는데 김석훈에게 연락을 해줄 수 있냐는 전화였다. 나는 김석훈에게 광고 담당 PD를 연결해주었고 그 덕분에 김석훈은 광고 에이전시의 중계 없이 직접 화장품 광고 전속모델 계약을 할 수 있었다. 김석훈은 그 일에 대한 감사의 의미로 밥을 사겠다고 나섰다. 그후로 참 오랜 기간 동안 밥을 많이도 샀다.

김석훈은 외동아들이다. 그래서인지 대부분 나와 친한 연예인들은 '언니', '누나'라고 부르며 편하게 지내는데 김석훈은 몇 년을 봐도 늘 나에게 예의를 갖춰 '원장님'이라고 불렀다. 그렇게 예의 바른 모습이 김석훈답고 좋았지만 아쉬움도 있었다.

'좀더 편하게 대해주면 좋겠는데, 김석훈이 내 동생이면 참 좋겠다'고 생각했다. 하지만 좀처럼 어느 선 이상은 가까워지지 않았다. 김석훈은 언제나 깍듯하고 겸손하고 예의 바른 청년이었다. 그렇게 김석훈이 김청경 헤어페이스에 드나든 지 4년쯤 되었을 때인가? 지방으로 드라마 촬영을 하러 내려가 있던 김석훈에게 사진과 문자가 전송되어 왔다.

"동백꽃이 너무 예뻐. 촬영하다가 누나 보여주려고 찍은 거야."

예쁜 동백꽃 사진이었다. 순간 기쁨으로 가슴이 먹먹해졌다. 일하다가 김석훈의 팬들을 만나면 "김석훈, 내 동생이에요"라고 자랑을 한다. 형제가 없는 김석훈에게 계속 든든한 누나로서 자리를 지켜주고 싶다.

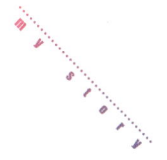

김정은,
항상 성공하는 배우

연예계에 '김청경 패밀리'라는 말이 돌았던 적이 있다. '김청경 헤어페이스'의 문을 열자마자 우리 샵은 톱 클래스 연예인들의 사랑방이 되어버렸다. 최고의 연기자, 가수, 막 데뷔한 신인 배우들까지 김청경 헤어페이스에서 메이크업을 받았다. 로비는 매니저들로 북적이고 연예인들이 수시로 드나들기 시작했다. 다른 청담동, 압구정 일대에 다른 메이크업 아티스트들이 운영하는 샵도 많이 있었지만 1세대 메이크업 아티스트로서 나에게 메이크업을 받기 원하는 스타들의 수가 압도적으로 많았기 때문에 그렇게 불렸던 것 같다. 신인들의 협찬 요청도 나는 거의 받아들였다. 아직 작품 활동이 많지 않더라도 가능성을 보고 지원해줬다. 그런 신인들이 스타가 되고 나서도 계속 인연을 지켜가며 나를 믿고 메이크업을 맡기는 걸 보면 진심으로 이 일을 하는 보람을 느낀다.

자랑스럽고 소중한 사람들, '김청경 패밀리'. 그 패밀리의 최장수 멤버는 과연 누구일까? 언뜻 중견 연기자인 전인화나 채시라, 김지호를 떠올릴 수 있지만 그들은 김청경 헤어페이스 시작 전에 만났던 인연들이라 사실상 내 '지인'에 해당하는 사람들이다. 김청경 패밀리의 최장수 멤버는 다소 의외의 인물, 바로 김정은이다.

김정은은 김지호와 〈눈물이 보일까봐〉를 촬영할 때 처음 만났다. 당시 김지호는 방송과 광고에서 모두 최고의 자리에 올라선 톱스타였다. 내가 시도한 누드 메이크업이 '김지호 메이크업'이라는 이름으로 히트하고 드라마 시청률도 승승장구하면서 나는 김지호의 모든 촬영에 동행하며 메이크업을 전담했다. 시원시원하고 유쾌한 김지호는 나와 성격도 잘 맞아서 곧 속 이야기도 털어놓는 언니, 동생 사이가 되었다. 어떤 촬영장에서 김지호의 메이크업을 수정해주고 있는데 처음 보는 신인이 눈에 띄었다. 생글생글 웃는 얼굴로 나와 김지호를 부러운 듯 바라보고 있던 그 신인 배우가 바로 김정은이었다. 나중에 김정은과 친해지고 난 후에 이야기를 들어보니 김정은은 김지호와 내 사이가 너무나 부러웠단다.

"지호 언니도 원래 좋아했고 멋있었지만, 유명한 청경 언니한테 그렇게 편하게 대하고 메이크업 받는 모습을 보니 너무 부러웠어요. 그 모습을 보고 '나도 빨리 스타가 되어서 청경 언니한테 메이크업 받아야지'라고 다짐했다니까요."

김정은은 처음에는 크게 인상적이지는 않았지만 보면 볼수록 눈길

을 끄는 매력이 있었다. 그런 매력은 단순히 예쁜 것 이상으로 큰 장점이다. 데뷔 초의 김정은은 밝고 귀엽고 어딘지 굉장히 앞서 가는, 모던한 분위기가 있었다. 김정은을 배우로서 크게 알린 작품은 역시 〈해바라기〉다. 해바라기에서 김정은이 맡은 역할은 애초에 비중이 크지 않았지만 차태현과 김정은의 호흡이 워낙 잘 맞았던 데다 삭발까지 감행한 김정은의 연기력이 돋보여 극 중간에 출연 비중이 늘어났다. 젊은 여배우가 드라마를 위해 실제로 삭발까지 하는 건 드문 일이었는데 김정은은 개의치 않고 열성적으로 임했다. 머리는 정말 스님처럼 깎인 데다 드라마 내내 거의 환자복 차림이었지만 김정은은 빛났고 어떤 여배우보다 예뻐 보였다. 그 드라마를 보면서 김지호 촬영장에서 만났던 김정은을 다시 떠올리고 '참 대단하다'고 혼잣말로 중얼거렸다. 김정은과 차태현은 〈해바라기〉를 통해서 '환상의 콤비'로 각인되었고 여러 편의 광고도 함께 찍었다. 특히 둘이 함께 촬영했던 통신사 광고가 기억난다. 그 광고는 속된 말로 '대박' 광고가 되었고 그 광고 이후에 김정은이 김청경 헤어페이스로 오게 되었다.

90년대 중반에 김지호 촬영장에서 만났던 신인이 잘나가는 스타가 되어 다시 만나게 된 셈이다. 김정은은 신인 때처럼 여전히 활기차고 밝았다. 진지하게 작품을 선택하고 일단 선택하면 최선을 다해서 빠져든다. 자만하지 않고, 허세가 없고, 촬영장에서는 모든 스태프들에게 친절하게 대한다. 보면 볼수록 '진국'이다 싶은 여자가 바로 김정은이다. 특히 나는 배우로서 김정은의 도전정신을 높이 산다. 김정은의 필모그래피는 한마디로 '도전' 그 자체다. 한 번도 뻔하고 안전한 선택을 한 적이 없다. 김정은은 자기에게 들어오는 제안들을 꼼꼼하게 살피고 연기자로서 자기가 발전할 수 있는 길을 택한다. 설혹 그게 좁고 어려운 길이라고 해도 오히려 그런 길을 선택한다. 정은이는 코믹 영화의 히로인이자 멜로드라마의 여왕이면서 액션, 대하 드라마나 스포츠 영화도 마다하지 않는다. 연기자로서 자기 지평을 넓힐 수 있는 배역이 무엇인지를 고민하는 진짜 프로 연기자, 그게 바로 김정은이다.

김정은이 〈파리의 연인〉에 출연할 때가 생각난다. 첫 방송을 보면서 두 손을 모아 쥐고 얼마나 가슴을 졸였던지. 김정은이 하늘색 드레스를 입고 춤을 추는 장면이 있었는데 황홀할 정도로 멋있었다. 그 드라마가 방송되는 3개월 동안 나는 정은이의 역할 '강태영'에 완전히 빠져들어서 행복했었다. 드라마 속에서 박신양이 '애기야!'를 외치면 마치 나를 부르는 것처럼 얼마나 물색없이 좋아했는지. 〈파리의 연인〉은 일주일 내내 밤샘 촬영을 했다. 드라마 촬영을 하다보면 며칠씩 밤을 새는 경우도 있기는 하지만 아무리 강행군을 하는 드라마라고 해도 2, 3일에 한 번은 집에 들어갔다 나오는 정도다. 그런데 〈파리의 연인〉 촬영 때의 김정은은 거의 집에 들어가 쉴 수가 없었다. 2, 3일에 한 번 샵에 와서 샤워하고 다시 메이크업을 받고 갔다. 촬영이 어찌나 많았던지 한 번 한 메이크업을 2, 3일간 지우지 못하고 촬영을 하는 스케줄이었다. 그 정도로 강행군이었다. 김정은은 메이크업을 하는 내내 한 번도 눈을 뜨지 못하고 잠들어 있을 때도 있었다. 그런데도 김정은은 용케 이겨냈다. 사실 육체적으로 힘든 것쯤은 이겨낼 수 있었다. 〈파리의 연인〉은 이미 시청률 57%를 넘는 국민드라마였으니까! 아무튼 그 드라마를 계기로 우리는 부쩍 친해졌고 '선생님'과 '배우'를 넘어 친구처럼 이야기를 나누는 사이로 발전했다.

김정은은 새 작품을 할 때마다 항상 시놉시스와 대본을 들고 와서 나에게 보여준다. 캐릭터도 같이 상의해서 잡고 메이크업과 의상 등 극 중에서의 스타일도 어떻게 할지 조언을 구한다. 나는 기꺼이, 즐겁게 정은이의 이야기를 들어주고 같이 고민해준다. 나로서는 정은이가 맘을 터놓고 그런 것을 물어봐주는 것 자체가 고맙기 때문이다. 같이 이야기를 하다보면 사람의 깊이를 파악할 수 있는 법인데 내가 지켜본 정은이는 생각이 깊고 영리한 배우다. 한 작품도 의도 없이 선택하지 않는다. 작품 자체가 성공할 전망이 있는지는 크게 개의치 않는다. 오직 자기가 이번에 맡을 배역이 앞으로 연기자로서의 진로에 어떻게 기록될지를 생각한다. 작품 고르는 과정을 지켜보면 '장인정신'이 저런 것이 아닐까 싶을 정도다. 〈우리 생애 최고의 순간(이하 〈우생순〉)〉을 시작할 때도 그랬다. 그즈음 김정은은 멜로와 코믹 영화에서 연달아 히트를 치고 있었다. 사실 그대로만 간다면 코미디의 여왕으로서 안정되게 인기를 유지할 수 있었다. 하지만 정은이는 모험을 선택했다. 한 번도 해보지 않은, 스포츠 드라마에 뛰어들기로 했다. 걱정도 많이 들었다. 강단 있어 보이는 문소리와 김지영에 비해 체력이 약해 보인다는 게 걱정의 이유였다. 정은이는 그런 편견, 약해 보인다는 우려를 깨기 위해 말 그대로 '피나는 노력'을 했다. 〈우생순〉을 하면서 얼마나 고생을 했는지, 옆에서 지켜본 나는 잘 안다. 스스로 운동선수 같지 않게 보일수 있다는 걸 잘 알고 있던 정은이는 극기훈련 하듯이 열심히 훈련했다. 근육운동도 배구 훈련도 몸 바쳐서 열심히 임했다. 샵에 들를 때마다 시퍼렇게 멍든 몸에 파스를 덕지덕지 붙이고 왔다. 어깨가 아파 죽을 것 같다고 말을 하면서도 연습을 거르지 않았다. 정말 운동선수처럼 그렇게 몇 개월을 자신을 채찍질했다. 안젤리나 졸리 못지 않은 강인한 여전사의 모습이었다.

〈우생순〉의 시사회 날. 정은이가 많이 노력했다는 걸 알았지만 한편으로는 걱정이 되었다. 연기는 워낙 잘하니까 괜찮겠지만 '혹시나 영화에서 운동선수같이 보이지 않으면 어쩌나' 하는 일말의 걱정 때문에 시사회 장으로 향하는 차 속에서 내내 안절부절이었다. 두근거리는 가슴으로 시사회 장에 들어섰다. 영화가 시작되고, 정은이는 내 노파심을 단번에 날려버렸다. 화면 속의 김정은은 시상식에서 여린 자태를 뽐내는 여성스러운 김정은이 아니었다. 김정은은 영화 속에서 정말로 배구선수가 되어 있었다. 영화 자체도 감동적이었지만 나는 화면 속에서 느껴지는 정은이의 노력에 더 감동했다. 그 힘든 과정과 정은이가 겪은 고생을 모두 알고 있었기에 화면에 비친 그 모습이 너무 대견하고 가엾어서 눈물을 줄줄 흘렸다.

김정은은 현명하고 다재다능하다. 최신작인 〈나는 전설이다〉에서는 용기와 열정을 지닌 여자 '전설희'를 연기했다. 〈파리의 연인〉에서의 털털한 모습도, 〈나는 전설이다〉의 화려한 패셔니스타의 모습도 김정은에게는 그녀 자신인 것처럼 자연스럽고 멋지다. 음악 좋아하고 사람 좋아하는 정감 있는 모습은 〈김정은의 초콜릿〉의 MC를 맡으면서 잘 드러났다. 소탈하고 위트 있는 진행 솜씨도 매력적이었다. 드라마 〈울랄라 부부〉에서는 김정은의 장기인 코믹 연기를 선보였다. 평상시의 김정은은? 무척 스타일리시하다. 최신 유행을 자기 스타일에 맞게 잘 소화해내는 세련된 김정은이 나는 정말 좋다.

김정은은 늘 성공한다. 그 성공은 작품에 관객이 많이 들고 덜 들고의 문제가 아니다. 배우로서 알찬 경력을 만들고 좋은 연기를 펼치는 것, 그것이 정은이 방식의 성공, 진정한 배우로서의 성공이다. 그 길을 가다보면 자연스럽게 대중의 사랑이 따라온다고 믿는다. 자기 방식으로 성실하게 노력하는 정은이를 보면 나의 이십 대, 삼십 대가 떠오른다. 분장실에서 손이 부르트도록 수염을 염색하고 열 몇 시간을 서서 발이 퉁퉁 붓도록 메이크업을 하던 날들. 일에 미쳐 있었지만 그래서 행복했던 그날들을 정은이를 통해 떠올린다. 정은이와 나는 분야는 다르지만 악바리 같은 열정을 품고 있다는 점에서는 서로 닮은꼴이다. 작고 여리지만 강하고 악착같은 여자. 그런 악바리, 정은이를 나는 팬으로서, 친한 언니로서 항상 지지하고 사랑한다.

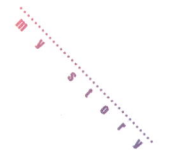

아름다운 여인들,
오현경과 고현정

미의 제전, 1989년 미스코리아 선발대회가 있던 그날 밤, 나는 의상 디자이너와 PD, 감독님과 회의를 하고 있었다. 그 순간에 세종문화회관에 있어야 했지만 선약 때문에 오현경이 미스코리아 진이 되는 그 벅찬 순간을 지켜봐주지는 못했다.

고등학교를 갓 졸업한 앳된 소녀. 오현경의 인생을 내 맘대로 밀어붙여놓고 짐짓 얼마나 반신반의하며 불안에 떨었던지. 용기가 미인을 만들어낸다고 믿는 나는 오현경의 미스코리아 진 선발 소식을 접하고 다시 한 번 외쳤다.

"여성들이여, 용기를 가지십시오!"

인생의 십자로에 서게 되었을 때 진정 결단이 필요한 순간에 용기가 있어야 한다는 것은 얼마나 아름다운 명제인가.

현경이는 고3 때 태평양 화학 '지지 화장품'의 모델이었다. 지지 광고의 메이크업을 늘 내가 맡았던 까닭에 오현경을 알게 되었다. 키가 큰 현경이는 덩치와는 반대로 애교스럽고 상냥하며 나를 무척 따르는 여학생이었다. 품행이 단정해서 동생처럼 귀여워했는데 무슨 일이든 전화하고 상의를 해왔으므로 난 현경이에게 남다른 애정과 관심을 갖지 않을 수 없었다. 현경이는 아모레 전속모델이 되고 싶어했다. 그러나 이미 황신혜, 김성령, 옥소리, 장윤정이 모델로 활동하고 있었으므로 방법은 미스코리아가 되는 것뿐이었다. 미스코리아가 되면 1년간 아모레 전속모델로 활동할 수 있었다. 미스코리아가 되면 현경이의 희망은 이루어지는 셈이었다.

광고 메이크업을 해오면서 가장 열성을 쏟았던 작업이 바로 화장품 광고였다. 80년대 중반부터 94년에 밀라노로 떠날 때까지 여덟 개 국내 화장품 브랜드의 메이크업 시안이 내 손에서 만들어졌고 립스틱과 아이섀도 등 주력 색조 제품의 제작에도 참여했다. 광고 시안과 모델 선정에도 관여해서 많은 여자 스타들과 함께 작업했고 때로는 어린 신인들을 발굴해서 스타로 키워내는 데 함께하기도 했다. 그렇게 만들어낸 스타로서 오현경은 항상 내 마음속에 크게 자리 잡고 있다.

80년대 말, 당시 미스코리아는 그야말로 톱스타의 등용문이었다. 방송계의 최대 연례행사로 황금시간대에 생방송되었고 무명의 십 대 소녀가 미스코리아 진이 되는 것만으로도 주요 브랜드의 화장품 광고와 드라마 주연으로 캐스팅되던 때였다. 스타를 꿈꾸는 신인들이 자연스

레 미스코리아 대회에 열을 올렸다. 1989년 미스코리아 선발대회가 있던 그날 밤. 나는 의상 디자이너와 프로듀서와 함께 회의를 하고 있었다. 예정대로라면 그 시간에 세종문화회관에서 오현경이 미스코리아가 되는 모습을 지켜보고 있어야 했지만 선약 때문에 현장에 갈 수가 없었다. 아쉬운 대로 방송을 통해 오현경이 왕관을 쓰고 행진하는 것을 지켜봤다. 오현경은 당시 고등학교를 막 졸업한 소녀였다. 주저하던 오현경을 설득해 미스코리아 대회에 출전하도록 밀어붙이면서 나는 확신이 있었다. 이 소녀가 스타가 되리라는 확신이. 하지만 내심 불안하기도 했다. 자신 없다는 어린 소녀를 내 뜻으로 내보내놓고나니 '설마' 하는 불안감도 들었다. 하지만 용기를 갖고 밀고 나갔다. 미인은 많지만 기회를 잡고 스타가 되는 건 용기가 있는 자의 몫이기 때문이다.

1989년도에 '지지 화장품' 모델이었던 오현경은 당시 고등학교 3학년 학생이었다. 큰 눈에 긴 다리가 예뻤던 어린 오현경. 늘씬한 체격과는 달리 애교가 있고 상냥한 현경이는 나를 무척 따랐고, 살갑게 구는 현경이를 나도 동생처럼 예뻐했다. 그녀를 메이크업해주면서 반 장난으로 넌지시 물어봤다.

"현경아, 넌 나중에 뭐가 되고 싶니?"

의외로 오현경의 대답은 진지했다.

"아모레 전속모델이 되고 싶어요……."

아모레는 오랫동안 미스코리아 대회 주요 협찬사였고 미스코리아 진으로 선발되면 자동으로 아모레 전속모델이 되는 구조였다. 그런 연유

로 당시 아모레 전속모델은 미스코리아 진인 장윤정이었다. 게다가 김성령, 황신혜와 막 인기를 얻고 있던 옥소리가 계약을 맺은 터였다. 십대의 신인 모델로 아무런 타이틀도 없는 오현경이 아모레 전속모델이 되는 길은 단 하나, 장윤정처럼 미스코리아 진이 되는 것밖에 없었다. 나는 어린 아가씨의 당돌한 꿈이 기특하고 귀여웠다. 마침 그날은 현경이의 지지 화장품의 마지막 광고촬영 날이었다. 촬영 의상을 갈아 입히는데 어린 줄만 알았던 현경이가 어느새 성숙한 숙녀가 되어 있다는 걸 깨달았다. 워낙에 마른 패션모델들에 비해 젖살이 빠지지 않은 현경이를 농담으로 '돼지'라고 불렀는데 그날 의상을 갈아입는 현경이는 어느새 젖살도 다 빠지고 멋진 숙녀가 되어 있었다. 현경이의 옷태가 워낙 눈부셔서 나는 한동안 눈을 떼지 못했다. 그리고 말했다.

"현경아, 너 미스코리아에 나가보지 않을래?"

갑작스러운 내 제안에 오현경은 진심으로 깜짝 놀랐다. 절대로 못한다고 고개를 설레설레 흔들었다. 나는 막무가내로 오현경을 설득했다. 할 수 있다고, 용기를 내보자고 했다. 무난하게 미스 서울에 선발되고 나서 보름의 합숙기간 동안에도 현경이는 힘들어했다. 다들 자기보다 예쁘고 실력이 있어 보인다며 지나치게 겸손해했다. 현경이 본인이 얼마나 빛나고 있는지를 아직 깨닫지 못하고 있었다. 현경이는 미모와 실력, 미스코리아로서 기본적인 자질을 다 갖췄지만 스스로에게 확신이 부족했다. 자신감을 갖도록 격려하는 것이 가장 힘들었다. 나는 끊임없이 현경이를 독려했다.

"현경아, 네가 최고야. 잘할 수 있어. 남들은 신경 쓰지 말고 용기를 내자."

결국 현경이도 스스로에 대한 확신, 용기를 조금씩 찾아가게 되었다.

그리고 대망의 미스코리아 선발대회 날, 오현경은 나의 예상대로 1위인 진을 차지해 그날 밤의 여왕이 되었다.

"1989년 미스코리아 진, 오현경!"

이렇게 오현경의 이름이 불려지고 무대에서 왕관을 쓰고 진짜 여왕이 되어 걸어나오는 그녀를 바라보는 내 가슴은 기쁨으로 가득 찼다. 그녀의 성공이 마치 내 일인 것처럼 기쁘고 자랑스러웠다. 어리고 미숙하지만 예쁜 여고생 오현경은 덜 다듬어진 원석이었다. 그 원석을 알아보고 미스코리아라는 보석이 되도록 만들었다는 데 크나 큰 자부심을 느꼈다. 물론 오현경 본인이 가진 미모와 재능, 그리고 뒤늦게 깨달은 용기와 자신감이 성공의 바탕이 되었음은 두말할 나위가 없는 사실이다.

아무튼 오현경은 미스코리아 진을 차지하며 단숨에 스타덤에 올랐다. 막연한 소원이었던 태평양 화학, 아모레 전속모델이 된 건 물론이다. 곧 나는 오현경의 매니저 역할까지 도맡게 되었다. 내가 현경이를 설득해 미스코리아 대회에 출전시켰다는 기사가 나간 이후로 현경이를 섭외하려는 이들이 모두 나에게 연락을 해왔기 때문이다. 오현경을 찾는 이들이 너무 많아 내 전화벨은 쉴 새 없이 울려댔다. 오현경은 시원한 이목구비와 늘씬한 체격이 돋보이는 좋은 모델이었기에 광고업계의 모델 섭외 리스트 1순위에 항상 올라 있었다.

같은 해 미스코리아 대회에서 선으로 선발된 고현정과의 인연도 빼놓을 수 없다. 미스코리아들의 방송출연이 많아지면서 현경이와 함께 한 방송현장에서 고현정과도 자주 만나게 되었다. 고현정은 현경이보다는 한 살 어린 고3이라 그런지 소녀처럼 앳되고 순수했다. 오현경이 빼어나게 화려한 장미라면 고현정은 귀티 나는 백합 같았다. 흰 피부에 수줍게 웃는 얼굴이 마음을 사로잡는 매력이 있었다. 고현정은 현경이보다 키가 2cm가 컸는데 워낙에 순수해서 아기 같았다. 고현정은 어머니가 매니저 역으로 같이 다녔는데 어느 날은 그 어머니가 나에게 연락을 해왔다.

"우리 현정이가 현경이 언니를 무척 부러워해요. 청경 언니 같은 언니가 보호해주고 예쁘게 메이크업도 해주니까 부럽대요."

그 말을 듣고 마음에 찡하는 전율이 왔다.

"어머니, 저도 현정이 예뻐해요. 연락하시고 필요하시면 제가 현정이 메이크업도 해줄게요."

그 전화통화를 계기로 고현정의 메이크업도 내가 맡게 되었다. 현정이는 첫 방송 데뷔를 음악프로그램 MC로 시작했다. 덕분에 KBS 별관 공개홀에 자주 드나들게 되었는데 나는 방송경험이 전혀 없는 현정이에게 대사 연습도 시켜주고 발성도 가르쳐줬다. 매주 녹화 날에는 압구정동에서 메이크업을 시켜주고 내 첫 차였던 프라이드에 태워서 여의도까지 동행했다.

그러던 중에 LG 가전제품 광고팀에서 급하게 연락이 왔다. 모델이 급하다며 도와달라는 연락이었다. LG전자는 전편 광고에서 김혜리를 모델로 냉장고 광고를 촬영했는데 반응이 무척 좋았다. 그래서 LG 측에서는 김혜리와 아예 전속계약을 하려던 참이었는데 김혜리가 피어리스 화장품 전속이라 LG와 계약을 못한다는 것을 알게 되었다. 한 모델이 여러 제품의 광고를 넘나드는 지금과는 달리 당시에는 화장품 모델이 되면 '완전전속'이라는 조건이 붙어 다른 제품 광고에는 출연할 수 없었다. LG 측에서는 나를 원망했다. 당시 나는 김혜리 매니저도 겸하고 있었는데 내가 피어리스와의 계약을 미리 알려주지 않아 자기들이 모델을 놓쳤다는 논리였다. 그러나 모델 입장에서야 화장품 모델이 되는 것이 최고다. 난 김혜리 대신 고현정을 모델로 추천했다. 김혜리는 전년도 미스코리아 선이고 고현정은 올해 선이니 모델로서 명분도 있고 고현정이 더 유리하지 않겠느냐며 LG에 제안했다. 담당 프로듀서는 고현정을 직접 보길 원했다. 나는 공들여 현정이를 메이크업해주고 헤어스타일도 기존 광고에서 김혜리가 했던 스타일과 비슷한 느낌으로 꾸며서 프로듀서에게 데리고 가 비디오 테스트를 받게 했다. 누구나 보는 눈은 같은 법! 고현정은 LG 광고를 따냈고 그게 그녀의 첫 TV 광고였다. 음악프로그램 진행자에 대기업 가전제품 모델로 시작하는 고현정의 연예계 활동은 순조로웠다.

성격이 차분하고 부드러우면서 영특하기까지 한 고현정은 어디서나 '군계일학'처럼 돋보였다. 현정이는 곧 신생 매니지먼트 회사의 관리를 받으며 활동을 하게 되었지만 연예계 전체를 통틀어 전문 매니저가 거의 없던 시절 잠시 고현정의 매니저 역할을 하며 함께할 수 있었던 건 나에게도 좋은 기억이다. 사람들은 '고현정' 하면 드라마 〈모래시계〉를 먼저 떠올리지만 나는 현정이의 첫 드라마 〈두려움 없는 사랑〉을 그녀의 명작으로 꼽는다. 그 드라마에서 보여준 현정이의 눈물 연기는 보는 사람의 심금을 울리는 애절함이 있었다. 현정이가 진정한 연기자로서 발돋움한 것 역시 〈두려움 없는 사랑〉의 명연기 덕분이다. 고운 얼굴에 다채롭게 변신하는 능력까지 가진 연기자 고현정. 〈선덕여왕〉에서는 카리스마 넘치는 여장부 '미실'로 분했던 그녀의 연기력은 천부적이라고 인정해야 할 것 같다.

미스코리아는 아니었지만 아모레 광고로 '세련된 도시여성'의 대명사가 된 이영애와도 광고를 통해 인연을 맺었다. 앞서 잠깐 밝혔듯, 밀라노로 떠나기 직전, 동방기획에서 아모레 모델을 추천해놓고 가라는 제안을 받았다. 사무실에 도착한 수많은 모델 포트폴리오 중 마땅한 얼굴이 없었다. 그 무렵의 화장품 광고는 색조화장이 중요했기 때문에 강한 색조화장이 잘 어울릴 수 있는 이목구비를 갖춘 모델을 찾는 것이 관건이었다. 나는 포트폴리오에 없던 신인모델 한 사람의 사진을 에이전시에 요청했다. 유덕화와 '투유' 초콜릿 광고를 찍었던 여자 모델의 사진을 보고 싶었다. 그녀가 바로 이영애였다. 이영애는 한양대학교에 재학 중인 학생으로 갓 광고모델을 시작한 신인이었다. 그녀의 존재를 생각하고 있지 않던 광고 담당자들에게 뉴페이스를 추천했던 거다. 이영애의 포트폴리오에 표시를 해놓고 나는 바로 밀라노로 떠났다. 때문에 이영애는 한참 동안 내가 자신을 추천했다는 사실을 모르고 있었다. 당시는 여자 신인이 미스코리아가 되거나 아모레 모델을 하면 바로 드라마에 출연하고 톱스타로 인정받던 시절. 밀라노 체류를 마치고 돌아와보니 이영애가 확 떠 있었다. 당시에는 서로 바빠서 가까이 지내지는 못했지만 곧 그녀도 나와 아모레와 연결된 인연을 알게 되었고 광고를 통해 자주 만났다. 덕분에 지금은 지인으로 안부를 묻고 지낸다.

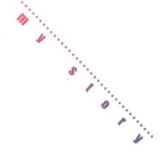

여명,
내 꿈 속의 왕자님

외국 스타들, 특히 내한할 만큼 유명한 스타들은 전속 메이크업 아티스트와 함께 다니는 것이 관례다. 그렇기 때문에 현지의 아티스트가 직접 메이크업을 할 일이 별로 없는데 나는 운이 좋았는지 몇 번 그런 기회를 잡을 수 있었다. 클라우디아 쉬퍼, 여명, 서기 등이 대표적인데 그중에도 여명은 항상 '나의 자랑거리 1순위'에 올라 있다. 1999년 즈음 여명이 한국을 방문할 때 한국에서 메이크업을 섭외하니 포트폴리오를 보내달라고 제안해왔다. 며칠 후에 여명이 한국 체류 동안 메이크업을 해달라고 전화가 왔다. 당시 나는 한석규, 장동건, 김석훈, 정우성, 이정재 같은 최고의 남자스타들을 메이크업하고 있었는데 한류가 막 일어나던 참이라 그런 스타들과의 작업 결과가 담겨 있는 내 포트폴리오가 돋보였던 것 같다. 당시 여명의 출연작으로 한국에서

최고로 인기 있었던 작품은 장만옥과 함께 출연한 〈첨밀밀〉이었다. 엇갈린 사랑으로 괴로워하는 연인, 그리고 다시 만나는 장면이 인상적인 영화로 한국에서 꽤 히트했었다. 나는 〈첨밀밀〉도 좋았지만 〈불초자 열혈남아〉에서 불량소년 '아무' 역으로 열연한 그에게 완전히 반해 있었다. 그 영화를 몇 번이나 반복해서 봤었는지. 그래서 여명을 메이크업 하게 되었다는 소식을 들었을 때 가슴이 두근거렸다. 며칠 후에 그가 머물고 있던 하얏트 호텔에서 처음 만났는데 너무 좋아서 어떻게 인사를 했는지, 당시에도 지금도 제대로 기억도 안 난다. 이틀 동안 방송출연과 팬사인회를 위해 메이크업을 해주었는데 처음에 메이크업 박스를 펼칠 때는 내 앞에 있는 게 여명이라는 생각에 너무 긴장해서 눈을 마주칠 수가 없었다.

여명은 당시에 홍콩 밖에서 활발하게 활동하던 때였다. 얼마 후 한국에 다시 왔을 때 또 메이크업을 해달라고 해서 기쁜 마음으로 달려갔다. 여명과 두 번째 한국 방문 일정을 마치고 나니 통역사를 통해서 전화가 왔다.

"여명 씨가 샌프란시스코로 뮤직비디오 촬영하러 가는데 원장님이 같이 가서 메이크업해주실 수 있냐고 물어보네요."

내 대답은? 물론 '오케이!'였다.

샌프란시스코에 동행한 것을 시작으로 나는 여명의 해외 전속 메이크업 아티스트가 되었다. 당시 중국 국가차원에서 여는 큰 기념행사가 있었는데 중화권의 톱스타들이 중국 대도시를 돌면서 공연을 하는 행

사였다. 북경을 시작으로 상해, 중경, 홍콩 등을 도는 일정이었는데 그 행사에도 나는 여명의 전속 아티스트로 동행했다.

여명은 무척 친절하고 매너가 좋았다. 언변에 능했고 말에 항상 내용과 깊이가 있었다. 연기자로서도 최고였지만 남자로서도 매력적인 사람이었다. 스태프들에게 잘해줬고 다정하고 유쾌했다. 나를 '칭칭'이라고 부르면서 친구함을 표시했다. 내 이름의 '청'을 중국식으로 부르면 '칭'인데 '칭칭'은 여명만이 부르는 나의 애칭이었다. 한국말만 잘하는 나와 말은 통하지 않았지만 통역을 통해서 온갖 수다를 떨었다. 영화를 보고 밥을 먹고 바에 같이 가고 어디든 나를 동행하도록 했다.

꿈에 그리던 최고의 스타와 세계 곳곳을 함께하다니. 가슴 뛰고 신나는 일이었지만 고충도 있었다. 난 오로지 한식만 좋아하는 천생 한국사람. 때문에 외국에 나가면 항상 음식이 입에 맞지 않아 고생을 한다. 여명과 동행할 때도 김과 햇반을 사서 큰 여행가방에 들고 갈 정도였다. 다른 스태프들은 호텔에서 뷔페를 먹거나 분장실에서 햄버거를

먹을 때 나는 혼자 햇반을 데워서 김에 싸 먹었다. 김치 냄새가 날까봐 김치는 조심스레 한 곳에 치워두고 몰래 먹었다. 그런 나를 여명은 '김치 없이 못 사는 칭칭'이라고 웃으면서 놀려댔다. 나는 보란 듯이 김에 밥과 김치를 싸서 스태프들에게 나눠주었다.

여러 중화권 스타들이 인기를 끌었지만 그중에서도 여명은 좀 특별했다. 어딘지 한국사람같이 친근한 외모였고, 키도 크고 가수로서도 최고였다. 나중에 여명이 이나영과 함께 영화 〈천사몽〉을 찍을 때 계약 조건에 '칭칭이 메이크업으로 동행할 것'을 넣어달라고 했다. 그 영화를 찍는 두 달 동안 서울과 부산을 매일 왕복했지만 피곤한 줄 몰랐다. 매일 저녁 여명과 식사하고 촬영했던 그 시간들은 내 기억 속의 소중한 보물로 간직되어 있다. 여명과의 인연 덕분에 나중에 서기가 한국에 방문했을 때 메이크업을 하기도 했다. 여명은 나에게 중국에 와서 샵을 내라며 진지하게 권한 적도 있다.

"칭칭이 중국에 메이크업 샵을 내면 장만옥이랑 서기랑 내가 같이 투자할게요."

당시에는 중국 진출이라는 게 너무 먼 이야기 같아 웃고 말았지만 지금은 글쎄……. 중국 본토까지는 몰라도 홍콩이라면 가능하지 않을까 싶은 생각도 든다. 여명은 '김치 없이 못 사는 한국여자 칭칭'을 반겨줄까? 언젠가 다시 만나 작업을 할 수 있다면 좋겠다.

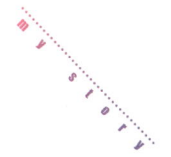

클라우디아 쉬퍼,
살아 있는 여신

여명이 해외 활동을 활발하게 펼치던 4년 동안 여명의 해외 전속 메이크업 아티스트로 활동한 것은 나에게 큰 기쁨이었다. '제2의 전성기'라고나 할까. 내 방식이 외국에서도 통한다는 걸 확인했고 여명과 동행하면서 해외 스타들이 일하는 방식을 엿볼 수 있었다.

90년대 후반이었던가? 독일의 통신판매 기업인 오토(OTTO)가 우리나라에 진출한 적이 있다. 당시 오토 전속모델은 클라우디아 쉬퍼. 슈퍼모델로 세계 최고였던 클라우디아 쉬퍼는 화보에 등장하는 것만으로도 주요 패션잡지의 판매 부수가 좌우될 만큼 인기가 대단했었다. 클라우디아 쉬퍼 측에서 오토 사의 아시아 투어를 앞두고 메이크업 아티스트를 섭외했는데 여명과의 작업이 꽤 알려진 덕분인지 나에게 콜이 왔다. 그런데 통역이 문제였다. 영어를 잘하는 건 물론이고, 패

션을 잘 알아서 쉬퍼와 통할 수 있는 통역이 필요했다. 한참을 고민하다가 당시 신참 모델이었던 지미기를 떠올렸다. 지미기는 영어에 능통하고 활발한 성격이 매력적이었다. 모델인 데다가 패션 학도이니 클라우디아 쉬퍼와 잘 맞을 것 같았다. 지미기에게 클라우디아 쉬퍼의 통역으로 같이 가달라고 하니 무척 좋아하며 단박에 승낙했다. 나도 마음이 놓였다. 당당하고 활기찬 지미기라면 쉬퍼와 나 사이에서 역할을 잘 해낼 거라 믿었다.

광고촬영을 하면서 외국 모델들을 메이크업한 적은 많았지만 이번에는 클라우디아 쉬퍼였다. 잘해내야만 했다. 클라우디아 쉬퍼는 당시 로레알의 전속모델이었다. 그녀를 배려해 메이크업 박스를 전부 다시 꾸렸다. 로레알과 디올, 두 브랜드의 색조제품으로 새로 구입해서 완벽하게 꾸려놓고 쉬퍼가 있는 북경으로 떠났다.

클라우디아 쉬퍼가 머무는 북경의 호텔에서 그녀를 처음 만났다. 호텔 복도에서 쉬퍼가 걸어오는데 완전히 다른 생명체 같은 느낌이었다. 팔과 다리가 엄청나게 길고 균형이 잘 잡혀 있었다. 키는 180cm인데 얼굴은 정말 작았다. 은색에 가까운 금발머리가 마치 후광처럼 빛나며 우아하게 찰랑거렸다. 그때까지 예쁘다는 여자들을 많이 만나봤지만 그런 미인은 처음이었다. 나는 쉬퍼가 내뿜는 포스와 아름다움에 약간 놀라 있었지만 지미기는 쉬퍼 앞에서도 주눅 들지 않았다. 당당하고 자신감 넘치는 태도로 인사를 나누고 나를 소개했다. 내가 기대한 대로의 역할을 너무나 잘해주었다. 쉬퍼도 그런 지미기가 마음에 드는 눈

치였다. 두 모델은 금세 디자이너와 패션쇼의 뒷 이야기를 나누며 화기애애해졌다.

　쉬퍼의 방으로 따라가서 메이크업을 시작했다. 그녀만을 위해 준비해온 내 메이크업 박스를 보고 쉬퍼가 연신 감탄을 했다. 모두 한 번도 쓰지 않은 새 제품이었고, 그녀가 모델로 있는 로레알 제품이 절반을 차지했으니 그럴 법도 했다. 디올 파운데이션으로 화장을 시작했는데 얼굴이 너무 작아서 제품을 펼칠 데가 없었다. 조금만 화장을 해도 무척 공을 들인 것 같은 효과가 났다. 서양인과 동양인의 얼굴 골격이 다르다는 것이 무슨 뜻인지, 쉬퍼를 메이크업하면서 제대로 실감했다. 클라우디아 쉬퍼에게도 내 장기인 투명 메이크업을 해줬다. 서양인 특유의 주근깨를 약간 가리는 수준의 가벼운 메이크업이었다. 쉬퍼는 세계 최고의 모델이었고 살아 있는 여신처럼 아름다웠지만 성격은 까다롭지 않았다. 메이크업하는 동안 거울도 안 쳐다볼 정도였다. 헤어도 메이크업도 그냥 나에게 믿고 맡겼다. 나는 쉬퍼가 어떻게 평가할지 몰라서 긴장하고 있었는데 정작 그녀는 태평했다. 긴장된 순간이 지나가고 메이크업이 끝났다. 투명 메이크업에 입술을 강조한 얼굴에 긴 금발을 자연스럽게 늘어뜨린 스타일이었다. 마지막 브러시가 지나가고 나서야 쉬퍼가 얼굴을 들어 거울을 봤다.

"OK! Perfect!"

쉬퍼는 만족한 얼굴로 씩 웃어 보이며 엄지손가락을 치켜들었다. 나는 비로소 지미기를 바라보고 안도의 한숨을 내쉴 수 있었다. 쉬퍼가 행사장으로 올라가고 나서 우리는 손을 붙잡고 신이 나서 펄쩍펄쩍 뛰었다.

쉬퍼의 메이크업을 하면서 느낀 점도 있었다. 얼굴이 작고, 이목구비가 뚜렷하고 입체적인 서양인의 얼굴에는 쉐이딩도 과한 색조도 필요하지 않았다. 그저 파운데이션을 고루 바르고 눈이나 입 중 강조할 부분을 심플하게 색조화장 해주면 될 뿐이었다. 우리나라에서 흔히 해오던 메이크업을 떠올렸다. 광대뼈의 라인을 만들기 위해 과하게 섀딩을 넣고 눈과 콧등에 하이라이터로 강조하던 옛날식의 메이크업들. 결국은 동양인의 얼굴을 서양인처럼 만들기 위한 메이크업을 하고 있었던 것이다. 그러다보니 화장이 진해지고 부담스러워지는 경우도 있었다. 나 역시 많이 자제하고는 있었지만 그때까지도 메이크업 제품을 많이 쓰고 있었다. 동양인의 아름다움, 타고난 얼굴선과 피부결을 살리면서 자연스럽고 아름답게 메이크업하는 것이 옳을 터였다. 쉬퍼를 만나 깨닫게 되었다.

그런 식으로 4개국을 돌며 클라우디아 쉬퍼의 메이크업과 헤어 스타일을 맡았다. 한번은 업스타일을 만들어야 했는데 머리가 말을 안 들었다. 아무리 공을 들여 세워도 금세 주저앉아버렸다. 내가 고민하고 있는 걸 본 쉬퍼가 손수 빗을 집어들었다. 그리고 머리를 아래로 떨어뜨리고 두피 반대 방향으로 마구 빗질을 했다. 머리가 상하지 않을까 걱정될 정도였다. 알고보니 금발은 모발 자체에 힘이 없어서 금방 숨이 죽는다. 때문에 금발로 업스타일을 만들려면 역방향으로 이른바 '백콤'을 많이 넣고 스프레이로 딱 고정시키는 수밖에 없었다. 메이크업은 누구에게 하든 금방 연구해서 해낼 수 있었지만 금발을 안 만져본 내가 그걸 알 턱이 없었다.

'금발머리에는 강력한 백콤과 스프레이'.

별것 아닌 것 같지만 나름 클라우디아 쉬퍼에게 배운 비법이다.

쉬퍼와의 일정이 끝나고 한국으로 돌아오니 김지호가 기다리고 있었다.

"언니, 클라우디아 쉬퍼 어땠어? 뭐가 달라?"

"세상에, 너보다 얼굴이 더 작더라~"

그리고 김지호에게도 클라우디아 쉬퍼에게 했던 블러셔 기법으로 메이크업을 해줬다. 볼 중앙에 둥글게 핑크색으로 볼터치를 하는 것이다. 이 블러셔 기법도 인형과 같다는 뜻의 '돌(Doll) 블러셔'로 동안 볼터치 기법으로 유행했다.

클라우디아 쉬퍼는 마흔 넘은 나이에도 여전히 활발하게 활동하고 있다. 내가 북경의 호텔에서 처음 봤을 때와 거의 변한 게 없는, 여전히 아름다운 모습이다. 짧게 스쳐갔더라도 강렬하게 오랫동안 마음에 남는 사람이 있다. 여신 같은 미모에 쿨한 성격, 살아 있는 바비 인형 같은 클라우디아 쉬퍼가 나에게는 그런 사람이다.

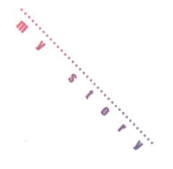

김남주,
라끄베르 신화를
만들다

오현경을 미스코리아로 만들면서 '사람을 키우는' 기쁨을 처음 느꼈고 김지호를 통해 '스타덤'을 실감했다. '김청경 헤어페이스'를 열고 나서 함께 작업하고 스타가 되는 과정도 함께했던 김남주는 SBS 공채 4기 탤런트로 방송에 데뷔했고 드라마 〈도시남녀〉의 성공을 계기로 '라끄베르' 전속모델이 되었다. 도시여자를 테마로 한 광고의 콘셉트에 김남주의 서구적이고 시원한 마스크는 환상적으로 잘 어울렸고 '라끄베르와 상의하세요'라는 카피와 함께 대히트를 쳤다. 선이 큰 서구형 얼굴의 김남주. 나는 최대한 절제된 누드 메이크업을 해서 새로운 이미지를 만들었다. 매끈한 피부결에 색감이 두드러지지 않는 은은한 피치톤의 아이섀도와 아이라인으로 눈매를 만들고 입술에 베이지색을 발랐다. 지금이야 뉴욕, 밀라노 등의 패션위크 런웨이에서 입술에 창백하게 아이보리나 베이지를 바른 모습을 흔히 볼 수 있지만 그 때는 1999년도였다. 핑크, 오렌지, 레드 같은 붉고 화사한 색상이 입술 색이라고 알고 있을 때, 핏기 없는 베이지색 립 연출은 신선한 충격이었을 것이다. 김남주는 본래의 입술 색이 붉어서 옅은 베이지색을 발랐을 때 더욱 세련되게 보였던 것 같다. 그 무렵 SBS 드라마 〈모델〉에서도 '라꾸베르 화장품'식의 메이크업을 한 김남주의 인기는 폭발적이었다. 세련되고 지적이고 도회적인 이미지의 대명사가 되었다. '누드 메이크업'에서 한 단계 업그레이드된 '김남주식 누드 메이크업'은 대한민국 최고의 트렌드가 되었다. 그때 김남주가 발랐던 '이브생로랑'의 베이지색 립스틱은 한국에 수입된 물량 모두가 백화점에서 품절되었고 '김남주 립스틱'이 연일 화제가 되었다.

나는 그 작업을 계기로 애경, 태평양, 나드리, 한국화장품 등 한국의 모든 화장품 회사들로부터 광고 전속모델 메이크업을 담당해달라는 요청을 받게 되었으며, 2000년에는 이브생로랑으로부터 '메이크업 아티스트 상'을 수상하기도 했다. 80년대부터 90년대 초까지 10년 동안 한국의 메이크업계를 이끌었고 잠시 외도 후 다시 예전 같은 명성과 위치로 복귀하게 된 것이다. 여러 화장품 광고를 담당하고 있었지만 화장품 모델 중 최고의 인기를 얻고 있던 김남주는 특히 나에게 소중했다. 항상 김남주를 통해서 다양한 메이크업을 시도할 수 있었고 트렌드를 만들어나갈 수 있었다. 고맙게도 남주 역시 나에게 절대적인 신뢰를 보여주었다. 김남주는 내가 아니면 메이크업을 거부했기에 광고회사에서 촬영을 하려면 내 스케줄에 맞춰 일정을 잡아야 했다. 나 역시 라끄베르 광고를 가장 중요하게 여겼다. 한번은 필리핀에서 라끄베르 광고를 촬영하고 있는데 애경의 마리끌레르 화장품 광고와 촬영일정이 겹쳐서 마리끌레르 촬영지를 필리핀으로 바꿔서 내가 메이크업을 하고 촬영한 적도 있었다. 내가 필리핀에서 돌아갈 하루, 이틀의 시간을 기다릴 수 없어 서울에서 촬영지를 바꿔 나를 따라온 것이다. 지금이라면 있을 수 없는 일이다. 그때는 유명한 메이크업 아티스트의 수가 적었고 특히 화장품 광고를 전담하는 아티스트가 나밖에 없는 상황이었기에 광고촬영이 시작되는 시즌에는 화장품 회사들의 촬영 일정이 모두 내 스케줄에 맞춰 조정되었다. 지금은 스타들의 위상이 가장 높이 있어서 각 스타들이 다니는 샵의 메이크업 아티스트들에게 자유롭게 메이크업을 받을 수 있지만 그때는 화장품 전속모델이 되면 화장품 회사의 진행에 전적으로 따라야 했다. 그리고 대부분의 경우 내가 메이크업 아티스트로 지정되었으므로 화장품 광고만큼은 나에게 맡겨졌다. 이 정도가 되다보니 나는 곧 광고회사의 중역들뿐 아니라 화장품 회사의 대표나 중역들과도 인사를 나누는 관계가 되었다.

김남주와 나는 서로에게 시너지를 준 좋은 파트너였다. 남주는 드라마 〈모델〉이 큰 인기를 얻어 베트남에서 최초의 한류스타가 될 정도로 인기가 높았지만 후속 작품이 마땅치 않아 거의 3년이 지나도록 드라마 출연을 못하고 있었다. 이미 스타덤에 올라 있었으므로 원 톱으로 주인공을 할 수 있는 작품을 선택해야 했는데 마땅히 남주에게 어울릴

만한 배역이 맡겨지지 않았다. 특히 SBS에 계약 관계가 되어 있어 타 방송사에는 출연할 수 없는 상황이었다. 광고회사에서는 조바심을 내기 시작했다. 전속모델이 TV출연을 많이 하고 드라마에서 인기가 좋아야 광고효과가 높아지는 법이다. 그런데 김남주의 광고는 방영될 때마다 히트를 하고 모델 인지도 조사에서도 태평양 화학 모델이었던 이영애와 같을 정도로 최고였는데 드라마 출연이 없는 상황이었다. 광고사에서는 안타까워하는 척을 하면서 인기 있는 탤런트를 중심으로 다른 모델을 찾기 시작했다. 평소에 제작진들과 가깝게 지내던 나는 이런 위기가 올 때마다 화장품 회사의 사장님께 연락을 취해 본사를 방문하곤 했다. 꼭 김남주를 데리고 갔다. 전속모델이라고 해도 특별히 본사에 갈 일은 없다. 계약서를 작성할 때 외에는 회사에서 부를 일도 없고 방문할 일은 더욱 없는데도 나는 남주를 예쁘게 꾸며서 본사에 함께 들어갔다. '라끄베르' 광고의 바로 그 김남주로. 사장실로 올라가는 길에 있던 사무실 직원들은 모두 자리에서 일어나 김남주를 훔쳐봤다. 뒤에서 감탄사가 터져나왔다. 사장님 역시 기대치 않던 전속모델의 방문에 반가움을 표했고 라끄베르 모델로서 김남주의 위치는 흔들리지 않았다. 이렇게 라끄베르의 인기로 톱스타의 자리를 차지하고 있었지만 3년째 드라마 출연을 안하는 것은 조금씩 조바심이 나는 일이었다. 그 무렵 다른 방송사에서 김남주에게 캐스팅 제안이 들어왔다. 유명 드라마 작가가 김남주를 꼭 원하는데 SBS와의 계약 때문에 출연이 불가능했다. 김남주의 매니저와 나는 작전을 짰다. SBS의 허락을 받아보고자 했다. 김남주를 아끼는 감독님을 설득해서 연기자로서 기회를 잡아야했다. '현재 SBS에 김남주가 출연할 만한 작품이 없다면 한 작품만 타 방송사에서 하고 올 수 있도록 허락해달라'고 간청했다. 매니저와 나, 김남주는 삼위일체가 되었고 내가 작전지시를 했다. 그리고 다행스럽게도 SBS의 허락을 받아냈다. 사실 방송사와 계약된 연기자에게는 불가능한 일이었는데 전에 김남주와 함께 작품을 했던 감독님의 도움을 받아 성사된 일이었다. 김남주는 드디어 3년의 공백을 깨고 드라마에 출연하게 되었다. MBC 주말드라마 〈그 여자의 집〉 김정수 작가님은 김남주에게 이렇게 말씀하셨다.

"라끄베르 모델에게 앞치마를 입혀보고 싶었어요."

모델로서 CF 속의 이미지와 드라마 속 모습에는 차이가 있다. 모델은 '환상'을 주는 이미지이고 드라마에서는 현실적인 캐릭터를 연기해야 한다. 나는 고민했다. 대한민국 최고 작가의 주문을 실현시켜주고 싶었다. 또 거의 3년 만에 드라마에 복귀하는 김남주를 성공시키고도 싶었다. 시놉시스를 읽고 캐릭터를 만들었다. 〈그 여자네 집〉에서 김남주는 '미시족'이었다. 차인표의 아내이면서 직장생활을 하는 여주인공 '영욱'은 능력 있는 커리어우먼이다. 남편을 사랑하지만 정열적이고 자존심도 강한 여성이었다. 작가는 라끄베르 광고의 김남주 이미지를 염두에 두고 '영욱'의 캐릭터를 만들었다고 했다. 라끄베르의 이미지를 가져가되 더 새롭고 유행을 선도할 수 있는 스타일을 만들고 싶었다. 능력 있고 당당하고 자기를 가꿀 줄 아는 여자. 그러면서도 여성성이 돋보이는 밝고 예쁜 여자 이미지를 만들기 위해 영화를 많이 참고했다. 그 무렵 할리우드에서는 '멕 라이언'이 대세였다. 〈해리가 샐리를 만났을 때〉의 성공으로 멕 라이언의 영화는 계속됐다. 그중 〈프렌치 키스〉에서의 멕 라이언 스타일이 김남주에게도 잘 어울릴 것 같았다. 세련되고 도회적인 이미지로 차갑게 느껴질 수도 있는 김남주의 얼굴을 좀 더 사랑스럽게 만들고 싶었다. 단 세련미는 그대로 유지하면서! 남주의 헤어스타일을 담당하는 디자이너에게 이미지를 주고 헤어 연출을 부탁했다. 멕 라이언보다는 약간 긴 길이로 커트한 다음, 끝 부분을 굵게 말아서 탄력 있게 뻗치도록 한 스타일이 완성되었다. 메이크업에도 변화를 주었다. 광고에서와 같은 누드톤은 세련되기는 하지만 친밀감과 생동감은 부족했다. 화사한 색상을 사용해서 사랑스럽고 예쁘게 보이게 했다. 원래 사랑스러운 이미지의 메이크업에는 주로 핑크를 사용했지만 영욱은 그냥 사랑스러운 여자가 아니라 강한 자존감을 가진 커리어우먼이었다. 나는 보라색으로 그런 이미지를 표현하고자 했다. 그래서 연한 파스텔톤 바이올렛 컬러로 아이섀도를 바르고 전체적인 베이스 메이크업으로는 라끄베르 광고의 누드 메이크업을 했다. 당당하고 사랑스럽지만 다소 복잡한 내면을 가진 영욱의 스타일은 그렇게 완성되었다. 내가 김남주에게 사용했던 '크리스챤 디올'의 섀도 '엷은 바이올렛'은 또 한번 품절이 되면서 바이올렛 컬러 섀도의 유행을 가져왔다. 특히 그 파스텔톤의 바이올렛은 드라마 연기자들에게 사용된 적이 없던 컬러로 내가 처음 시도한 색상이었다. 곧 그 드라마에 출연하는

다른 연기자들도 바이올렛 컬러를 따라 바르는 모습을 볼 수 있었다.

지금은 다양한 컬러를 사용하고 있기에 '최초'라는 표현이 생경할 수도 있지만 그때는 그랬다. 연기자들의 컬러의 사용 폭이 무척 한정되어 있었다. 〈그 여자의 집〉이 첫 방송된 후 김남주는 연예인들 사이에서도 큰 화제가 되었다. '대박'이었다. 기자들의 문의와 인터뷰 요청이 쇄도했고 김남주의 헤어와 메이크업을 따라 하기 위한 사람들이 샵에 가득 찼다. 당시 김청경 헤어페이스는 규모가 작았기에 그즈음에 밀려드는 사람들을 모두 수용할 수 없었다. 아침 9시 30분부터 고객들은 번호표를 받고 샵 주변에서 기다려야 했다. 고객들은 압구정동의 카페나 백화점에서 기다렸다가 연락을 받으면 샵에 와서 김남주 헤어스타일을 하고 갔다. 당시 압구정 거리를 다니는 모든 여성들이 '김남주 헤어스타일'을 하고 있었다고 해도 과언이 아닐 정도였다. 2002년 〈그 여자의 집〉 '영웅'의 헤어와 메이크업 스타일은 김남주를 최고 스타의 자리에 올려놓았다. 광고 출연 요청이 물밀 듯 들어왔고 CF퀸의 자리에 등극했다. 여성을 움직이는 최고의 영향력을 김남주가 갖게 되었다. 나 역시 '드라마 캐릭터를 만들어내는 메이크업 아티스트'로 알려지면서 찾는 사람이 더욱 많아졌고 이미지를 만드는 작업의 의뢰도 받게 되었다. 그러다보니 단순히 메이크업을 해주는 스태프의 위치를 넘어, 연기자의 조력자로 가장 가까운 사이가 되었다. 연예인 한 사람 한 사람을 형제같이 대하고 진심을 나누는 절친이 되어 마음을 쏟아가면서 작업하게 되었다. 지금처럼 매니지먼트가 체계화되기 전이었으므로 톱스타를 섭외하려면 나에게 먼저 요청이 들어왔다. 작품의 내용을 내가 매니저나 연예인에게 전달했는데 나와 함께하는 작업이라면 연예인들이 대부분 수락하고 참여했다. 메이크업 아티스트의 파워가 그렇게 막강했던 때도 있었다.

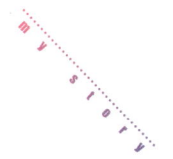

조인성,
한결같은 순수함

조인성은 광고모델로 처음 데뷔했다. 내가 조인성을 처음 본 것도 잡지광고를 통해서였다. 그의 사진을 찢어 핸드백에 넣고 다니며 기자나 스타일리스트들에게 물어서 그가 신인 모델, '조인성'이라는 걸 알아냈다. 스타일리스트가 조인성을 김청경 헤어페이스에 데려왔다. 키가 186cm으로 무척 컸고 배우라기보다는 패션쇼 런웨이에 적합한 모델 같은 느낌이었다. 나는 그를 보며 키가 크고 멋있었던 남자들, 임성민과 이종원을 떠올렸다. 남자인데도 피부가 깨끗하고 '예쁘다' 싶을 정도로 잘생겼는데 숫기가 너무 없었다. 워낙 숫기가 없고 낯을 가려서 혼자서는 샵에 절대 안 왔다. 인성이의 스타일리스트에게 전화를 하면 부끄러워하면서 샵에 왔다. 활발하게 활동하는 연예인도 아닌데 내게 협찬을 받는 것이 부담스러웠는지도 모른다. 하지만 나는 조인성의 스타성을 이미 간파하고 있었기에 그가 우리 샵에 오는 것이 반갑고 좋기만 했다.

그게 1998년쯤이었다. 당시 조인성은 특별히 관리해주는 매니저도 없었다. 작품활동을 하려면 좋은 매니저가 있어야 하는데 조인성 같은 재목이 저렇게 방치되는 건 당치 않다고 생각했다. 나는 김지호 매니저에게 전화를 걸어 조인성을 소개했다. 정훈탁은 당시 김지호, 정우성, 장혁, god 등 연예인들의 매니지먼트를 맡고 있었다. 정훈탁이 조인성을 맡는다면 금방 좋은 작품을 할 수 있을 거라 생각했다. 그런데 며칠이 지나도 계약했다는 소식이 없었다. 조인성과 친한 스타일리스트를 통해 알아보니 정훈탁 측에서 약간 '보류'하고 있다고 전했다. 나는 다시 전화를 해서 인성이를 추천했다.

"쟤 놓치면 정말 후회해. 조인성은 '제2의 정우성'이 될 거라고. 나중에 나한테 감사하게 될 테니까 내 말 믿고 조인성하고 같이 해봐."

정훈탁은 곧 조인성과 계약을 맺었다. 그 뒤의 이야기는 모두가 아는 대로다. 〈피아노〉, 〈별을 쏘다〉, 〈발리에서 생긴 일〉, 〈봄날〉, 〈클래식〉, 〈비열한 거리〉, 〈쌍화점〉까지. 조인성은 정말 '제2의 정우성'이 되었고 곧 그 별칭이 무색하게 자신만의 필모그래피를 멋지게 쌓아갔다. 〈발리에서 생긴 일〉이 방송될 때는 모든 일을 멈추고 드라마 시청에 집중했다. 사랑과 광기 어린 집착을 무섭도록 잘 연기하는 조인성을 보고 진심으로 소름이 끼쳤다. 극 중에서 하지원과 전화통화를 하며 주먹을 입에 물고 울던 장면은 모두를 전율하게 만들었다. 수줍고 예쁘기만 했던 그 인성이가 아니었다. 진정한 연기파 배우 조인성으로 거듭나 있었다. 〈발리에서 생긴 일〉이 종영하던 날 나는 인성이에게 문자 메시지를 보냈다.

'발리…… 보고 너무 감동받았다. 인성아, 최고였어. 우리 다시 만나서 밥 한번 먹자.'

그런데 통 답장이 없었다.

'설마, 조인성이 스타되고 나서 변한 거야?'

나름대로 마음을 담아 보낸 문자 메시지였는데, 답이 없어서 서운했었다.

그 후에 이탈리아 볼로냐에 출장 갈 일이 있었는데 공항에서 조인성을 만났다. 그 먼 곳에서 조인성을 우연히 만나다니 반갑고 신기했다. 마침 옆자리에 나란히 앉게 돼서 한국으로 돌아오는 길에 물어보니 그새 전화번호가 바뀌었다며 본의 아니게 답장 못했다면서 미안해했다. 그러면 그렇지. 조인성이 변할 리가 없었다. 만나서 이 얘기 저 얘기를 나눠보니 여전히 조인성은 한결같았다. 수줍고 소년 같은 신인 때의 마음과 태도를 그대로 갖고 있었다. 숫기가 없는 것도 여전했다. 단 연기할 때는 전혀 다른 사람이 되는, 프로 연기자 조인성이 되어 있었다.

신인의 조력자가 되어 그가 스타가 되는 것을 보는 것은 큰 즐거움이다. 그러나 그것보다 더 즐거운 일은? 스타가 된 이들이 신인 때의 순수한 마음을 잃지 않고 살아가는 걸 발견하는 것이다. 그런 태도는 너무 귀해서 어떤 보석보다도 빛이 나고 주위 사람들을 행복하게 해준다. 스타가 되어도 한결같이 순수한 조인성을 만나고 난 후 한참 동안 팬시리 기분이 좋았다. 약간의 인기만 얻어도 금방 사람이 변하는 이 연예계에서 조인성 같은 최고가 그런 순수함을 간직할 수 있다는 사실이 큰 위안이 되었기 때문이다. 군 제대 후 더 큰 활동이 기대되는 배우 조인성. 지금도 그 매력적인 미소와 순수한 마음은 여전하겠지?

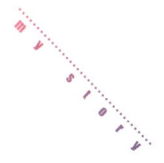

네 가지 색의 요정 핑클
그리고 효리

1990년대 후반은 두 여자 아이돌 그룹의 전성기였다. 바로 SES 와 핑클이 그들이다. 유진, 바다, 슈로 구성된 SES가 먼저 데뷔해 폭발적인 인기를 끌었고 곧 이효리, 옥주현, 성유리, 이진으로 이루어진 핑클이 조금 나중에 등장했다. SES와 핑클은 가요 프로그램과 광고를 놓고 서로 경쟁하기도 했지만 사실 서로에게 득이 되는 좋은 관계였다. 어느 한 그룹만 등장했더라면 곧 힘이 빠졌을지도 모른다. SES에겐 핑클이, 핑클에게는 SES가 있어서 서로 의식하고 자극을 받으면서 아이돌 붐을 일으키고 더 발전할 수 있었다고 생각한다. 처음에는 밝고 청순한 이미지로 데뷔했던 어린 소녀들이 시간이 가면서 화려하고 섹시한 이미지, 강하고 터프한 이미지로 변신했고 노래하는 스타일도 크게 발전해갔다. 지금도 이들의 노래를 들어보면 소녀다운 순수함과 발랄한 에너지가 느껴져 기분이 좋아진다. SES와 핑클은 서로를 자극하고 잘 되도록 북돋우는 좋은 라이벌이었다.

핑클이 한창 '국민요정'이란 닉네임을 달고 최고의 인기를 누리고 있을 때, 그들의 광고 메이크업을 내가 전담했다. TV에서만 보던 그들을 한 광고 촬영장에서 처음 만났다. 일단 눈에 들어온 건 유리였다. 성유리는 너무 예뻐서 공주님 같았다. 동화 속에 나오는 착하고 예쁜 공주님, 딱 그런 이미지였다. 이진도 너무 예뻤지만 느낌은 조금 달랐다. 은근한 매력이 있고 무척 똑똑해 보이는 얼굴이었다. 옥주현은 화려하고 자신만만한 친구였다. 자기가 가진 것을 100% 발산하고 표현할 수 있는 캐릭터였다. 옥주현이 뮤지컬을 한다는 얘기를 들었을 때 '제 물을 만나겠구나' 하는 생각이 들었다. 지금 최고의 뮤지컬 배우로 활동하는 걸 보면 역시, 그에게 딱 맞는 역할을 찾아간 것 같다. 그리고 이효리가 있었다. 동그란 이마에 눈웃음이 매력 만점인 효리. 내가 메이크업을 맡을 당시에는 성유리가 핑클 멤버 중 '비주얼'로 불리며 최고로 인기가 있었다. 하지만 난 왠지 효리에게 더 끌렸다. 표정이 풍부한 얼굴과 착한 눈웃음이 마음에 들었다.

내가 효리를 주목하게 된 데에는 또다른 이유가 있었다. 김지호가 아홉 개 브랜드의 광고모델을 석권하며 잘나가고 있을 때 〈뮤직뱅크〉의 진행자로도 활약했다. 김지호의 방송 메이크업을 해주면서 대기실과 복도에서 가수들과 마주칠 기회가 많았다. 효리도 그때 방송국 복도에서 몇 번 마주쳤는데 잠깐인데도 참 매력적인 얼굴이

라고 느꼈다. 웃으면 반달이 되는 눈과 오똑한 콧망울이 인상적이었다. 몇 번 그런 식으로 마주쳤더니 나중에는 먼저 알아보고 반갑게 인사를 해왔다. 그때까지 제대로 말도 안 나눠본 사이였지만 나는 효리가 좋았다. 가수로도 잘하고 있지만 저 얼굴로 연기를 하면 잘 어울리겠다는 생각을 했다. 당시 김지호 매니저였던 정훈탁에게 효리를 주목하라고 했다.

"훈탁아, 나중에 효리가 가수 은퇴하면 네가 데리고 와서 배우로 만들어라. 배우하면 크게 될 얼굴이야."

핑클 활동이 끝나고 나서 효리는 정말로 연기에 도전했었다. 성공적이지는 않았지만 나는 그 드라마를 빠짐없이 시청하면서 효리의 가능성을 봤다. 어울리는 역할을 못 만났을 뿐, 이효리는 배우로서 너무 잘 어울리는 마스크와 재능을 가졌다. 드라마가 있는 얼굴, 표현의 가능성이 무한한 얼굴이다. 게다가 방송 진행하는 걸 보면 효리는 무척 똑똑하고 타인에게 잘 공감하는 좋은 성격을 가졌다. 그런 바탕이라면 분명 좋은 연기자가 될 수 있다. 효리의 연기 도전이 한 번으로 끝나서 너무 아쉬운 나는 아직도 이효리가 연기자로서 우뚝 서는 상상을 한다. '배우 이효리'의 모습이 보고 싶다.

이효리는 내가 무척 좋아했는데 아쉽게도 자주 만나지는 못했다. 옥주현은 샵에도 열심히 다니고 촬영이 없을 때도 놀러와서 관리를 받고 갔는데 효리는 촬영 때가 아니면 보기가 힘들었다. 섹시하고 여성스럽게 보이는데 의외로 성격은 털털했다. 아무튼 그래서 이야기를 많이 나누지는 못했지만 항상 맘속으로는 호의를 갖고 있었다. 언젠가 압구정 로데오 길을 걷는데 웬 커다란 밴 승합차가 딱 멈춰섰다. 창문이 스르륵 내려지더니 익숙한 얼굴이 쓱 나왔다.

"언니! 안녕하세요!"

이효리였다. 압구정 로데오 거리에서 차를 세우고 효리는 불쑥 인사를 하고 갔다. 나 역시 너무 반가워서 크게 손을 흔들었다. 몇 년이 지난 지금도 그쪽으로 걸어갈 때마다 효리를 생각한다. 그리고 그가 배우로서 멋지게 등장하는 날을 기다리고 있다.

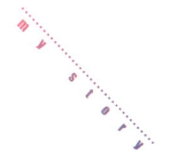

송윤아,
지적인 아름다움

LG 생활건강의 화장품 브랜드 '이자녹스'는 국내 브랜드였지만 프랑스 화장품 같은 이미지로 마케팅되었던 브랜드다. 광고도 처음에는 프랑스 모델을 기용했는데 나중에는 국내 여배우 중에 톱스타가 이자녹스 광고모델이 되었다. 결국 '이자녹스 모델은 곧 톱스타'라는 수순이 연예계에서 하나의 공식처럼 인정받게 되었다.

바로 그 이자녹스 광고 촬영장에서 송윤아를 처음 만났다. 2000년에 송윤아는 이미 스타였다. 1995년에 KBS 슈퍼탤런트로 데뷔해서 주로 드라마를 통해 연기활동을 하고 있었다. 그동안 오래 만나왔던 여배우들은 십 대 때 만났던 터라 나이가 들어도 마냥 어린아이같이 보였는데 송윤아는 좀 달랐다. 성숙하고 지적인 분위기가 풍겼다. 이자녹스 광고도 송윤아의 그런 이미지를 살려 촬영했다. 군더더기 없이

깔끔한 화면에 송윤아의 얼굴이 여신처럼 크게 부각되는 멋진 광고였다. 사실 그 광고는 티저광고였다. 그전까지 이자녹스는 외국인 모델을 써왔었고 그런 기획이 잘 먹혔다. 하지만 브랜드도 변신이 필요했고 한국 모델을 써보자는 의견이 나왔다. 하지만 갑자기 전면적으로 한국 모델을 기용하는 건 꽤 큰 모험이었다. '이자녹스' 하면 '금발의 외국 모델'로 고정된 이미지가 있었기 때문이다. 그래서 LG 측에서 '한국 모델이 이자녹스 이미지에 맞을지'를 알아보기 위해 시험 삼아 촬영을 하자고 제안해왔다. 그 티저광고의 반응이 괜찮으면 정식으로 전속계약을 하고 광고모델이 되는 식이었다. 시일이 촉박했기에 꼬박 48시간 동안 한잠도 못 자고 촬영했다. 다행히 광고는 좋은 반응을 얻었고 송윤아는 이자녹스의 전속모델이 되었다. 그리고 나도 이자녹스 광고를 위한 송윤아의 메이크업을 맡게 되었다.

광고촬영을 하면서 얘기를 해보니 송윤아와 나는 성격이 비슷했다. 둘 다 A형에 처녀자리, 여성스럽고 낯도 가리지만 사람 좋아하는 성격이 닮았다는 걸 알게 되었다. 게다가 천주교 신자였다. 송윤아는 나이에 비해 차분하고 진중해서 말도 잘 통했다. 좋은 부모님 밑에서 교육 잘 받고 잘 자란 느낌이 드는 여성이었다. 나는 윤아를 내 리스트 꼭대기에 올려놓고 진심으로 잘해줬다. 윤아는 예쁘기만 한 게 아니라 고상해서 어딘지 함부로 하면 안 될 것 같은 분위기가 있었다. 드라마에서 윤아가 남자 주인공과 키스 장면이라도 찍게 되면 내가 다 아깝고 짜증이 났다. 그렇게 귀티가 나는 여배우였다.

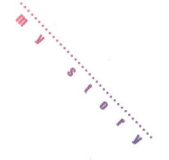

송혜교,
'절세의 미인'으로
성장한 소녀

'김청경 헤어페이스'를 오픈하고 김남주의 라끄베르를 성공시키면서 애경 사주의 딸인 상무님이 나를 브랜드 전속 메이크업 아티스트로 지목했다. 곧 애경 화장품의 모든 브랜드 광고의 메이크업을 담당하게 되었다. 그리고 'A 솔루션'이라는 애경의 십 대용 여드름 케어 화장품 광고 촬영장에서 송혜교를 처음 만났다.

송혜교는 당시 열아홉 살로 젖살이 채 빠지지 않은 소녀였는데 귀엽고 예쁜 얼굴이었다. 나는 그때도 지금도 항상 카메라를 가지고 다니면서 모델의 얼굴을 꼼꼼히 촬영한다. 정면, 측면은 물론 모델이 의식하고 있지 않는 동안에 나오는 다양한 표정들을 8mm 카메라로 촬영해두곤 했다. 그런 자료들은 모델의 얼굴형을 파악하고 메이크업 이미지를 잡는 데 큰 도움이 된다. 또 모델 본인에게 어느 각에서 가장 예

쁘게 보이는지를 알려주면 촬영을 수월하게 할 수도 있다. 광고촬영을 하고 있는 혜교의 얼굴을 여러 각도에서 촬영했는데 어떤 방향에서 봐도 혜교의 얼굴은 완벽한 비례를 갖고 있었다. 통통한 볼살이 조금 빠지고 성숙해진다면 미모로 대한민국 최고가 될 거라는 확신이 들었다. 혜교는 조금 덜 다듬어진 다이아몬드였다. 1980년대 최고 미인이었던 정윤희가 이런 느낌이었을까 싶었다. 혜교는 나의 보석이었다. 때마침 혜교는 드라마 〈가을동화〉를 통해 시청률 최고를 경신하며 드라마의 여왕이 되었다. 내게는 당시 김남주, 심은하, 명세빈, 채림, 김소연, 송윤아 등 당대 최고의 스타들이 '패밀리 멤버'라 불리며 함께하고 있었지만 그중 나의 사랑을 가장 많이 차지한 스타가 송혜교였다. 혜교는 아직 어리고 성품이 맑고 착한 아이였다. 나는 혜교의 홍보대사가 되었다. 어디에서나, 누구에게나 송혜교 이야기를 하고 추천했다. 잡지화보 촬영 의뢰가 들어오면 모델을 내가 직접 선택했는데 나의 추천 리스트 1순위가 항상 송혜교였다. 제일 예쁜 얼굴이니 작업의 결과물도 최고가 되리라는 확신이 있었기 때문이다. 그러나 그때까지는 많은 이들이 혜교의 진가를 알아보지 못했다. 〈가을동화〉로 스타덤에 오르기는 했지만 아직 미성숙하다고 여겼는지도 모른다. 통통한 볼살이 어려 보인다며 김남주나 명세빈을 섭외해달라는 요청을 많이 받았다. 하지만 내 사랑은 언제나 혜교였다. 아름다움은 불변의 진리와도 같다고 생각한다. 예쁘고 아름다운 건 여자건 남자건 절대적이다. 예쁜 사람은 좋은 그림처럼 그냥 있기만 해도 빛이 난다. 장동건과 원빈, 송승헌이 언제부터 스타였던가? 가장 잘생긴 남자, 미남 스타의 가치는 20년 가까운 세월이 흘러도 여전히 최고로 꼽히며 사랑을 받는다. 혜교도 마찬가지다. 대한민국 최고의 미인이라는 혜교의 가치를 그때는 나만 알아봤고 혜교에게도 조금만 기다려보라고 했다.

"혜교야, 네가 제일 예뻐. 네가 곧 최고가 될 거야!"

내 마음속의 송혜교는 어린 막내 동생이자 뭐든지 해주고 싶은 조카 같은 존재였다. 얼마나 그 아이가 잘되기를 바랬는지 모른다. 당시 광고 모델로는 김남주가 최고의 인기를 누리고 있었는데 나는 기회만 되면 김남주와 함께 송혜교를 추천했다. 2000년 초반만 해도 광고나 드라마

섭외에 미용실이 영향력을 갖고 있었기에 가능한 일이었다. 히도 '송혜교~ 송혜교~'를 외치고 다니니까 기자나 관계자들이 의아해했다.

"송혜교는 여배우 중 최고가 될 거다. 한국을 넘어 아시아를 휩쓸 수도 있다. 아시아 최고의 미인이 될 거다!" 만나는 사람한테마다 이렇게 장담을 했다. 한 해 한 해가 갈수록, 혜교는 드라마를 한 편씩 할 때마다 성장했다. 스물세 살. 〈올인〉에 캐스팅되었을 무렵, 혜교의 미모는 절정에 달했다. 나는 감탄스러운 마음으로 혜교에게 이렇게 말했다.

"혜교야, 네가 절세의 미인이 되었구나!"

늘 나에게 '네가 제일 예뻐'라는 말을 들어온 혜교는 그저 미소만 지었다. 〈올인〉을 하는 동안 나는 혜교 덕분에 늘 가슴이 벅찼다. LA로 케이션을 갔을 때 이병헌과 촬영하는 혜교를 보며 '이제 다 컸구나' 싶어 뿌듯했다. 〈올인〉에서 혜교는 성숙한 미모뿐 아니라 안정된 연기력으로 드라마 시청률을 최고로 끌어올렸고 최고 여배우의 자리에 올랐다. 이렇게 혜교와 함께 지내며 내 첫 휴가도 혜교와 함께 갔다. 일을 시작하고 15년이 넘는 동안 온전히 단 하루도 쉬지를 못했었다. 휴가를 '못 갔다'기보다는 '안 갔다'는 것이 더 맞을지도 모르겠다. KBS분장실에 들어간 후로 쉴 틈이 통 없었는데 나는 일이 많은 상태가 항상 즐겁고 좋았기 때문에 휴가 갈 생각을 하지 않았다. 광고 스케줄이 많아진 후로는 하루 수면 시간이 평균 두 시간이었다. 샵을 오픈한 후로는 일이 더 많아졌다. 아무튼 그렇게 '일 중독자'로 살아온 내가 처음으로 큰 맘을 먹고 떠난 휴가가 바로 혜교와 함께한 첫 여행이었다. 필리핀 마닐라에서 경비행기를 타고 도착한 일곱 번째 섬. 그곳이 바로 '펄팜'이었다. 당시만 해도 한국 신혼여행객에게 알려지지 않은 곳이라서 한국 사람이라곤 우리밖에 없었고 작은 섬에는 리조트 직원들 외에 여행객이 세 팀 정도밖에 없어서 마치 말 그대로의 '파라다이스'처럼 느껴졌다. 촬영차 외국을 많이 다녀봤지만 휴가로는 처음 즐기는 시간이었다. 혜교와 둘이 머물었던 리조트는 육각형의 원두막 형태로 복층 구조였는데 빌라의 절반이 바다에 걸쳐 있었다. 오픈 테라스에 서면 발밑이 그대로 바다였다. 세상에서 가장 아름다운 바다 휴양지가 몰디브라고 들었는데 펄팜의 바다도 그만큼 아름다운 것 같았다. 리조트 객

실은 둘이 지내기에는 너무 큰 규모라 우리는 방 하나만 차지하고 거의 대부분의 시간을 방보다 바다 위의 테라스에서 보냈다. 선베드에 누워 처음 맞는 이 온전한 휴가를 어떻게 누려야 할지 몰라 덤벙대었다.

식사는 인포메이션 센터가 있는 메인 레스토랑에서 다른 이들과 같이 해야 했지만 알아보는 사람도 없으시 상관없었다. '자유'. 일을 시작하고 15년 만에 나는 그곳에서 자유를 마음껏 누렸다. 풀에 가도 비치에 가도 우리들뿐이었다. 밤에는 별들이 바다에 내려와 있었다. 끝을 알 수 없는 깊은 어둠 속에 반짝이는 큰 별들은 팔을 뻗으면 손바닥 안에 들어올 것만 같았다. 혜교가 맥주를 마시고 싶다고 했다. 테라스의 선베드에 누워 우리는 어둠을 바라보며 맥주를 마셨다. 평생 처음, 단 한 번, 그날 나는 혜교와 맥주 한 캔을 다 마셨다. 술을 마셔본 적도 없고 맥주 냄새도 싫어하지만 그날만큼은 혜교의 권유를 거부하고 싶지 않았다. 일탈처럼 술을 마셔보고 싶었다. 신기하게 한 캔을 다 마셨는데도 취하지를 않았다. 바다 위에서 마시는 술은 안 취한다더니, 정말 그런 것 같았다. 별만큼 많은 이야기를 우리는 밤새 나눈 것 같다. 둘이 비키니를 입고 아이처럼 신나게 휴가를 즐겨서인지 펄팜에서 돌아온 우리는 더욱 친해진 것 같았다. 2년 후에 혜교와 또 한 번 휴가를 같이 갔다. 마침 하와이로 잡지 화보 촬영을 떠났는데 우리는 일정을 며칠 더 잡아서 휴가를 즐겼다. 펄팜에서의 추억이 너무 좋아서 다시 한 번 휴가를 같이 즐기기로 한 것이다. 하와이는 자연도 날씨도 아름다웠다. 맑은 공기와 황금빛의 햇살, 서너 시간마다 한 번씩 뿌려주는 소나기 '스콜'은 더위를 즐기기에 최고였다. 하와이 투어로 화산에 올라가 거대한 분화구를 보고 놀라기도 하고, 공연도 보고, 호텔 풀에서 선탠을 하다가 쇼핑을 하고, 한국에서 볼 수 없는 브랜드 몰에서 쇼핑을 하며 얼마나 만족스럽고 흐뭇했는지 모른다. '아베크롬비'에서 산 티셔츠를 명품처럼 소중하게 아껴 입기도 했다. 그렇게 나는 어린 혜교와 마음이 잘 맞았다.

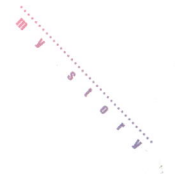

수애,
청초하고 단아한 여인

〈러브레터〉라는 드라마가 있었다. 조현재와 수애. 당시 신인이었던 두 배우가 출연했던 이 드라마는 시청률은 그다지 높지 않았지만 은근히 마니아층을 거느린 수작이었다. 드라마 속 여주인공은 화려한 미인은 아니었지만 은근히 시선을 끄는 매력이 있었다. 한국적인 단아함에 묘하게도 어둠이 느껴지는 얼굴. 밝게 웃을 때는 시원한 입매가 예뻤지만 그런 와중에도 왠지 슬픔을 잘 표현할 것만 같은 얼굴이었다. 그 얼굴에 시선이 사로잡혀서 그 뒤로 그녀가 출연하는 드라마를 빼놓지 않고 보게 되었다. 드라마 제목은 〈회전목마〉. 내 눈을 사로잡았던 여배우는 장서희의 동생으로 출연했던 수애였다. 수애는 그 드라마에서 격정적인 감정 연기를 잘하는 장서희에 가려지지 않을 만큼 연기도 잘했고 풍기는 느낌도 무척 좋았다. 다만 약간 촌스러운 헤어스타일과 어정

쩡한 메이크업이 내 눈에는 계속 거슬렸다. 예의 그 직업병이 발동해서 수애를 보며 이렇게 생각했다.

'아, 내가 조금만 다듬어주고 싶다. 예쁘게 해주고 싶다….'

계속 주문처럼 이런 생각을 하며 수애가 나오는 드라마를 지켜봤다. 그러다가 몇 달이 지나서 한 연기자 매니저로부터 연락이 왔다.

"원장님, 연기자 수애 매니저입니다. 우리 수애 씨 메이크업, 원장님께 맡기고 싶습니다."

역시 내 기원이 통했던 것일까. 몇 달을 지켜봤던 수애가 그렇게 우리 샵으로 왔다. 직접 만나본 수애는 화면에서보다 훨씬 예뻤다. 수애는 긴 꽃대 위에 피어난 하얀 들꽃 같았다. 청초하고 소박하지만 강인한 면이 엿보이는 아름다운 아가씨였다. 태도도 바르고 말투가 부드러웠다. 메이크업을 해주니 무척 맘에 들어했다. 나도 수애가 마음에 들었다. 당시 수애는 드라마 〈해신〉을 하고 있었다. 처음으로 출연하는 스케일 큰 드라마, 그것도 사극이라 특별히 고심해서 선택한 작품이었다. 역할 비중도 컸다. 〈해신〉은 나와 오랜 인연을 맺어온 채시라와 함께 출연하는 작품이라 나에게도 의미가 컸다. 채시라와 수애를 함께 메이크업하면서 나도 그 드라마에 빠져 살았다. 자미부인 역할의 채시라는 깔끔하면서도 눈매를 살린 강한 이미지로, 정화 역의 수애는 기품 있고 깨끗한 이미지로 메이크업 콘셉트를 잡았다.

연기자들의 호연 덕에 드라마 〈해신〉은 큰 화제가 되었고, 남성들 위주의 사극임에도 불구하고 채시라와 수애의 메이크업도 꽤 주목받

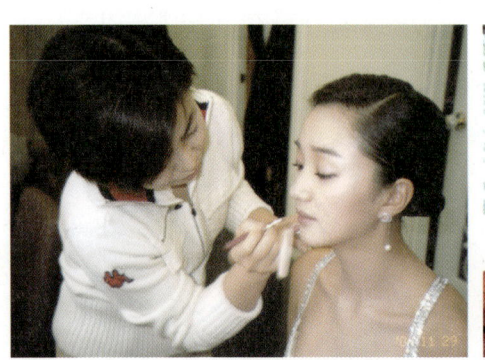

았다. 수애는 몸매도 늘씬하고 특히 자세가 곧고 선이 예쁘다. 드레스를 입으면 목선과 어깨선, 팔로 넘어가는 선이 무척 우아해 보였다. 드레스 입은 모습이 잘 어울리는 수애는 곧 여러 시상식의 레드카펫에서 인기를 끌기 시작했다. '드레수애'라는 별명도 그즈음 생겼다. 그리고 '물광수애'라는 별명도 생겼다. 수애는 눈이 크지는 않다. 얇은 속쌍꺼풀 때문에 눈매는 동양적이다. 그러나 나는 눈이 크게 보이는 메이크업을 하지는 않았다. 오히려 아이라인을 그리지 않고 속눈썹 결만 살리는 식의 투명한 메이크업을 했는데 그 덕분에 수애의 청순한 미모가 더 잘 살아나 많은 남성들의 사랑을 받게 되었다. 그해 수애는 영화 〈가족〉으로 청룡영화제 신인상을 받으며 주목받는 스타가 되었다. 나는 시상식에 나갈 수애를 메이크업하면서 이렇게 말했다.

"이제 광고 퀸도 되자! 화장품, 커피, 전자, 카드 광고만 하게 되면 좋겠는데."

수애도 웃으며 그렇게 되면 좋겠다고 했다. 말이 씨가 되었는지 곧 수애는 카드사 광고를 촬영하게 되었다. 〈프라하의 연인〉에서 대통령 딸의 보디가드 역으로 출연해 한참 인기를 얻고 있던 김주혁과 함께한 첫 광고였다. 나는 신이 나서 농담처럼 또 이야기했다.

"정말 내 말처럼 되려나보다. 다음은 화장품과 커피광고 하자!"

그랬더니 정말 장동건과 함께 맥심커피 광고를 촬영하게 되었다. 곧이어 수려한 화장품 광고모델이 되었다. 우리는 내가 이야기하면 다 이루어진다고 박수를 치며 좋아했다.

나는 수애가 최고의 연기자가 되기를 기대하고 있다. 심은하처럼, 김희애처럼, 고현정처럼 영원히 기억될 최고의 연기자가 되기를. 드라마 〈천일의 약속〉에서 수애는 단독 주연다운 연기를 보여주었다. 수애는 항상 좀 힘들고 무거운 주제의 작품을 선택한다. 수애가 그런 선택을 하는 건 아마 자신에 대한 도전인 것 같아 보인다. 그런 수애에게 나는 종종 연기에 부담을 갖지 말라고 충고한다. 매 작품마다 뛰어난 연기력을 보여줘야 할 필요는 없다. 때로는 밝고 즐겁고 재미있는 작품을 가볍게 할 수도 있다.

"로맨틱 코미디 한번 해봐, 수애의 사랑스러움을 보여주는 거야!"

그녀는 또 소리 없이 웃는다.

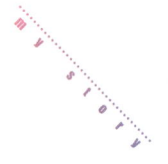

전인화,
백합처럼 곱고
순수하게 아름다운

스물한 살 때 KBS 분장실 연수생으로 막 들어가서 일할 당시, '새로 온 연기자 중에 엄청나게 예쁜 여배우가 있다'는 소문을 들었다. 그냥 예쁜 것도 아니고 '엄청나게' 예쁘다니 고참 분장사부터 막내인 나까지 다들 수군대며 무척 궁금해했다. '대체 얼마나 예쁘길래 그런 소문이 날까' 싶어 그녀가 분장실에 오는 날을 기대했다. 그러다가 당시 톱 탤런트인 한진희가 주연으로 출연하는 드라마에 그 '엄청나게 예쁜 신인 여배우'가 한진희의 상대역, 즉 불륜 상대인 젊은 여자로 출연한다는 소식을 들었다. 분장사들 모두가 일손을 놓고 모두들 그녀를 보러 스튜디오로 구경을 갔다. 촬영 중이라 먼발치서 잠깐 봤는데도 상당한 미인이라는 걸 확인할 수 있었다. 소문대로 예뻤다. 전체적으로 선이 가늘고 긴데 목이 길고 우아했다. 한참 후에 김재형 PD

가 분장실에 누군가를 데리고 왔는데 바로 스튜디오에서 봤던 미인, 그녀였다. 분장사들이 감탄하는 가운데 김재형 PD가 그녀를 앉혀놓더니 나에게도 툭 던지듯 말을 걸었다.

"청경아, 이 친구 어떠냐? 네가 봐도 정말 예쁘냐?"

"네……. 너무 예뻐요."

나는 그녀에게 감탄하느라 간신히 대답했다.

전인화는 방송사의 탤런트 공채로 선발된 연기자는 아니었다. 대학교에 다니면서 아르바이트로 리포터를 하고 있었는데 워낙 미모가 뛰어나고 말도 잘하니 어디서나 튀었다. 그리고 그런 그녀를 눈여겨본 방송 관계자에 의해 연기자로 특채된 경우였다. 방송국 탤런트 시험을 통과한 공채 연기자들이 '기수'를 받아 선후배를 가르면서 대세를 이루고 있던 당시로서는 전인화의 특채 데뷔는 꽤 특별했다. 그만큼 그녀의 미모와 재능이 남달랐기 때문일 것이다.

당시는 '여배우 트로이카'의 전성시대였다. 정윤희, 장미희, 유지인이 톱3로서 방송과 영화계에서 주역을 꿰차고 있었다. 그들은 인형같이 화사한 이목구비를 가진, 다소 서구적인 인상의 미인들이었는데 그런 얼굴이 당시 미인의 표준, 누구나 닮고 싶은 얼굴로 여겨지고 있었다. 그런 시대에 갑자기 등장한 신인 전인화는 기존의 트로이카 여배우들과는 좀 달랐다. 전인화는 이슬만 먹고 살 것 같은 천생 여자 그 자체, 동양적인 분위기에 가는 얼굴선이 돋보이는 연약한 이미지였다.

KBS를 나와서 광고 메이크업을 할 때 전인화는 당시 잘 나가던 화

장품 브랜드인 쥬리아 화장품의 브랜드 '크리에타'의 전속모델이었다. 쥬리아 모델 초창기에 전인화를 광고 촬영장에서 다시 만나 메이크업하고 한동안 만나지 못했다. 그 후로 한참 동안 TV를 통해 그의 활동 모습을 지켜보았다.

고운 얼굴 덕에 전인화는 사극에도 잘 어울렸다. 연기는 어떤 분야나 다 힘든 작업이지만 특히 사극은 아무나 할 수 있는 게 아니다. 연기력, 특히 발성이 좋아야 함은 물론이고 전체적인 분위기나 얼굴이 사극과 맞아떨어져야 한다. 사극은 의상도 무겁고 촬영현장의 환경이 현대극과는 다르다 보니 체력적으로도 무척 고된 작업이다. 그런데 여리게만 보이는 전인화는 그런 사극을 통해 연기인생의 전환점을 맞는다. 전인화는 1988년에 〈조선왕조 오백년, 인현왕후〉에서 장희빈 역을 맡았는데 그 고운 얼굴로 표독스러운 장희빈 역을 실감 나게 연기해서 큰 반향을 불러일으켰다. 그리고 그 작품을 통해 진정한 연기자로 인정받았다. 그렇게 쭉 갈 줄 알았던 전인화는 곧 당시 최고 남성 연기자인 유동근과 결혼을 했고, 결혼으로 화제가 된 후로 가정생활에만 전념하며 거의 3, 4년간 작품활동을 하지 않았다. 전인화와의 인연은 그렇게 딱 끝나는 줄만 알았다.

그러다가 1997년 여름이던가. 한 촬영장에서 전인화를 다시 만났다. 전인화 촬영 팀이 먼저 촬영하고 식사를 하고 우리는 다음 차례라 좀 기다렸다가 촬영을 하게 되었는데 그게 몇 년 만의 재회였다. 짧게 인사를 나누고 돌아서는데 전인화의 메이크업이 눈에 거슬렸다. 진한 아이섀도에 진한 블러셔.

속으로 중얼거렸다.

'저렇게 아름다운 여자를 저렇게 촌스럽게 메이크업 하다니.'

아무리 광고촬영을 위한 것이라고는 해도 전인화가 하고 있는 당시의 메이크업은 너무 지나쳤다. 베이스는 어찌나 두껍게 발랐는지 제 피부결이 전혀 살아나지 않았고 블러셔도 너무 진해서 볼이 벌겋게 보일 지경이었다. 고운 얼굴에 걸맞지 않는 촌스러운 메이크업. 그런 메이크업을 하고 있는 전인화가 화면에서 어떻게 보일지 생각하니 마치 체한 듯 내 속이 불편했다. 당시 나는 투명 메이크업을 개발해서 김지호, 송혜교, 심은하 같은 젊은 배우들에게 해주고 있을 때였는데 전인화 같은 탑 여배우가 그런 수준의 메이크업을 받는다는 건 말이 안 된다고 생각했다. 아무튼 전인화의 얼굴이 맘에 걸려 며칠을 탄식하며 보냈다. 얼마 후에 재촬영하는 광고의 메이크업을 맡아달라는 제안을 받고 시안을 보다보니 그 광고가 당시 전인화가 모델을 하고 있는 화장품, '아이오페' 광고였다. 나는 항상 이렇다. 마음속에 두고 생각하고 있는 일

은 꼭 나에게 온다. 그렇게 전인화를 다시 만나게 되었다. 아이오페는 고급스러운 제품 콘셉트와 광고로 국내 브랜드 화장품으로는 선두를 달리고 있는 브랜드였다. 모델도 최고 스타인 전인화, 광고 역시 당시 광고계의 최고 실력자였던 〈유레카〉의 김규환 감독이 맡았다. 세 시간 만에 화장품 광고 하나를 찍는다는, 실력 있고 감각 있는 감독이었다. 단순하고 강렬한 느낌을 좋아하는 김규환 감독은 '원 씬 원 커트' 방식으로 전인화의 얼굴을 클로즈업하는, 아주 모던한 콘티를 만들어놓고 있었는데 그 콘티대로라면 광고에선 전적으로 전인화의 얼굴이 모든 것을 다 좌우할 판이었다. 메이크업을 맡은 나의 책임이 컸다.

보통 감독들은 촬영현장에서 자기가 모든 것을 컨트롤하려고 한다. 감독이라는 자리가 워낙 다재다능함을 요구하기 때문에 그렇게 되기도 하지만 많은 경우, 스태프를 신뢰하지 못하는 감독들이 세세한 것까지를 다 자기가 관장하려고 한다. 스태프를 믿고 맡기는 것, 그렇게 믿을 만한 스태프를 뽑는 것도 감독의 능력이다. 결국 감독이 모든 사안에 다 관여하는 건 자기 작품이라는 욕심 때문이다. 그런데 김규환 감독은 좀 달랐다. 김감독은 세세한 것까지 전부 디렉팅하지 않았다. 일단 큰 방향을 잡고 최고의 스태프를 꾸려서 그들의 전문분야를 완전히 맡기는 방식으로 일했다. 조명, 촬영 스태프, 스타일리스트는 물론 메이크업 아티스트까지 김규환 감독은 최고의 전문가들을 섭외해서 팀을 꾸렸다. 그리고 스태프들을 믿고 그들의 역량을 최대로 끌어내는 감독이었다. 감독이 던지는 메시지는 언제나 하나였다.

'당신이 최고라고? 그렇다면 여기서 최고를 보여줘봐. 나는 터치 안 할게.'

그런 김감독의 스타일을 잘 알고 있었던 터라 부담도 더했다. 최고의 명성에 맞게 최고의 메이크업을 만들어 보여줘야 하는 촬영이기 때문에. 내 상징처럼 된 투명 메이크업을 정성껏 전인화의 얼굴에 적용했다. 워낙 우아하고 예쁜 얼굴이었지만 두꺼운 메이크업을 벗고 투명 메이크업을 하니 은은하게 피부결이 살아나면서 훨씬 우아하고 아름다워 보였다. 얼굴 전체를 커버하는 메이크업이 아닌, 수채화처럼 여백을 남기는 투명 메이크업은 본연의 얼굴을 자연스럽게 돋보이게 한다. 전인화도 김규환 감독도 투명 메이크업의 마술에 만족해했다. 그리고 촬영 시작! 화면을 꽉 채운 전인화는 선녀처럼 예뻤다. 도도하고 우아한 아이오페의 여신, 그 자체였다. 그렇게 순조롭게 촬영을 하고 있는데 뭔가가 조금 아쉬웠다. 감독도 골똘히 생각에 잠긴 눈치였다.

"좀 심심한데, 뭐 없을까요?"

나도 같은 생각이었다. 화면 속의 전인화는 아름다웠지만 예쁜 얼굴만으로 채우기에는 화면이 뭔가 부족했다. '뭐가 문제일까……' 생각하다가 거의 본능적으로 전인화에게 다가갔다. 그리고 헤어스타일리스트의 빗을 빌려서 전인화의 앞머리를 한 가닥 떨어뜨렸다. 완벽하게 뒤로 넘긴 업스타일을 하고 있던 전인화. 그러다보니 화면 전체에 전인화의 얼굴만 꽉 차 보여서 여백이 없는 심심한 화면이 되어버렸던 거다. 화면에 잡힐 것을 고려해서 앞머리를 아주 조금 빼서 이마에 사선으로 붙이듯 늘어뜨렸다. 그렇게 앞머리를 한 가닥 내리니 배경음악이 깔린 듯 스타일이 생겼다. 예쁜 얼굴에 검은 선이 하나 지나가면서 전인화 얼굴로 꽉 찬 화면에 모던한 분위기가 더해졌다. 화룡점정이라는 옛말처럼, 완벽한 용그림에 눈을 그려넣어 살아 있는 용이 되는 격이라고 하면 지나칠까? 아무튼, 김규환 감독도 내 아이디어에 동의하며 만족해했고 촬영도 순조롭게 끝났다. 나중에 아모레 경영진에게 광고를 시사했는데 기립박수를 받았다는 얘길 듣고 무척 기뻤다. 우선, 최고의 모델, 최고의 감독과 스태프들과 함께 일할 수 있어서 좋았고 작업의 결과가 그렇게나 크게 인정을 받았다는 데 보람을 느꼈다. 각 분야에서 최고의 실력을 가진 이들이 한자리에 모여서 의논하고 협력해서 최상의 결과물을 만드는 것, 그게 바로 프로의 세계다.

아이오페 광고는 말 그대로 '대박'이 났다. 화장품 매장마다 아이오페의 '레티놀'을 구입하려는 여성들이 줄을 이었고 생소한 레티놀이란 성분이 화장품의 대명사로 인식될 정도였다. 광고도, 판매도 대박이 났고 모델인 전인화도 아이오페 광고를 통해 더욱 이름을 떨치게 되었다. 그 광고를 계기로 아이오페 메이크업을 내가 맡게 되었음은 물론이고. 그리고 전인화는 〈여인천하〉에 캐스팅되었다. 야심으로 가득한 여인, 정난정과 자기 주변 사람들을 이용해 권력을 잡으려는 문정왕후 역할이었다. 고운 얼굴에는 걸맞지 않을 수도 있는, 강한 왕비의 캐릭터였는데 전인화는 문정왕후에 빙의되다시피 빠져들며 배역을 잘 소화해냈다. 화난 얼굴도 그렇게 예쁜 여자는 아마 전인화뿐일 거다. 그리고 〈여인천하〉로 전인화는 2002년 SBS 연기대상을 수상했다. 전인화는 그 시상식 날 멋진 드레스를 입었는데 드레스 입은 자태도 우아함, 그 자체였다. 정성껏 메이크업과 헤어스타일을 챙겨주었는데 유동근 선배가 자기 아내의 미모에 감탄을 연발할 정도였다.

"김원장님이 우리 와이프 항상 예쁘게 해주시는데 선물 하나 해야겠네!"

며칠 후 유동근 선배가 보낸 선물이 왔다고 해서 받아보니 샤넬 앵클부츠였다. 디자인이 예쁘고 편안해서 십 년이 넘은 지금도 겨울만 되면 잊지 않고 꺼내 신는다. 좋은 추억이 담긴 소중한 선물이다.

전인화는 다양한 얼굴을 가진 연기자다. 현대극과 사극을 넘나들고 악역과 선역을 모두 연기한다. 여염집 아낙도, 화려한 부잣집 사모님도 전인화가 연기하면 생명력이 넘치는 매력적인 캐릭터로 되살아난다. 〈왕과 나〉, 〈미워도 다시 한번〉, 〈제빵왕 김탁구〉, 〈신들의 만찬〉까지. 전인화의 필모그래피가  다양한 성공작으로 알차게 채워져 있는 것도 특유의 도전정신과 성실함 때문이다. 〈제빵왕 김탁구〉에서 전인화는 표독스러운 사모님 역할을 맡았다. 캐릭터를 살리기 위해 평소에 전혀 하지 않던 스모키 아이 메이크업을 시도했는데 의외로 너무나 잘 어울렸다. 본바탕이 예쁜 사람들은 원래 예쁘기 때문에 메이크업을 진하게 하지 않는데 그 때문에 종종 자기 얼굴이 표현할 수 있는 가능성을 놓치기도 한다. 그런 전인화에게 시도한 스모키 메이크업은 전인화의 캐릭터에 대한 도전, 새로운 발견이었다. 자칫 독하게 보일 수 있는 꽤 수위 높은 스모키 메이크업이었지만 전인화가 하니 예쁘고 시크해 보였다. 그 때문에 중년 여성들 사이에서 한동안 스모키 메이크업이 유행하기도 했다. 스모키 메이크업이 뭔지는 몰랐지만 다들 전인화처럼 예쁘게 보이고 싶었기 때문이다. 〈신들의 만찬〉에서도 아이 메이크업에 공을 들였지만 톤을 조금

낮췄다. 전체적으로 투명 메이크업을 하고 아이 메이크업은 눈매를 또렷하게 살리는 수준으로 마무리했다. 전인화같이 선이 고운 얼굴은 메이크업을 어떻게 하느냐에 따라 확연하게 다른 분위기를 연출해낸다. 자화자찬이지만 내가 전인화 얼굴에 메이크업을 해놓고도 스스로도 놀랄 때가 있다. '사십 대 중반 여자가 이렇게 아름답다니' 하고 말이다. 〈신들의 만찬〉이 방영할 시간이 되면 TV를 틀면서 이렇게 외친다.

"자~! 이제 전인화의 아름다움에 빠져봅시다!"

인화는 내가 메이크업을 했을 때 비로소 전인화의 얼굴이 나온다고 칭찬해 준다. 나에게도 전인화의 아름다움은 특별하다. 30년 동안 연예계에서 미인이란 미인을 다 만나본 나지만 전인화는 단순하게 '예쁘다' 또는 '섹시하다'가 아니라 그저 순수하게 '아름답다'는 말이 누구보다 잘 어울리는 여자다. 게다가 전인화는 품성 또한 아름다운 여자다. 경우 바르고, 심지가 곧고, 사리분별이 정확하고, 말도 잘하는 현명한 여자다. 백합처럼 아름답고 바위처럼 강한 여자. 그가 바로 내가 좋아하는 여자, 아름다운 전인화다.

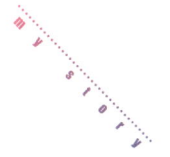

채시라,
진정한 프로페셔널

좋은 광고, 히트 광고의 대명사로 지금까지 이야기되는 광고 중의 하나가 바로 가나 초콜릿 광고다. 1984년의 가나 초콜릿 광고는 현란한 색깔과 콘셉트가 난무하는 과자 광고들 속에서 단연 눈에 띄었다. 마치 프랑스 영화 같은 풍경 속에 얼굴 없는 남자와 그의 옷깃을 붙잡고 있는 여자. 남자의 옷깃으로 얼굴을 반쯤 가렸다가 수줍게 미소 짓는 채시라. 과자 광고답지 않은 '우아한' 장면들도 화제였지만 무엇보다 여고생 채시라의 맑고 싱그러운 얼굴이 그 광고를 히트시킨 일등공신이었다. 그 광고를 위한 메이크업 역시 나의 작품이었다. 가나 초콜릿 광고가 얼마나 떴었는지 '초콜릿' 하면 '가나 초콜릿', '가나 초콜릿' 하면 '채시라'로 알려질 정도가 되었다. 고교 시절에 잡지 모델로 데뷔한 채시라는 그 광고를 통해 스타로 가는 발판을 마련했고

'차세대 톱스타', '젊은 여배우 유망주', '차세대 트로이카'로 거론되었다. 그리고 〈여명의 눈동자〉의 여옥 역으로 일생일대의 전기를 맞는다. 〈여명의 눈동자〉. 그 작품을 찍는다고 할 때부터 걱정이 되었다. 위안부로 끌려간 소녀, 구타와 강간이 이뤄지는 끔찍한 곳에서 한 남자를 만나서 사랑하고 헤어지고 아이를 낳고 살아가고……. 계속되는 고통스러운 만남과 이별과 죽음. 대강의 줄거리만으로도 고된 여정이 될 것이라 예상되는 대작이었다. 워낙 스케일이 커서 여배우 캐스팅에 큰 어려움을 겪었다는 소문이 방송가에 돌고 있었다. 당시 톱 여배우들 몇 명이 여옥 역할을 제안받았지만 거절했다는 이야기도 들렸다. 그러나 채시라는 여옥이를 받아들였고 결국 해냈다. 〈여명의 눈동자〉는 그 시간대 모든 가정의 TV 채널을 MBC로 고정시키게 만들었고 신드롬을 일으키며 그해 가장 히트한 드라마가 되었다. 채시라 역시 전 국민적인 스타가 되었다. 채시라의 성공 스토리는 이야기할 때마다 내 가슴을 뛰게 만든다. 당시 〈여명의 눈동자〉를 한참 찍을 때 채시라의 얼굴에 트러블이 일어났다. 아마 빠듯한 촬영 스케줄과 피로가 겹쳐서 화장독이 올랐던 모양이다. 얼굴이 붉게 변하고 피부가 극도로 민감해져서 자칫하면 촬영을 못할지도 모르는 위기상황이었다. 나는 막걸리에 숙성시킨 달걀팩을 응급처방으로 추천했다. 일단 날달걀을 깨끗이 씻어서 막걸리 속에 담가 2주간 숙성을 시킨다. 그러면 달걀이 숙성되어 껍질이 흐물흐물해지는데 이것을 깨보면 노른자가 까맣게 변해 있는 것을 확인할 수 있다. 흰자는 버리고 이렇게 색이 변한 노른자를 얼굴

에 펴바른 후 일반 팩을 할 때처럼 적당히 건조시킨 후 따뜻한 물로 씻어내면 된다. 이 방법의 과학적 원리에 대해서는 설명하기 힘들지만 놀랄 만큼 피부를 촉촉하게 만들어주는 효과가 있다. 특히 피부 트러블이 생겼을 때 탁월한 효과가 있다. 트러블과 붉은 기를 가라앉히고 피부를 깨끗하게 만들어준다. 채시라에게도 이 방법을 권했다. 그랬더니 역시나, 온 얼굴에 일어났던 트러블이 감쪽같이 사라져 촬영을 계속할 수 있었다.

십 대에 광고모델로 시작해서 대하드라마로 톱스타 자리에 오른 채시라의 이야기는 연기자를 꿈꾸는 이들이라면 누구나 매혹될 만한 멋진 이야기다. 하지만 세상 그 무엇도 공짜가 없듯 성공에는 당연히 그만 한 이유가 있다. 연예계 사람들을 지켜보며 지내온 내 세월이 30년. 내가 겪

어본 바, 그 누구도 운만으로 스타의 자리에 오른 사람은 없다. 미모와 개성은 기본이고 운도 있어야 하지만 끈기와 겸손함, 성실한 자세를 갖춘 사람만이 최고의 스타로서 롱런할 수 있다. 바로 채시라처럼 말이다.

열여덟 살 때 가나 초콜릿 광고에서 처음 만난 채시라는 신선했다. 일단 예쁜 건 물론이요, 나이에 비해 유난히 총기가 느껴지는 소녀였다. 광고 감독의 요구사항을 단번에 알아듣고 그 이상을 해내는 연기자였다. 게다가 예의 바르고 성실했다. 촬영장에 항상 일등으로 도착하는 건 스태프도 감독도 스튜디오 직원도 아닌 채시라였다. 나는 항상 촬영장에 30분 먼저 도착해서 준비하는데 채시라는 그보다 먼저 와서 잠긴 스튜디오 문 앞에서 생글생글 웃으면서 기다리곤 했다. 나 역시 부지런한 걸로는 둘째가라면 서러워할 사람인데 채시라와 함께하는 촬영장에서는 항상 선수를 빼앗기곤 했다. 그렇게 한결같이 성실한 사람이 채시라다.

고현정처럼 채시라 역시 데뷔 때부터 어머니가 매니저 격으로 같이 다녔다. 지금처럼 제대로 된 연예기획사나 매니지먼트 개념이 없던 시절, 어린 여배우들은 어머니나 친척 어른이 동행하며 보호자 겸 매니저 역할을 맡는 게 일반적이었다. 예쁘고 반듯한 어린 채시라를 보며 '쟤는 어쩜 저렇게 애가 반듯할까' 싶었는데 역시 그 어머니에 그 딸이었다. 채시라의 어머니는 묵묵히 딸을 돌보며 광고주나 감독들도 잘 챙기는 지혜로운 어머니였다. 일을 많이 따내기 위해서 잘 보이는 것과는 차원이 다른 태도였다. 그건 정말 어머니로서 우러나오는 그런 배려심이었다. 가끔 밤샘 촬영이나 지나치게 빡빡한 촬영 스케줄이 잡힐 때도 있었다. 그래도 채시라의 어머니는 당신 딸보다 같이 일하는 스태프들을 더 챙겼다. 채시라의 촬영일정이 너무 많을 때, 걱정이 되어 들여다보면 어머니가 채시라를 도닥이며 '네가 조금 참고 열심히 해보자'며 격려하고 있었다. 신인 때도 그랬고 스타가 된 후에도, 채시라 어머니의 그런 겸손한 태도는 변하지 않았다. 그런 어머니의 영향인지 채시라도 한결같은 사람이다. 열여덟 살 때부터 30년을 봐왔고 속 이야기를 털어놓으며 가깝게 지내왔지만 그 오랜 시간 동안 채시라가 다른 사람을 나쁘게 얘기하는 것을 본 적이 없다. 여배우라면 있을 법한 허세도 없다. 톱스타가 되어서도 늘 열여덟 살에 데뷔했던 처음 모습 같은 겸손함을 간직하고 있다. 채시라가 오랫동안 광고계의 퀸으로 사랑받아 온 건 본인의 능력이 가장 큰 요인이겠지만 그 어머니의 한결같은 보살핌도 크게 기여했을 것이다.

가나 초콜릿부터 광고계의 퀸이었던 채시라. 그녀가 가장 오랫동안 전속모델을 하며 크게 히트시킨 브랜드가 바로 '코리아나' 화장품 광고다. 채시라가 광고모델로 사랑 받은 이유는? 감독의 의도를 잘 이해하기 때문이다. 채시라는 자기 자신이 화면에 어떻게 나올 때 가장 아름다운지를 알고 있다. 그리고 감독의 의도에 따라 스스로를 정확히 컨트롤해서 최고의 장면들을 만들어낸다. 때문에 광고감독들은 채시라를 사랑한다. '라끄베르'의 김남주, '아이오페'의 전인화, '한국화장품'의 김희애, 그리고 '코리아나' 전속모델인 채시라, 90년대 화장품 광고를 이끈 이들과 고 최진실까지. 이들은 광고촬영의 '답을 아는 모델'이다. 이들은 그 시대를 대표하는 아름다운 얼굴이면서 카메라를 잘 아는, 최고의 광고모델들이었다.

아름다움을 추구하는 건 인간의 본능. 때문에 사람들은 본능적으로 아름다운 것을 좋아하고 미인을 숭배하지만 은근히 질투도 하고 선입견도 갖는다. '미인은 그저 예쁜 외모로 쉽게 모든 것을 다 갖는다'고 생각하고 속으로 얄보기도 한다. 하지만 내가 만났던 미인들, 특히 최고의 스타 자리를 오래 유지하는 전인화와 채시라는 미인에 대한 질시 어린 편견마저도 단박에 깨뜨린다. 그들은 외면과 내면이 모두 아름다운 진정한 프로페셔널들이다.

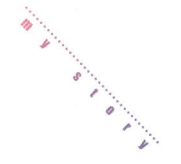

천정명,
대기만성의
만년 소년

김청경 헤어페이스에는 다양한 사람들이 드나든다. 톱스타는 물론 패션과 연예계 사람들, 갓 데뷔한 모델 등 다양한 이들이 들고 나는 곳이 김청경 헤어페이스다. 어떻게 보면 우리 샵은 미용실이 아니라 연예계 사람들이 모이는 광장, 사랑방 같기도 하다. 그중 신인 연기자와 가수들을 데려오는 매니저들이 하나같이 물어보는 말이 있다.

"원장님, 어때요? 뜰 것 같습니까?"

사람을 한두 번 보고 다 알 수는 없는 일이지만 그래도 느낌은 분명히 있다. 수많은 신인들이 톱스타가 되는 걸 지켜본 세월이 30년이다. 경험과 직관에서 오는 느낌이 있고 대부분 그런 느낌은 맞아들었었다. 갓 데뷔해 우리 샵에 오는 신인을 보면 물론 느낌을 받는다. 굳이 말을 하라면 해줄 말도 있다. 하지만 쉽게 '잘되겠다', '별로다' 같은 말을 한 적은 없다. 미래는 누구도 알 수 없는 것이기에 한두 마디 말로 쉽게 남의 미래를 예견하는 건 예의가 아니라고 생각하기 때문이다. 정말 스타로서의 자질이 보이는 신인이 있으면 그저 인연을 계속 이어가며 가만히 지원해줄 뿐이다. 그렇게 거의 10년 가까이 응원했던 배우가 천정명이다.

　천정명을 처음 봤을 때 든 생각은 '귀엽다'였다. 얼굴이 작고 두상이 예쁜 데다 웃는 얼굴이 너무 귀여웠다. 그런데 귀여운 외모와는 달리 성격은 천생 남자였다. 과묵하고 조용했다. 우리 샵을 찾는 많은 남자 스타들 중에도 제일 말이 없는 성격이었다. 그래도 샵에 와서 가장 많은 시간을 머무르곤 했다. 정명이의 헤어를 담당하는 장규 원장과는 각별히 친해서 오후가 되면 샵에서 컴퓨터를 즐기며 장규 원장의 퇴근 시간을 기다리기도 했다. 나와 친했던 김석훈, 김재원과 식사를 하러 갈 때는 항상 천정명을 챙겼다. 정명이는 약간 어색해하는 눈치였다. 같은 시기에 데뷔해서 같이 우리 샵에 왔던 김재원은 주연을 꿰차고 있을 때 천정명은 고등학생 역을 주로 맡으며 꽤 오랫동안 무명생활을 했다. 아마도 그 때문에 나와 가깝게 지내는 걸, 다른 배우들과 어울리는 걸 어색하게 생각했는지도 모르겠다. 하지만 나는 천정명의 그런 모습조차 너무 귀엽고 좋았다. 시기가 조금 늦을 뿐이지, 정명이는 재능과 매력을 타고 났기에 금방 주목을 받을 거라 믿었다. 세상이 정명이의 재능과 매력을 알아보기를 기다리는 마음이었다. 천정명이 영화 〈태풍태양〉에서 주연을 맡았을 때는 너무 기뻐서 지인들을 모두 데리고 시사회를 같이 보러 갔다. 영화는 크게 히트하지는 못했지만 배우로서 천정명의 가능성을 확인할 수 있었다. 크게 될 가능성을. 〈패션 70〉을 촬영하기 전에는 헤어스타일리스트와 함께 천정명의 이미지를 좀 바꿔보기로 했다. 드라마의 캐릭터가 남성적이고 건들거리는 스타일이었고 천정명이 워낙 귀여워 보이는 동안이라 그 이미지가 굳어지면 역할이 한정될지도 모른다는 걱정도 있었다. 남성적인 모습으로 변신하려고 머리카락을 아주 짧게 자르고 수염을 길렀는데 이게 웬걸, 소년의 얼굴에서 섹시한 남성미가 드러났다. 정명이의 새로운 모습, 〈패션 70〉에서 천정명은 반짝반짝 빛이 났다. 무엇보다 10년 만에 이룬 스타덤이 너무 기뻐서 나는 한 회도 놓치지 않고 드라마를 모니터했다. 그리고 본방이 끝나면 바로 정명이에게 문자를 보냈다. 천정명은 문자를 확인하면 새벽 3시에도 답장을 보낸다. 그렇게 기쁨을 함께했다. 내가 좋아히는 남지 스타들 중 항상 '아픈 손가락'이었던 천정명. 그의 성공은 그 누구보다 의미가 컸다.

　미남 배우들 중 종종 자기 얼굴을 벗어나려는 사람들이 있다. 너무 잘생긴 얼굴이 연기자로서의 변신을 방해한다고 느끼고 일부러 거친 이미지로 변신하려는 시도를 하는 경우가 꽤 있다. 그중 몇몇은 그런 시도가 무난하게 어울리지만 그렇지 못한 이들도 있다. 타고난 장점을 무리해서 밀어내면 부자연스러워 보일 수 있기 때문이다. 타고난 장점을 이용해서 더 발전시키는 쪽으로 이미지를 바꿀 수도 있는데 말이다. 천정명도 그렇다. 어려 보이는 얼굴과 순수한 눈빛은 천정명만의 장점,

타고난 매력이다.

〈굿바이 솔로〉, 〈신데렐라 언니〉, 〈영광의 재인〉, 〈짝패〉에서의 만년 소년 같은 순수한 매력의 배우, 천정명의 작품 리스트는 알차게 채워져 가고 있다. 연기자로서의 매력도 차고 넘친다.

그렇다면 남자로서 천정명은? 역시나 너무 매력적인 캐릭터다. 원래 말도 별로 없고 말소리도 워낙 조용해서 처음엔 '여자들에게 말이나 제대로 할 수 있을까' 싶었는데 한번 말문이 터지면 무척 재미있다. 느릿느릿하게 소곤거리는 말투도 무척 독특하고 매력적이다. 솔직하고 유쾌하고 남자답다. 밥도 이쁘게 잘 먹는다. 간장게장에 밥을 슥슥 비벼서 복스럽게 먹는 모습을 보면 내가 다 배부를 정도다. 모든 행동에서 귀티가 넘쳐 흐르는 매력적인 젊은이가 바로 천정명이다. 꼬박 10년을 지켜보며 스타가 되기를 기다려왔던 천정명. 동료들이 톱스타가 되는 걸 지켜보며 묵묵히 실력을 닦아온 그의 활약을 지켜보는 내 마음은 묘하게 뿌듯하다. 나는 천정명에게는 '원장님'이지만 어떨 때는 큰누나가 되었다가 소녀 팬이 되기도 한다. 그러다가 어느새, 천정명이 나오는 드라마에 빠져들어 푸근한 '엄마 미소'를 지으며 기특해하는 나를 발견하곤 한다.

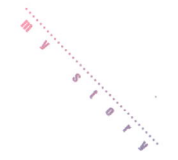

내 마음의 별,
이은주

어떻게 해야 할까. 이은주, 은주의 이야기를.

이은주를 처음 알게 된 건 드라마 〈카이스트〉를 통해서였다. 그리고 영화 〈연애수첩〉부터 나에게 메이크업을 받기 시작했다. 손예진, 차태현과 함께 출연했던 그 영화에서 이은주는 밝고 명랑하지만 사연을 가진 여자를 연기했다. 은주는 내가 예뻐하는 꼬맹이 여자아이들 중 하나였다. 이은주, 바다, 강성연, 김소연. 이렇게 넷이 절친이었는데 그들이 샵에 함께 있으면 재잘거리는 소리 때문에 샵이 들썩들썩할 정도였다. 다들 젊고 예쁘고 개성이 넘치는 스타들이었다.

은주는 첫 인상은 좀 도도해 보였지만 사실은 무척 애교가 많고 밝았다. 은주가 샵에 들어오면 공기가 달라졌다. 항상 나를 '샘님~'이라고 부르면서 촬영장에서 있었던 이야기들을 신나게 풀어놓았다. 환하게 빛나는 애교쟁이 은주의 얘기를 듣고 있으면 덩달아 기분이 좋아졌다. 은주는 영화와 드라마를 오가면서 다양한 작품들을 연기했다. 작품이 마음에 들면 재지 않고 뛰어들어서 최선을 다하는 게 은주가 일하는 스타일이었다. 은주는 때로는 과감하고 다른 여배우들이 주저하는 역할에도 흥미를 느끼는 적극적인 성격이었다. 그래서 갓 스무 살에 〈오, 수정〉에 출연할 수 있었고 그 영화를 통해서 연기 잘하는 여배우로 일찍 인정을 받을 수 있었다. 은주가 작품을 고르는 건 언제나 흥미로운 과정이었다. 특히 나로서는 은주가 드라마 〈불새〉를 준비했던 때를 잊을 수 없다. 은주가 맡은 역할은 가정부였다. 남자주인공인 이서진 집의 가정부로 등장해야 하는데 역할상 메이크업을 예쁘게만 할 수는 없었다. 의상도 수수한 것들이 많아서 메이크업도 그 수준에 맞춰야 했다. 하지만 어디까지나 여주인공, 수수하면서도 은은하게 예뻐보여야 하는 것이 관건이었다. 은주의 메이크업을 위해 여러 가지 제품들을 놓고 테스트를 했다. 리퀴드 파운데이션에 로션을 섞어보기도 하고 투명 메이크업을 더 가볍게 해보기도 했다. '수수하지만 존재감 있게'. 머릿속에 온통 은주가 〈불새〉에서 맡은 역할 생각, 메이크업에 대한 구상으로 며칠을 보냈다. 그러던 중 우리 샵의 스킨케어실에서 모처럼 피부관리를 받았는데 관리를 받고 마지막으로 발라준 크림이 얼굴을 뽀얗게 보이게 해준다는 걸 깨달았다.

'아, 비비크림!'

비비크림에는 약간의 커버력이 있어서 얼굴의 잡티나 붉은 기를 가볍게 감출 수가 있었다. 곧장 파운데이션 대신 비비크림으로 은주에게 메이크업을 해봤다. 피부가 적당히 커버되면서 쏙 스며들어서 마치 맨얼굴처럼 보였다. 희고 잡티가 없이 깨끗한 은주의 피부에는 비비크림만으로도 베이스 메이크업이 충분했다. 거기에 아이 메이크업을 하지 않고 입술에는 틴트를 발라 자연스럽게 스며들게 했다. 그랬더니 전체적으로 메이크업을 안 한 듯 하면서도 깨끗한 얼굴로 완성되었다. TV 화면에는 맨얼굴로 보였다.

이은주, 이서진, 그리고 연기자로 막 영역을 넓혀가던 에릭과 지금은 세 아이의 엄마가 된 정혜영이 악역을 맡아 출연했던 〈불새〉는 지금 봐도 격정적이고 흥미진진하고 재미있는 드라마다. 은주의 연기도 대단했다. 아버지의 죽음에 얽힌 비밀을 알게 되면서 점점 강해지는 여자 역할이었는데 은주에게 잘 어울렸다. 은주를 위해 만들어준 메이크업도 화제가 되었다. 비비크림을 사용해서 피부를 환하게 커버하면서도 자연스러워 보이게 하는 '이은주 메이크업'이 히트를 쳤다. 덕분에 연예인들 사이에서 '생얼'을 연출하는 비밀로 비비크림이 알려지게 되었다. 내가 사용했던 비비크림은 독일 '슈라멕' 제품이었지만 국내 화장품사들에서 비비크림을 만들어 홈쇼핑을 통해 크게 유행하게 되었고, 지금은 디올과 바비브라운 같은 글로벌 브랜드들에서도 한국의 비비크림을 출시하기에 이르렀다. 내가 이은주를 통해 열풍을 일으킨 비비크림은 전 아시아 여성들의 사랑을 받는 히트상품이 되었다. 아무튼 〈불새〉는 히트했고 이은주도 최고 스타 반열에 올랐다. 당시 잘나가던 화장품 엔프라니의 광고모델로 선정되었고 청순한 미모에 똑똑하고 연기 잘하는 젊은 스타로 확고하게 자리매김했다. 〈불새〉의 성공 이후 은주는 기자들을 대하는 태도도 능란해지고 여배우다운 모습으로 성장했다. 미모에도 물이 올라 피부도 빛나고 어딘지 모르게 분위기가 성숙해졌다. 그렇게 최고 스타의 자리로 달려가고 있었지만 은주는 친한 사람들 앞에서는 애교 많고 사랑스러운 젊은 아가씨였다. 은주는 밝은 빛, 시원한 페퍼민트, 화사한 들꽃 같은 아이였다. 도대체 어두운 구석이라고는 찾기 힘든 사랑스러운 존재였다.

은주와 같이 귀를 뚫으러 갔던 날이 생각난다. 샵에 놀러와서 한참 수다를 떨던 은주가 갑자기 귀고리를 하고 싶다며 귀를 뚫어달라고 했다. 보통 미용실에서 귀를 뚫어주는 줄 알지만 우리 샵에서는 하지 않았다. 은주는 약간 실망한 듯 싶더니 내 귀에도 귀고리가 없는 것을 발견하고 같이 귀를 뚫자고 했다. 혼자서는 아플까봐 무섭다며 나더러 같이 하자고 했다.

"샘님~ 저랑 같이 오늘 귀 뚫어요! 근데 어디서 뚫지? 압구정 가면 해주는 데 있지 않을까요? 전화해볼까요?"

알아보니 압구정 로데오 거리의 액세서리 가게에서 귀를 뚫어준다고 했다. 나는 그때까지도 귀 뚫을 생각이 전혀 없었지만 은주가 부추기니 함께 갔다. 귀를 뚫으면 처음엔 구멍에 링을 끼워놓는다. 귀를 뚫자

마자 예쁜 귀고리를 할 계획이었는데 약간 실망해서 다음에 같이 예쁜 귀고리를 사주겠다고 약속했다.

은주는 〈불새〉의 성공에 머무르지 않았다. 항상 도발하고, 새로운 역할에 빠져드는 연기자가 은주였다. 그즈음 은주가 제안을 받고 한참을 고민하던 시나리오가 바로 〈주홍글씨〉였다. 너대니엘 호손의 소설과 같은 제목의 시나리오. 그걸 받고 은주는 한참 고민했었다. 호손의 책만큼이나, 아니 어쩌면 그 이상으로 강렬한 내용이었기 때문이다. 내 앞에서도 그 시나리오 이야기를 하며 많이 고민했었다.

"샌님, 제가 이걸 할 수 있을까요?"

나는 할 수 있다고 말했다. 게다가 이미 한석규가 캐스팅되었다는 소식을 들었다. 공백이 있었지만 한석규는 우리나라 최고의 배우였다. 한석규의 상대역이라니, 젊은 여배우로서는 놓칠 수 없는 기회. 은주에게도 많은 공부가 될 터였다. 어쩌면 연기인생의 큰 전환점이 될 수도 있었다. 나는 주저하는 은주에게 용기를 주고 싶었다.

"은주야, 당연히 할 수 있지, 그동안 더 어려운 연기도 잘해냈잖아. 선생님은 너를 믿는다. 넌 누구보다 멋지게 해낼 수 있어."

은주는 〈주홍글씨〉를 선택했다. 시사회 날, 은주의 연기는 나를 진심으로 놀라게 했다. 그 밝고 아이 같던 은주가 완벽하게 〈주홍글씨〉의 '가희'에 빙의되어 있었다. 영화는 강렬했고 내 예상보다 훨씬 충격적인 결말로 끝났다. 영화가 끝나고도 나는 한동안 멍해져서 자리에서 일어날 수가 없었다. 은주는 내가 본 것보다 더 큰 가능성이 있는 배우였다. 시사회가 끝나고 은주를 따로 만난 자리에서 내가 할 수 있는 최고의 찬사를 해줬다.

"지금까지 난 한석규 연기가 우리나라 최고인 줄 알았는데 이번엔 은주가 잘했다. 정말 잘했다."

마냥 어린 줄만 알았던 은주가 크게 보였다. 은주는 프로페셔널이었다.

〈주홍글씨〉 시사회를 마치자마자 나는 청룡영화제를 생각했다.

'은주는 이 영화로 반드시 청룡상을 탈 테니 최고로 예쁘게 해줘야지.'

시사회를 마치고 집으로 돌아오면서 내 머릿속에 불빛이 켜지듯 떠오른 생각이었다. 청룡상 시상식 날 은주는 〈주홍글씨〉에서 불렀던 The Corrs의 'Only When I Sleep'을 부르게 되었다. 나는 정성을 다해 은주에게 메이크업을 해주고 헤어스타일을 손봐주고 드레스 입는 것까지 다 지켜봤다. 은주는 그즈음 타고난 미모에 여배우다운 카리스마가 더해져서 어느 때보다 아름다웠다. 그런 은주를 보며 뿌듯함에 마음이 뻐근해져 왔다. 내가 상 타러 가는 것처럼 행복했다. 나의 보석, 은주에게 이미 상을 탄 것처럼 꽃다발을 주었다.

"은주야, 오늘 너무 아름답다. 너를 보니까 선생님도 너무 행복해! 축하한다."

은주도 나를 안아주면서 어느 때보다 행복한 얼굴이었다. 그 아이를 차에 태워 보낸 후 청룡상을 기다렸다. 은주는 화면 속에서도 빛났고 영화에서보다 더 멋지게 노래했지만 끝내 청룡상 여우주연상을 타지는 못했다. 나는 은주가 상을 못 탄 게 너무 속상했다. 여태껏 내가 무슨 일을 잘못해서 그렇게 실망한 적이 없었다. KBS 분장실에서 나올 때도 그렇게 많이 속상하지는 않았을 거다. 청룡상 주최 측에 진심으로 항의라도 하고 싶었다.

'우리 은주가 얼마나 잘했는데, 당연히 이 상을 줘야지요!'라고 외치면서. 우습게도 정작 그런 나를 위로한 건 당사자인 은주였다.

"샌님~ 저 괜찮아요! 상이 무슨 상관이에요. 뭐, 다음에 더 잘하면 주겠죠?"

그렇게 속이 깊은 아이였다.

청룡상 이후로 은주의 연락이 뜸해졌다. 거의 매일 이모티콘을 넣은 귀여운 문자를 보내던 은주였는데 문자 보내는 빈도가 줄어들었다. '말로는 괜찮다고 했지만 사실은 속이 상한 게 아닐까' 싶어 나도 일부러 한동안은 연락하지 않았다. 차분하게 마음 다잡고 밝은 모습으로 돌아오길 바라면서. 그리고 몇 주 후에 엔프라니 광고 촬영장에서 다시 만났다. 다시 만난 은주는 말수가 줄어들었고 눈에 띄게 핼쑥해져 있었다.

"샌님~ 저 요즘 잠을 못 자요. 잠이 안 올 때는 어떡해요?"

통 잠을 못 이루고 밤을 샐 때가 많다고 했다. 잠을 못 자니 입맛이 없고 때문에 살이 쑥 빠지는 건 당연했다. 손을 잡아보니 원래도 가는 손이 한 줌도 안 되게 말라 있었다.

연예인들, 특히 연기자들은 생활이 불규칙하다. 그럴 수밖에 없다. 촬영에 들어가면 며칠씩 밤을 새지만 촬영이 끝나면 한가해져서 며칠씩 휴식하면서 칩거하는 생활을 하기 쉽다. 그런 경우를 많이 봐왔기에 은주가 더 걱정되었다.

"은주야, 잠이 안 와서 힘들다는 생각에 사로잡히지 말고 규칙적인 생활을 해서 잠이 오도록 해봐. 그게 안 되면 진짜로 졸릴 때까지 책도 보고 좋아하는 음악도 좀 들어보고. 잠을 자야 한다는 강박을 너무 많이 가지면 오히려 잠이 안 온다. 선생님은 자연스럽게 하는 게 좋다고 생각해."

"알았어요, 샘님."

몇 달 사이 부쩍 마르고 피곤해 보이는 은주. 은주와 이야기를 더 하고 싶었지만 여러 사람이 있는 촬영장이라 조심스러웠다. 한동안 연락이 없었던 이유도 궁금했지만 사람 많은 곳에서 굳이 캐묻고 싶지는 않았다. 그냥 편하게 이야기를 들어보고 싶었다. 은주가 왜 잠을 못 자고 피곤해하는지를. 그러려면 따로 만나서 오래 이야기를 해야 했다.

"은주야, 그러지 말고 우리 맛있는 거 먹으러 가자. 샘님이 고기 사줄게. 그때 같이 갔던 차돌박이 집 기억나? 우리 그거 먹을까?"

"아! 거기 좋아요 샘님~ 저 고기 좀 사주세요."

"그래, 그럼 다음 주에 갈까? 시간 맞춰 보자."

"그래요."

은주가 웃는 걸 보니 안심이 되었다.

얼마 후에 연예 프로그램을 보는데 '이은주가 대학 졸업 어쩌구……' 하는 소리가 귀에 와서 박혔다. 내 귀를 의심했다. 깜짝 놀라서 TV 앞에 달려가 음량을 높여보니 그새 은주가 졸업을 했다. TV 화면 속의 은주는 모자를 푹 눌러쓴 채였다. 자세히 보니 메이크업도 전혀 안 한 얼굴이었다.

나도 모르게 안타까워서 탄식을 뱉었다. 서운했다. 은주 졸업식을 놓치다니. 미리 알았다면 예쁘게 해서 보냈을 텐데. 졸업선물도 주고 싶었는데 이렇게 기다리고 있는데 전화 한 통을 안 하다니. 나는 은주에게 살짝 서운했다.

'무심한 아이 같으니, 뭐가 바빠서 전화 한 통을 못하고 저 모양으로 졸업식엘 가? 이번에는 꼭 만나서 밥 먹으면서 속 얘기 좀 해봐야겠다.'

속으로 이렇게 마음먹고 그 길로 차를 타고 보석점으로 달려갔다. 그리고 은주의 졸업선물을 샀다. 이십 대 아가씨의 나이에 맞는, 작은 사이즈의 다이아몬드 귀고리였다. 졸업선물로 뭘 해줄까 고민했는데 나와 함께 뚫은 귀에 걸 진짜 보석 귀고리를 사주고 싶었다.

언제든 은주를 만나면 주려고 가방에 귀고리 상자를 포장해서 넣고 다녔다. 그리고 은주에게 문자를 보내고 답을 기다렸다.

"선생님! 선생님!!"

직원 하나가 숨을 헐떡이며 내 사무실로 밀고 들어왔다. 눈에 눈물이 그렁그렁한 채였다.

"왜 그래요? 무슨 일이야?"

"선생님…… 선생님……."

그 직원은 말을 다 잇지 못하고 눈물을 줄줄 흘리고 있었다.

"말을 해봐요, 왜 말을 못해. 무슨 일인데?"

"은주 씨가…… 이은주가……."

"은주가 왜? 은주가 왔어? 아니구나, 은주가 왜!! 말을 하라고!"

청천벽력이 그런 게 아닐까. 그날은 말로 표현할 수가 없다.

은주야…….

내 눈에서 나온 건 눈물이 아니었던 것 같다. 몸속의 모든 수분이 다 눈으로 빠져 나오도록 은주를 부르면서 며칠을 울었는지 모른다.

'은주야, 은주야…….'

사무실 바닥에 주저앉아 초주검이 되도록 울다가 정신을 차려보니 장례식장에 와있었다. 은주의 친구들, 바다와 김소연이 쓰러져서 은주를 부르며 울고 있는데 정작 은주는 꽃 속에서 환하게 웃고 있었다. 너무도 천진한 웃음이었다. 같이 웃고 떠들던 친구들이 완전히 무너져서 자기를 찾으며 울고 있는데 아무 상관도 없다는 듯이 맑게 웃고 있었다. 그 웃는 얼굴이 너무 예뻐서 가슴이 찢어졌다. 사흘 내내, 은주의 장례식장에서 나는 계속 속으로 은주에게 물었다.

"은주야. 왜 그랬어. 너 도대체 왜 그랬어?"

받아들일 수도 이해할 수도 없었다. 울다가 정신을 잃고 쓰러지듯 잠이 들었다가 깨어나서 다시 은주가 없다는 걸 확인하고 또 무너지는, 그런 날들이었다. 그리고 은주를 납골당에 안치했다. 작은 단지 안에 은주의 유골을 담고 은주가 좋아했던 것들을 앞에 놓는 걸 지켜보았다. 눈을 뜨고 부들부들 떨며, 내 앞에서 일어나는 모든 일들을 보고는 있었지만 어느 것 하나도 현실감 있게 느껴지지 않았다. 꿈속에 있는 듯, 물속에 잠겨 있는 듯 무서운 시간이었다. 그냥 울면서 은주 이름을 부르는 것밖에 할 수 있는 게 없었다.

'은주야, 샘님이 너무 보고 싶었는데…… 마른 얼굴이, 그 손이 계속 마음에 걸렸는데, 이야기를 들어주고 같이 고민해주고 싶었는데. 왜 그랬어. 샘님이 은주에게 그만큼의 위안이 못 되었던 거니? 애야, 너 도대체 왜 그랬니.'

생각이 머릿속에 가득한 채 그저 입속으로 주문을 외듯 은주에게 말을 걸었다. 계속 은주를 불렀다. 대답 없는 그 이름을.

은주야, 은주야, 은주야…….

은주가 그렇게 떠나고 나서 한참을 넋이 나간 채 울면서 보냈다. 머리가 깨질 것같이 아팠고 계속 눈물이 나서 외출하기가 힘들었다. 은주라는 이름은 그 또래 여자 이름으로는 흔한 이름이 아닌가. 길을 가다가 어디선가 '은주야~'라고 부르는 소리가 들려오면 깜짝 놀라서 정신없이 돌아봤던 적이 한두 번이 아니다. 지금도 은주라는 이름을 들으면 대책 없이 눈물이 난다. 은주가 부르던 노래가 들려오거나, 은주가 나왔던 영화를 우연히라도 보게 되면 나도 모르게 화면 앞으로 다가가서 보다가 또 울게 된다. 은주 또래의 연기자들을 보고 은주가 보고 싶어서 하염없이 울었던 적도 있다.

'저 애들은 저렇게 연기하고 잘 사는데, 은주야! 너는 어디 갔니?'

하루는 서랍을 정리하다가 은주에게 주려고 사두었던 귀고리를 찾아내고 또 눈물이 쏟아졌다. 이걸 받아줄 사람이 없다는 게 그때서야 뼈저리게 실감이 나서. 귀고리를 바라보다 책상에 엎드려서 한참 동안 은주를 불렀다. 결국 그 귀고리는 어느 이웃돕기 바자회에 기부했다. 남을 돕는 일에 쓰인다면 결국 은주에게 준 거나 마찬가지라 생각하고 귀고리를 보냈다.

은주는 그렇게 내 마음에 아프게 박혀 있었지만 한동안 차마 그 이름을 입에 올리지 못했다. 이렇게 은주 이야기를 할 수 있게 된 것도 최근의 일이다. 바다와 강성연, 김소연 등 은주와 친했던 아이들과도 한동안 은주 이야기를 못했다. 그들도 정말 많이 힘들어했다. 연예계에서 드물게 진짜 친구가 되어 우정을 나누며 함께했기에 오랫동안 충격에서 헤어 나오지 못했다. 그 아이들이 김청경 헤어페이스에 와서 재잘거리고 놀던 모습이 얼마나 예뻤는지. 하지만 이제 그런 모습은 다시 볼 수 없다. 은주가 없으니 무엇도 완벽하지 않다.

  은주가 가고 한참 후에도 우리는 은주 얘기를 하지 못했다. 반갑게 안부 인사를 하고 꽤 긴 시간 이야기를 하면서도 차마 은주라는 이름을 입에 올리지 못했다. 서로에게 너무나 그립고, 또 아픈 이름이었기 때문에. 누구라도 먼저 그 이름을 꺼내는 순간 다 같이 무너져버릴 것을 알았기에 더더욱.

  이은주는 특별했다. 같은 공간에 있는 것만으로도 마음이 밝아지는 독특한 매력을 가진 아이였다. 내가 은주를 얼마나 아꼈는지 은주는 알까? 단아하고 아름다운 은주. 배역이나 메이크업에 따라 화려하게도 또 수수하게도 변신할 수 있는 매력적인 그 얼굴, 어린아이같이 밝고 활기찬 그 말투, 영화와 드라마에서는 연기자로서 최선을 다하는 모습들, 그리고 어리지만 은근히 사려 깊은 그 마음씨까지. 내가 얼마나 자기를 아꼈는지 은주는 알까. 언제까지나 나는 은주의 '샘님'으로, 은주는 나의 자랑으로 그렇게 오랫동안 함께할 줄 알았는데 한마디 말도 없이 은주는 훌쩍 떠나버렸다. 지금도 은주가 콧소리를 내며 장난스럽게 '샘님~!'이라고 부르면서 저 문을 열고 달려올 것만 같다. 그리고 큰 소리로 웃어대며 '샘님, 내일 촬영인데요~'라고 이런저런 계획들을 내 앞에서 재잘거릴 것만 같다. 나의 어린 친구였던 이은주. 그 아이가 연기자로 성장하고 스타가 되어가는 길을 함께하면서 넘치도록 행복했고 그렇게 계속 행복할 줄만 알았는데. 은주는 스타가 되자마자 내 마음속의 별이 되어버렸다. 영원히 빛나는 별이.

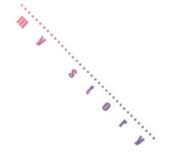

아름다운 근성,
조윤희

2000년도 패션잡지계에는 네 명의 '공주'가 있었다. 잡지모델로서 각광받던 아름다운 십 대 소녀들. 그들은 바로 김민희, 김효진, 신민아, 조윤희였다. 김민희가 가장 먼저 각광을 받기 시작했고 김효진이 그 뒤를 이어 광고계를 섭렵했다. 이국적인 매력의 신민아 역시 기대주였지만 조금 늦게 시동이 걸렸다. 그리고 조윤희가 있었다. 그 넷 중 김효진과 조윤희가 김청경 헤어페이스의 멤버였다.

조윤희는 군인이신 아버지가 연예계 활동을 반대했었다. 그래서인지 데뷔 후에도 이렇다 할 인상적인 활동이 없었고 늘 조금씩 모델로만 소일하고 있었다. 나는 조윤희가 너무 예쁘고 좋았는데 주목을 받지 못하는 게 너무 아깝고 아쉬웠다. 개성 넘치고 톡톡 튀는 김민희, 큰 눈에 여성스러움이 가득한 김효진, 이국적이고 건강한 매력이 넘치는 신

민아도 예뻤지만 나는 왠지 조윤희가 너무 좋았다. 튀지는 않았지만 우아하고 예뻤다. 투명한 피부와 아기같이 천진스러운 눈빛, 긴 생머리가 그렇게 잘 어울릴 수가 없었다. 키가 170cm로 큰 편인데 전체적인 몸의 비율이 무척 잘 잡혀 있었다. 긴 팔다리와 어깨선이 예뻤고 글래머라기보다는 몸 전체가 우아한 곡선을 그리고 있는, 멋진 몸매를 타고난 아이였다. 나는 조윤희를 주목하고 특별히 예뻐했다. 윤희는 예쁜 외모답지 않게 겸손하고 참하고 의외로 무척 조용한 아가씨였다.

나는 윤희가 꼭 스타가 될 거라고 굳게 믿었는데 그 후로도 한참 동안 윤희는 잘 풀리지를 않았다. 소속사가 폐업하고 윤희가 다른 회사로 옮기면서 계약이 어그러지고. 그러다보니 작품에 꾸준히 출연을 못하게 되고 정체되는 날들이 지속되었다. 그래도 윤희는 크게 불평도 안 했다. 숍에 안 들른다 싶으면 내가 먼저 전화해서 밖으로 불러냈다.

"윤희야, 선생님이야. 우리 맛있는 거 먹고 영화 보자."

워낙 얌전하고 여성스러운 아이라 이렇게 먼저 불러내지 않으면 집 밖으로도 잘 안 나왔다. 정성스레 메이크업을 해주고 같이 식사도 하고 수다도 떨었다. 그렇게라도 기분을 띄워주고 싶었다. 2년 전쯤, 윤희가 일일드라마에서 좋은 연기를 펼쳐 신인상도 받았을 때는 '이제 됐구나!' 싶었다. 이제야 윤희가 연기자로서 빛을 보는구나 싶어서 너무 기뻤다. 하지만 그 이후로 작품이 연결되지 않아 또 1년여를 날렸다. 그 이후로 본격적으로 윤희에게 기를 불어넣었다.

"윤희야, 너는 꼭 스타가 될 거야. 선생님은 잘 알아. 누구보다도 윤희 네가 잘할 수 있어."

마치 주문을 외듯 윤희를 응원했다. 말 없는 윤희는 언제나처럼 씩 웃어보일 뿐이었다.

그리고 2012년, 윤희는 새 작품 〈넝쿨째 굴러온 당신(이하 〈넝굴당〉)〉에서 둘째 딸 '방이숙'이 되었다. 드라마 출연을 위해 10년 동안 고이 길러온 긴 머리를 자른다고 했을 때 나는 반대했었다. 올리비아 핫세 이후에 긴 생머리가 그만큼 잘 어울리는 여배우는 윤희뿐이라고까지 생각했기에 그 머리를 잘라야 한다는 게 너무 아까웠다. 하지만 막상 머리를 자르고 나니 윤희의 예쁜 얼굴선과 눈이 훨씬 더 잘 돋보였다.

의외로 윤희는 짧은 머리도 잘 어울렸다. '내 고집 때문에 그동안 머리를 못 잘라서 이 아이가 주목을 못 받았나' 싶은, 엉뚱한 생각이 들어서 잠시 머쓱해졌다. 그 정도로 윤희의 스타일 변신은 성공적이었다. 그리고 〈넝쿨당〉을 통해 윤희는 귀여운 톰보이 룩을 만들어내며 개성 있는 여배우로 자리 잡았다. 방송 내내 정말 윤희가 나오는 〈넝쿨당〉 보는 맛에 살았다. 드라마 속의 윤희는 엉뚱하고 귀엽고 반짝반짝 빛이 났다. 역시 내가 사람 하나는 잘 본다 싶었다. 꼬박 12년을 기다렸던 원석이 다이아몬드가 되어 빛나는 걸 보니 마음이 다 뻐근했다.

방송 직후 내 스케줄표는 윤희와 함께하는 촬영으로 꽉 찼다. 드라마 〈넝쿨당〉을 통해 윤희가 주목받기 시작하면서 여러 패션잡지에서 윤희를 찾았다. 얼굴도 몸매도 예쁘고 표현력이 뛰어난 윤희는 뷰티화보와 패션화보의 모델로도 적합한 좋은 피사체다. 촬영현장에서 윤희의 얼굴에 새로운 이미지를 표현하고 그 아이가 카메라 앞에서 날아오르는 것을 보는 게 나의 가장 큰 즐거움이었다. 데뷔 후 12년. 그동안 윤희에게도 정말 '그만두고 싶은' 힘든 순간들도 있었을 거다. 속 깊은 아이라 내색은 잘 안 하지만 소속사 문제로 힘들 때, 작품이 없어 허송세월할 때, 연기자의 길을 포기하고 싶은 적이 왜 없었겠는가. 자기와 똑같이 시작했던 친구들이 여배우로 성장해가는 것을 보면서 더욱 그랬을 거다. 하지만 윤희는 포기하지 않았다. 자신의 때를 기다리며 묵묵히 준비하고 꾸준히 연습하고 스스로를 가꿔나갔다. 그 결과 오늘의 조윤희가 있는 것일 테다. 한참 어린 조카 같은 아이지만 그런 면에

서 난 조윤희를 좋아하고 진심으로 존경한다. 쉽게 들뜨고 쉽게 포기하는 젊은 친구들을 많이 봐오면서 한길에 매진하고 끈기 있게 버티는 힘, 그런 힘을 윤희같이 젊은 아이에게서 보는 건 참으로 기분 좋은 경험이다.

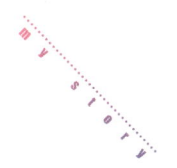

사람을
사랑하는 것

나는 무척 능동적이면서도 내성적인 사람이다. 배경도 돈도 없이, 어려운 여건에서 시작해서 내 능력과 하늘의 도우심을 믿고 살아왔고 항상 모든 일에 맞서고 부딪쳐서 이겨내면서 살아왔다. 고등학교 때 집안이 기울면서 좌절했던 적도 있지만 그 후로 메이크업 아티스트로서 일을 하면서는 항상 행복했다. 내가 사랑하는 일이었고 어려움도 내가 감당할 몫이었다. 내가 진심으로 바라고 원해서 안 된 일은 없는 것 같다. 하지만 운명의 힘도 믿는다. 내 능력도 믿고 있지만 큰 틀에서 우리를 움직이는 운명의 힘이라는 것도 있다. 그리고 그 운명은 사람의 힘으로는 어쩔 수 없다.

특히 인연에 대해서는 더욱 그렇다. 30년 동안 일을 하면서 수많은 사람들을 만나는 동안, 사람의 만남도 헤어짐도 내 뜻만으로는 어찌할 수 없다는 걸 알게 되었다. 정을 주었던 사람들과 멀어지고 소중했던 사람을 아프게 떠나보내면서 깨달은 사실이다.

분장사 초년생 시절 친구처럼 지내며 좋은 추억을 만들었던 임성민의 부고를 들었을 때 처음 이별을 체험했고, 아꼈던 송혜교와 사이가 멀어질 때는 그를 아꼈던 만큼 많이 힘들었었다. 특히 이은주가 갑자기, 비극적으로 세상을 떠났을 때는 세상이 무너진 듯한 비통함에 젖어 꽤 오랫동안 정신을 놓고 지냈다.

가슴 뛰는 만남과 행복했던 시간들 뒤에 갑자기 찾아온 이별. 절연이든 죽음이든 그 무게는 다르지만 이별은 다 같은 차원에서 사람을 힘들게 한다.

만남이 내 계획에 없었듯 헤어지는 것도 내 의지나 계획과는 아무 상관이 없었다. 그냥 하늘의 뜻으로 만나 헤어질 뿐. 지금도 사람 좋아하고 사람 키우는 일을 좋아하지만 이별에 대처하는 자세는 좀 달라졌다. 가끔 사람 때문에 마음이 심난해지면 전인화가 했던 말을 생각한다.

"세상 사람이 다 언니 마음 같지 않아. 사람한테 너무 정을 주지 말아요."

그 말도 맞다. 내 맘 같은 사람이 어디 있으랴. 사실 어떨 때는 나조차도 내 마음을 다 모르는데 남이 내 뜻을 알아주기를 바라는 건 지나친 기대다. 하지만 너무 사랑스럽고 재능 있는 신인들을 만나면, 팬이 되고 싶을 만큼 멋진 연기자를 만나면 그저 잘해주고 싶고 내 손으로 멋지게 꾸며서 내보내고 싶은 마음은 어쩔 수가 없다. 재능 있고 아름다운 사람을 좋아하고, 한번 마음을 주면 푹 빠져서 뭐든지 해주고 싶은 마음. 이건 어쩔 수 없는 내 천성인가 보다. 그리고 이런 천성 덕분에 30년 동안 메이크업 아티스트로서 나름대로 영역을 확장해가며 일을 지속할 수 있다고 생각한다. 사람에 대한 관심과 애정. 이건 나의 장점이자 단점이다. 내 성격의 양날의 칼인 셈이다. 내가 상처 입을 수도 있지만 나를 살게 하는 원동력이기에 절대로 놓을 수는 없는, 그런 면이다.

사람을 좋아하는 마음은 여전하지만 생각을 조금 달리 갖기로 했다. 그저 나와 함께할 때 최선을 다해 내 식대로 진심으로 대하되 헤어지게 된다면 그것도 쿨하게 받아들이기로 했다. 인연이 다한다면 내 의지로는 어쩔 수 없다는 걸 이제 알기에. 인연은 운명, 하늘의 뜻이니까.

하지만 이은주, 은주는 여전히 내 맘에 슬픔으로 남아 있다. 얼마든지 스스로 빛나는 미래를 만들어갈 수 있는 젊은 아이가 왜 그랬을까. 귀 뚫으러 가는 것도 아플까봐 무서워서 혼자 못 간다던 아이가 왜 그런 선택을 했을까. 그 아이를 아꼈지만 가장 괴로울 때 위로가 되어주지 못했다는 생각, 그 생각이 나를 끊임없이 괴롭힌다. 아름다웠던 은주. 은주를 생각하면 하나님을 찾게 된다. 어디에서건 주체할 수 없게 눈물이 터진다. 은주의 영혼을 위해 기도하면서 다시는, 어느 누구도 그렇게 떠나는 일이 없기를 바랄 뿐이다.

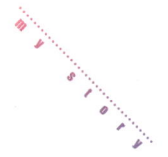

영부인 전속
메이크업 아티스트

2008년 초였다. 전화 한 통이 걸려왔다. '청와대'라고 했다.

'청와대라고? 장난인가? 정말 청와대라면 왜 나한테 전화를…….'

"영부인 메이크업을 하실 분을 찾고 있습니다. 이쪽으로 한번 오실 수 있는지요?"

전화를 통해 들리는 목소리는 정중하고 권위가 있었다. 영부인을 메이크업하다니. 부담도 되었지만 일단 만나보기로 했다. 며칠 후 이른 아침에 청와대 근처로 가서 나와 통화한 사람을 만나 그의 검은 차를 타고 청와대로 들어갔다. 여러 개의 큰 문을 통과해서 청와대로 들어가는 길, 웬만한 일에는 긴장하지 않는 나였지만 청와대로 들어가는 길에는 괜히 어깨가 뻣뻣해졌다. 그리고 또 여러 단계의 문을 거친 후 영부인을 만났다.

"안녕하세요, 반갑습니다."

영부인 김윤옥 여사였다.

사실 나는 그전부터 김윤옥 여사를 생각하고 있었다. 대통령 취임식에서 영부인의 메이크업이 거슬려 보였기 때문이다. 메이크업 아티스트로서 일종의 직업병이랄까? 길을 가다가도 어색하게 메이크업한 사람을 보면 돌아보고 아쉬워하는 사람이 나다. TV 속의 김윤옥 여사를 보면서도 그랬다. 영부인이신데, 누가 메이크업했는지는 몰라도 메이크업이 너무 아쉬웠다.

"섀딩과 눈썹을 자연스럽게 하면 훨씬 아름다우실 텐데……."

그리고 몇 달 후, 청와대에서 전화가 왔고 그 영부인을 메이크업하기 위해 청와대 대통령 관저로 오게 된 것이다. 이 모든 일이 필연인지 우연인지, 무심코 뱉어두었던 나의 혼잣말이 현실로 이루어진 그 상황이 놀랍고 신기했다.

내가 구상했던 대로, 영부인에게도 내 장기인 투명 메이크업을 했다. 피부톤을 보정하고 입체적으로 보이도록 베이스 메이크업을 끝냈다. 아이라인은 또렷하지만 한 듯 안 한 듯 하면서도 화사하고 기품 있어 보이도록 할 것. 드러나는 색조화장은 피할 것. 정치인이나 공무원 등 공적인 행사에 참석하는 이들을 메이크업할 때 내가 지키는 원칙이다. 메이크업하는 내내 별말이 없던 김윤옥 여사도 일어나서 거울을 보며 꽤 만족한 모습이었다.

"아, 수고하셨어요. 좋네요. 그럼 내일 이 시간에 또 뵐게요."

그러고는 오전 일정을 재촉하는 비서와 함께 방을 나갔다.

'내일? 내일 이 시간?'

깜짝 놀라서 나를 데리고 온 청와대 비서를 쳐다보았다. 그렇게 일사천리로, 단 한 번의 만남으로, 나는 영부인 김윤옥 여사의 전속 메이크업 아티스트가 되었다. 2008년 그날부터 2011년까지, 햇수로 꼬박 3년 동안 나는 청와대로 새벽 출근을 했다. 아침 7시에 청와대로 가서 영부인을 메이크업하고 샵으로 돌아오면 10시가 다 되어 있었다.

오전에 잠깐 샵을 비우는 정도라고 생각하면 그게 무슨 큰일이냐 싶겠지만 오전에 내가 김청경 헤어페이스에 없다는 건 큰 문제였다. 연기자들은 아침에 일찍 나와서 촬영을 위한 메이크업을 하고 간다. 7시부터 10시까지가 딱 그 시간대였다. 신부화장도 마찬가지였다. 어디든지 헤어 메이크업 샵의 중요한 일정들은 거의 오전에 몰려 있다. 나에게 메이크업을 받던 연예인들, 나를 보고 김청경 헤어페이스를 찾아온 예비신부들에게는 난감한 일이었다. 영부인 메이크업을 전담하는 동안 연예인을 많이 놓쳤다. 나에게 메이크업을 받을 수 없으니 그들도 기다리고 기다리다 다른 샵으로 옮길 수밖에. 전인화가 〈제빵왕 김탁구〉를 촬영할 때는 매일 새벽 5시 30분에 메이크업을 했다. 내가 청와대로 출발하기 전에 메이크업을 끝내야 했기 때문이다.

영부인의 전속 메이크업 아티스트로서의 일은 체력적으로도 만만치 않은 일이었다. 청와대에서 열리는 공식일정을 위한 메이크업만 하는 게 아니었다. 지방일정이나 휴가도 대통령 내외를 따라가야 했다. 해외

순방에도 동행했다. 러시아, 일본, 미국, 동남아시아, 유럽, 남미……. 영부인을 따라 세계 각국을 돌아다녔다. 덕분에 지난 3년 동안 단 하루도 나만의 휴가를 간 적이 없다. 집에서 온전히 쉬어본 적도 없었다.

고된 일정이었지만 불평하지 않았다. 힘들어도 해야만 했다. 나라를 위해 하는 일이니 영예로운 일이 아닌가. 나는 정서적으로 약간 '옛날 사람'인가 보다. '나라를 위한 일', '국가의 부름'이라면 어쨌든 열심히 해야 한다는 생각을 갖고 있다. 대통령은 우리나라의 대표이고 영부인은 그런 대통령과 함께 나랏일을 하는 분이니 내 도움이 필요하다면 최대한 기여해야 한다고 믿고 임했다. 내가 메이크업하는 동안 김윤옥 여사의 스타일이 좋아졌다는 평도 듣고 아름답다는 이야기를 들을 때는 내 힘으로 나랏일에 보탬이 된 것 같아 보람을 느꼈다.

Part 4

새로운 시작, 더 먼 곳을 바라보는 나

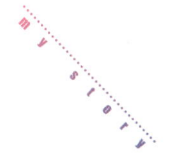

쉰 살 그리고
터닝 포인트

<0x09><0x09>2010년이 되었다. 시간은 무심하게 빨리도 가서 영부인의 메이크업을 맡은 지도 햇수로 3년이 되었다. 온전히 내가 맡아서 관리하던 연예인들을 꽤 잃긴 했지만 김청경 헤어페이스는 그래도 탑의 위치를 고수하고 있었다. 여권에는 세계 각국 공항의 입국심사대에서 찍힌 도장이 가득했고 영부인을 중심으로 한 일정표도 꽉 차 있었다. 그리고 어느새 내 나이도 오십이 되었다.

'오십이라…… 쉰 살이라…….'

서른 살을 맞았을 때도, 마흔 살이 되었을 때도 느껴보지 못했던 묘한 회한이 밀려왔다. 사실 그 나이 때까지는 그냥 하루에 두 시간만 자고 일에 빠져서 달려왔을 뿐, 내 나이에 대한 실감이 없었다. 하지만 50이라는 숫자는 달랐다. 쉰 살을 맞이하는 느낌은 그 어느 때와는 사뭇 달랐다. 그리고 메이크업 아티스트로서 달려온 지도 30년이었다. 인생 50년, 메이크업 아티스트로서 30년. 뭔가 내 이름으로 남을 만한 일을 벌여보고 싶어졌다. 더 나이 들면 도전할 수 없을, 그런 큰일을.

마음을 굳게 먹고 영부인께 물러날 뜻을 밝혔다. 3년 동안 영부인도 나에게 익숙해졌고 나 역시 청와대 식구들에게 정이 들었다. 작지만 내 힘으로 나랏일에 보탬이 되는 보람을 느꼈고 좋은 추억도 많았다. 하지만 청와대 일을 지속하면 내가 하려는 일을 할 수가 없었다. 그리고 내가 하려는 일은 때가 있는 일이었다. 영부인은 아쉬워했지만 곧 내 뜻을 이해해주었다.

그렇게 청와대와 작별을 고하고 청담동으로 돌아왔다. 매일 함께했던 스태프들도, 내 방도, 완전히 돌아왔다고 생각하니 어딘지 낯설고 또한 반가웠다. 이곳을 기반으로, 또 메이크업 아티스트로서 내 이름을 걸고, 큰일을 시작하기로 했다.

김청경의
이름을 걸다

최소한의 제품을 효과적으로 사용해서 깔끔하고 맑은 인상을 만드는 것이 바로 김청경식 메이크업의 요체다. 그런 바탕에서 만들어낸 누드 메이크업, 투명 메이크업, 물광 메이크업은 메이크업의 트렌드를 만들며 히트했고 연예인들을 비롯, 여성들에게 크게 사랑받았다. 내가 처음 적용하거나 사용해서 국내에 소개되고 유행이 된 제품들도 꽤 있다. 페이스 오일과 비비크림이 그것이다. 처음 히트를 친 건 비비크림이다. 드라마 〈불새〉에서 가정부 역을 맡았던 이은주에게 사용했던 비비크림은 방송 몇 회 만에 '이은주식 메이크업 비법'으로 알려지면서 엄청나게 히트했다. 얼굴색을 보정하면서 원래 피부처럼 쏙 스며드는 비비크림은 곧 연예계에 맨얼굴, '생얼' 붐을 일으켰다. 알 만한 연예인들이 비비크림을 바르고 맨얼굴이라며 인터뷰를 하고 방송에도 나왔다. 실정을 모르는 사람들은 그런 사진을 보고 감탄해댔다.

'연예인의 맨얼굴이 저렇게나 완벽하다니!'

비비크림을 처음 방송에 사용해서 그 특성을 잘 알고 있는 나로서는 웃음이 나는 일이었다. 곧 국내 브랜드에서도 비비크림을 출시하기 시작했고 '연예인의 생얼 비법', '자연스러운 물광 효과' 등을 내세워서 크게 히트했다. 비비크림 하나로 가장 히트한 회사는 '한스킨'이다. 한국 드라마를 보고 한국 여자 연예인들의 투명 화장법에 매료된 일본과 동남아 여성들이 한스킨 매장에 밀려들어 비비크림을 수십 개씩 구입해 갔다. 비비크림은 '한류'의 다른 이름이었다. 비비크림의 대히트는 화장품 업계에서는 놀라운 사건이었다. 브랜드마다 비비크림 단일상품의 매출은 그야말로 엄청났다. 피부가 자연스럽게 커버되는 비비크림의 특성 때문에 메이크업을 전혀 하지 않는 여자들, 메이크업에 막연히 거부감을 갖고 있던 여성들까지도 부담 없이 구입했기 때문이다. 그러나 초창기의 비비크림에는 한계가 있었다. 일단 메이크업의 지속성이 떨어졌고 시간이 지나면 색깔이 탁하게 변했다. 손에 놓고 바르는 느낌, 제형도 좀 끈적거렸다. 나중에 한스킨 등 국내 브랜드에서 그런 단점을 보완한 제품을 내놓기는 했지만 처음에는 부족한 점도 있었다. 나는 여러 회사의 비비크림을 써보면서 더 진보된 비비크림을 막연히 생각했다. 여자들의 모든 필요를 만족시켜주는 최상의 비비크림을.

비비크림은 참 독특한 이력을 가진 화장품이다. 원래 피부과 치료 후 얼굴을 보호하고 커버하는 용도로 개발되었다가 나를 통해 본격적인 메이크업 제품으로 '용도변경'이 되었다. 블레미쉬 밤으로 불리던 비비크림의 원조는 독일 제품이었지만 내가 이은주에게 비비크림으로 메이크업을 해준 이후 우리나라 브랜드에서 비비크림을 개발했고 한류붐을 타고 엄청나게 히트했다. 그리고 최근 2, 3년 사이 국제적인 대기업, 명품 브랜드에서도 비비크림을 출시하고 있다. 에스티로더, 바비브라운, 클리니크, 디올. 백화점 1층에 화려하게 자리 잡고 있는 브랜드에서도 모두 비비크림을 선보이고 있다. 이은주와 드라마 〈불새〉의 메이크업을 상의할 때는 상상하지 못했던, 의외의 결과다. 작년에 디올에서도 디올 스노우 비비크림을 출시했다. 작년 11월, 디올 본사에서 아시아 10개국의 뷰티기자들을 모아놓고 디올 비비크림에 대한 프레젠테이션을 할 때 내가 아티스트로 초청되어 신상품 세미나를 해줬다. 비비크림을 메이크업 용도로 처음 사용한 데 대한 인정을 받아 초청된 것이었다. 그 행사에서 여러 나라에서 온 기자들, 블로거들의 이야기를 들을 수 있었다. 그들이 원하는 베이스 메이크업, 특히 비비크림에 대한 기준은 매우 높았고 내용도 구체적이었다.

'내 피부처럼 자연스럽게 보이면서도 잡티를 완벽하게 커버하고 오래 지속되면서도 수분감이 유지되는 베이스 메이크업.'

그들의 이야기를 들으며 아예 내가 직접 그런 메이크업 제품을 만들어야겠다는 생각에 도달했다. 다양한 사람들을 메이크업하며 세계에 알려진 거의 모든 메이크업 제품을 사용해본 나였다. 제품을 만든다면 누구보다 잘해낼 수 있겠다는 생각이 들었다. 베이스 메이크업에 대한

여자들의 요구사항은 다양하고 구체적이고 한편으로는 너무나 모순되어서 실현이 불가능할 것같이 보였다. 하지만 그 일이 바로 내가 그동안 해왔던 일이었다. 자연스러우면서 결점 없고, 오래 지속되면서 촉촉한 메이크업. 그게 바로 김청경 스타일이었다. 그리고 내 이름은 건 화장품을 만들어서 김청경 스타일을 완성하기로 했다.

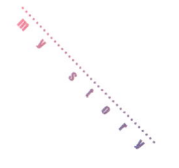

리즈케이, 모든 여성을 위한 화장품

2011년 당시, 이미 국내 메이크업 아티스트들이 만든 화장품들이 유행하고 있었다. 그중 몇 가지를 테스트해보기도 했는데 다들 괜찮았다. 기발한 용도의 제품들도 있었고 컬러도, 제형도, 패키지 디자인도 각자 개성 있고 좋아 보였다. 특히 색조제품은 넘치도록 많았다. 나는 좀 다르게 가기로 했다. 색조제품보다 기초제품과 베이스 메이크업 제품을 먼저 만들기로 했다. 색조화장이 잘 받으려면 무엇보다 기초 단계에서 충분한 수분과 유분이 공급되어야 했다. 그리고 색조를 더할 바탕, 베이스 메이크업이 완벽하게 이루어져야 했다. 이미 색조제품들은 후배들이 잘 만들어놓고 있었고 종류도 너무 많았다. 그 마당에 나까지 색조를 들고 승부를 보고 싶지는 않았다. 나는 그들의 선배이자 우리나라 최초의 메이크업 아티스트로서 선배답게 정공법으로 가고 싶었다. 일단 세 가지 제품을 생각했다.

세럼, 수분크림, 컬러베일.

내가 생각하는 세럼은 스프레이 타입이었다. 세수를 하자마자 얼굴에 물기가 마르기 전에 뿌려주는 세럼이었다. 세안 후 1분 안에 보습제를 바르지 않으면 얼굴은 더 건조해진다. 건조한 피부는 자극에 민감해지고 붉은 기가 올라오고 각질이 일어난다. 그런 상태가 되면 아무리 좋은 제품을 발라도 메이크업이 잘될 수가 없다. 관건은 보습, 그것도 아주 신속한 보습제품이 필요했다. 기존의 세럼이나 스킨은 솜에 묻히거나 손으로 발라야만 했다. 특히나 1분이 급한 아침 시간에 세수하고 솜에 스킨을 적셔서 바르고 또다시 세럼을 손에 덜어서 바르는 건 꽤 번거로운 일이다.

'더 빨리, 가능하면 3분 안에 메이크업을 끝낼 순 없을까?'

그래서 생각해낸 것이 스프레이 세럼이었다. 세수하고 곧장 뚜껑만 딱 열어서 뿌릴 수 있는 세럼. 그리고 그 위에 수분크림을 바르면 기초화장은 끝이다. 아이크림도 다른 제품도 덧바를 필요는 전혀 없다. 3-in-1, 스킨·로션·에센스의 기능을 하나로 모은 제품이 바로 내가 개발한 스프레이 세럼이다. 3-in-1의 의미에는 또한 보습, 안티에이징, 화이트닝의 세 가지 효과를 담았다는 의미도 있다. 여성들이 가장 필요로 하는 기능과 효과를 제품 하나에 모두 담아냈다.

내 수분크림에 추가된 건 페이스 오일이다. 2010년 12월에 KBS의 한 생활정보 프로그램에 출연한 적이 있다. '추운 겨울을 위한 피부 보습'이 그 프로그램의 주제였고 나는 보습을 위한 기초화장에 대해 이야기할 패널로 출연했다. 그 방송에 내가 들고 간 것이 바비브라운의 페이스 오일이었다.

"김청경 원장님, 수분크림을 발랐는데도 피부가 건조하면 어떻게 할까요?"

MC의 돌발질문에 나는 내가 가져간 페이스 오일을 번쩍 들어보였다.

"그렇다면 페이스 오일을 사용하면 됩니다. 수분크림에 페이스 오일을 한 겹 덧발라 수분을 락(Lock) 시키세요."

그 방송이 나간 직후, 방송국 사무실과 김청경 헤어페이스의 사무실의 전화에 말 그대로 '불이 났다'. 다들 '김청경 원장이 갖고 나온 그 오일이 어디 제품이냐'는 진화였다. 사용 방법을 구체적으로 물어보는 이들도 많았다. 잡지 인터뷰 요청도 쏟아져 들어왔다. 페이스 오일은 그 전에도 쭉 나오고 있었지만 뷰티제품에 아주 관심 많은 층에서만 사용하고 있었을 뿐 대중적으로 알려진 제품은 아니었다. 그러나 그 한 번의 방송으로 페이스 오일은 화장대의 필수품처럼 알려져버렸다. 특히 내가 사용했던 바비브라운의 페이스 오일이 품절되는 '대박'을 맞았다. 그리고 얼마 안 있어 바비브라운의 홍보 담당자가 감사하다며 인사를 하러 왔다. 방송의 파급력을 여실히 느꼈다.

피부가 건조하다고 수분크림 하나만을 사용하면 금방 수분이 날아가벼려 다시 얼굴이 당기기 시작한다. 페이스 오일을 덧바르면 오일이 수분 위에 보호막을 만들어주기 때문에 피부가 오랫동안 물을 머금은 듯, 촉촉하게 유지된다는 것이 내 이론이었다. 또 오일은 즉각적으로 피부결을 부드럽게 해서 파운데이션의 발림성을 놀랍도록 좋게 만든다. 건조하고 주름이 있는 피부도 보드랍고 촉촉하게 발라져서 마치 갓 스무 살 피부에 화장한 것 같은 동안 피부결을 만드는 효과가 오일에 있다. 그동안 메이크업을 하면서 자주 사용해왔던 방법이지만 그렇게 방송에서 알린 건 처음이었다. 나는 수분크림과 오일을 아예 합쳐버리고 싶었다. 화장품 제조사에 가서 물어보니 물 입자를 실리콘으로 코팅하면 수분감이 유지되고 오일과 비슷한 효과가 난다고 했다. 이미 다른 화장품 브랜드에서도 사용하고 있는 방법이었다. 하지만 실리콘은 메이크업을 밀리게 할 수 있었다. 완벽한 방법은 아니었다.

"실리콘은 별로인 것 같은데, 에센셜 오일로 물을 코팅할 수는 없나요?"

"가능합니다. 물론 실리콘보다 훨씬 좋죠. 하지만 비용이 많이 들어서……."

에센셜 오일로 물을 코팅한 수분크림 시제품을 만들어보니 느낌이 너무 좋았다. 촉촉함이 오래 지속되면서 밀리지도 않고 발랐을 때의 느낌이 가볍고 상쾌했다. 에센셜 오일을 사용하면 제품 개발에 드는 비용이 훨씬 늘어났지만 이렇게 좋은 것을 알고도 안 쓸 수는 없었다. 주저하지 않고 에센셜 오일을 선택했다.

물도 중요했다. 수분크림의 주 성분은 물이다. 70% 이상이 물로 이루어지는 수분크림. 피부에 바르는 것인 만큼 어떤 물을 선택하느냐도 중요한 문제였다. 대부분의 수분크림은 정제수로 만들어지고 있었다. 나는 그 이상을 원했다. 이왕이면 더 좋은 물로 완벽하게 만들고 싶었다. 정제수는 일단 제외하고 좋은 물을 찾기 시작했다. 프랑스의 온천수, 탄산수, 세계의 좋다는 물의 리스트를 전부 구해서 성분을 연구했다. 그러다가 눈에 들어온 것이 바로 '셀틱워터'(Celtic Water)였다. 셀틱워터는 스코틀랜드 등 유럽의 청정지역에서만 취수한다. 오염원이 전혀 없는 깨끗한 자연에서 자연적인 정화과정을 거쳐 생성된 물이다. 게다가 몸에 좋은 미네랄이 많이 함유되어 있고 물 입자가 작아서 피부에 잘 스며드는 특성을 가졌다. 약 2000년 전부터 유럽의 켈트(Celt)족 사이에서는 이 물이 치유 효과가 있는 영험한 샘물로 치료에 이용되고 있다. 나는 곧 셀틱워터에 매료되었다. 미네랄이 많이 들이 있는 깨끗한 물이라는 점도 좋았지만 그 옛날부터 사람을 치료하는 용도로 사용되었다는 데 큰 매력을 느꼈다. 그런 고대의 지혜가 있는 물을 사용할 수 있다면 내 이름을 건 제품을 더 완벽하게 만들 수 있을 것 같았다. 하지만 역시 비용이 문제였다. 셀틱워터는 당연하게도 전량 수입인 데다 취수량도 많지 않았다. 정제수에 비해 비용이 더 많이 들어갔다. 그래도 선택했다. 내 이름에 맞는 최고의 제품을 만들고 싶었기 때문에. 시시하게 대충 만들고 싶지는 않았다. 비용과 정성을 들이면 결국은 쓰는 사람들이 알아줄 거라 믿었다. 수분크림 역시 보습, 안티에이징, 화이트닝의 3중 기능성 제품이고 수분크림 위에 오일을 덧바른 효과를 주는 강력한 보습력이 특징이다. 이런 에센셜 오일 덕분에 바르자마자 즉각적으로 피부결이 부드러워지고 파운데이션 역시 가볍고 촉촉하게 잘 발린다. 오일 때문에 화장이 번질거라는 염려를 하는데 오히려 그 반대다. 오일은 각질을 가라앉히고 주름이 도드라지는 부위를 부드럽게 보이게 만들어준다.

그리고 베이스 메이크업 제품을 만들었다.

'자연스러워 보이지만 완벽하게 커버되고, 오래 지속되면서 촉촉한 베이스 메이크업.'

일단은 자외선 차단의 중요성을 강조했다. 오존층이 파괴되고 환경이 오염되면서 피부는 어느 때보다도 강한 보호막을 필요로 한다. 게다가 자외선은 피부노화와 피부암의 주 원인. 화장을 하든 안 하든, 자외선 차단제는 기본이다. 나는 자외선 차단 효과가 높으면서 아름다운 피부를 만들어주는 메이크업 제품을 만들고 싶었다. SPF 50의 높은 수치에 파운데이션 기능을 넣는 것은 쉽지 않았다. 그러나 나는 연구원들에게 수차례 반복해서 테스트를 요청했고 결국 차단지수 50에 화사하고 완벽한 커버 효과까지 있는 '컬러베일'을 만들어냈다.

'실크 아이보리', '화사한 베이지', '내추럴 베이지', '어두운 베이지'를 만들고 완전 무색인 자외선 차단제 '옴므 선블럭'도 만들었다. 모두 SPF 50으로 강한 자외선 차단 효과를 가진 제품들이었다. 비비크림처럼 가볍게 발리지만 잡티를 깔끔하게 커버하고 시간이 오래 지나도 하얇게 뜨거나 칙칙하게 변색되지 않았다. 내가 생각하고 여자들이 바라는, 베이스 메이크업의 모든 이상을 다 실현할 수 있는 제품으로 만들었다. 다양한 피부톤에 맞도록 제품 컬러도 투명부터 어두운 톤까지, 총 다섯 가지로 만들었다.

컬러 제품은 립글로스 하나만을 우선 만들었다. 화장을 잘 하지 않는 여성들도 쉽게, 부담 없이 선택할 수 있는 색상을 제안했다. 메이크업 아티스트의 노하우가 반영된 그런 컬러들을. 입술에 자연스럽게 반짝이는 광택을 주어 인상을 밝아 보이게 하는 컬러들이었다.

세안 직후에 스프레이로 뿌려서 바르는 3-in-1 세럼, 셀틱워터를 에센셜 오일로 코팅한 아쿠아 하이드라맥스 수분크림, SPF 50으로 강력한 자외선 차단효과를 가진 UV 프로텍션 베일. 이렇게 세 가지가 내가 만든 스킨케어, 메이크업의 '3 Step'이었다. 바쁜 아침 시간에 단 3분 만에 완성할 수 있는 호스피드 메이그업이었다. 신속히 간단한 과정이었지만 결과물은 마치 30분 동안 메이크업한 것같이 나올 수 있는 라인업으로 만들었다. 메이크업 시간에 집착한 데는 이유가 있었다. 나 역시도 바쁘게 살아가는 일하는 여자였기에 화장하는 시간을 최대한 줄이고 싶었다. 메이크업을 업으로 삼는 나조차도 내 얼굴에 들이는 시간을 줄이는 데 골몰했다. 그만큼 바빴기 때문이다. 그래서 내가 만드는 제품은 최대한 간단하고 효과적인 제품으로 만들어서 여자들을 편하게 해주고 싶었다.

이름은 '리즈케이'로 정했다. Liz는 내 영어 이름, Elizabeth를 줄인 이름이다. 아름다움의 아이콘이었던 엘리자베스 테일러를 생각했다. 내 이름을 건 화장품을 사용하는 여자들이 엘리자베스 테일러처럼 아름다워졌으면 좋겠다는 뜻을 담았다. 반드시 젊고, 예쁜 것만을 뜻하는 건 아니었다. 당당하고, 자신감 있고, 스스로를 가꿀 줄 아는 여성이라면 사실 누구나 아름답다. 겉모습은 물론 태도가 당당하고 멋진 여자. 세기의 미인 엘리자베스 테일러가 그런 이상형이었다. '리즈케이'라는 브랜드 명은 엘리자베스 테일러에 대한 찬사이자, '메이크업 아티스트 김청경'으로서 내 이름을 걸었다는 걸 증명하는 것이다.

리즈케이 브랜드는 2011년 8월에 론칭했다. 이제 막 시작하는 단계다. 국내에는 올리브 영을 비롯한 드럭스토어에 먼저 입점해 있고 온라인으로도 판매하고 있다. 장기적으로는 해외로 진출하는 게 목표다. 해외에 진출한 우리나라 첫 번째 메이크업 아티스트 브랜드로 만들고 싶다. 홍콩, 중국, 대만을 비롯한 아시아 각국의 바이어, 투자자들과 만나면서 해외진출을 모색하고 있다. 한류 덕분에 우리나라 화장품 브랜드에 대한 이미지도 좋고 리즈케이 제품에 대한 평판도 좋아서 전망은 밝은 편이다. 특히 3-in-1 세럼에 대한 반응이 무척 좋다. 조금 욕심을 낸다면 금방 리즈케이를 확장할 수도 있지만 너무 서두르지는 않으려고 한다. 리즈케이를 가장 효과적으로 알릴 수 있는 판로를 찾아 차곡차곡 한 단계씩 밟아 올라가려고 한다. 내 이름을 건 제품이니만큼 좋은 경로로 많은 여성들에게 선보이고 싶다.

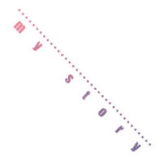

가족,
내가 살아가는 이유

'가족'

가족이라는 말을 쓰고보니 마음이 아려온다. 감사와 회한, 사랑이 뒤섞인 감정들이 마음속에서 파도치듯 밀려온다. 누구에게나 가족은 가장 소중한 존재, 힘을 주고 위로가 되는 존재들이다. 나 역시 그렇다. 부모님과 동생들이 없는 나는 상상도 할 수 없다. 어려웠던 시절을 이겨내고 똘똘 뭉쳐서 여기까지 왔다. 그리고 가족들은 여전히 나와 함께하고 있다.

어머니에 대한 감사는 말로 다할 수 없다. 글로도, 세상에 있는 어떤 말로도 어머니를 생각하는 내 마음을 다 표현할 수가 없을 거다. 30년 동안 메이크업 일을 하면서 미인이란 미인은 다 만나봤지만 젊은 시절의 내 어머니 같은 미인은 보지 못했다. 어린 내 눈에도 엄마는 그렇게 예뻤다. 지금으로 치면 손예진 같은 스타일이었다. 청순하고 성숙해 보이는 얼굴이었다. 초등학교에 다닐 때, 엄마가 학교에 찾아오면 친구들이 다 쳐다보며 수군거렸다.

"청경이 엄마 진짜 이쁘다!"

나는 그 말을 듣는 게 너무 좋아서 엄마가 학교에 오는 것이 소원이었다. 엄마는 아름다웠고 강했다. 아버지가 사업에 실패했을 때, 아무것도 없는 좁은 단칸방으로 밀려났을 때도 엄마는 꿋꿋했다. 그 가냘픈 손으로, 고운 얼굴로 미제 수입품 장사며 보험 판매까지 하셨다. 우리 앞에서 낙심하는 모습을 보인 적이 없었다. 대학을 그만두고 명동의 사무실에 다닐 때 나는 절망해서 죽고만 싶었다. 그때 나를 야단쳐준 신부님이 아니었다면, 누구보다 엄마가 없었다면, 나는 정말 바보 같은 선택을 했을지도 모른다. 강하고 지혜로운 엄마는 내 마음의 등불이었다. 지금도 그렇다.

동생들, 나의 동생들.

우리는 언제나 한 팀이었다. 형제자매 간으로도 한 팀이었지만 일로서도 우리는 함께였다. 지금 김청경 퍼포머를 맡고 있는 동생 김정현 원장은 내가 KBS를 나와 혼자 일하게 되면서 내 조수로 메이크업을 시작했다. 나에게 배운 메이크업의 기초에 본인의 스타일을 더해 나를 잇는 최고의 아티스트로 성장했다. '김청경'이라는 이름을 힘입지 않아도 충분한, 자랑스러운 동생이다. 김청경 헤어페이스의 경영을 맡고 있는 셋째, 김현리. 셋째가 없다면 나는 아마 서투른 경영자가 되어 허둥대고 있겠지. 나는 사실 숫자에는 영 약하다. 남에게 싫은 소리도 잘 못하고 냉철함과는 좀 거리가 있다. 하지만 동생은 다르다. 사람 상대도 잘하고 머리가 좋다. 김청경 헤어페이스는 꽤 큰 조직이다. 헤어, 메이크업 실장들과 스태프들 수십 명을 거느리고 샵을 관리하는 건 보통 일이 아니다. 동생이 있기에 나는 경영에서 손을 떼고 메이크업 아티스트로서의 일에만 전념할 수 있었다. 막내 동생 수영이는 1989년에 문을 연 끄쎄보 연수생 1기다. 역시 메이크업 아티스트의 길을 가고 있다.

동생들과 같이 일을 한다고 하면 사람들이 으레 하는 말이 있다.

"가족이랑 일하는 게 무척 힘들다던데……."

무슨 뜻인지는 안다. 하지만 나와 내 동생들은 특별했다. 어려움을 같이 겪었고 똘똘 뭉쳐서 살아왔다. 내가 하루에 두 시간 자고 일해서 번 돈으로 동생들을 대학 보냈다. 내가 굳이 말하거나 공치사를 하지 않아도 동생들이 너무 잘 알고 있다. 내 고생을, 내 이야기를. 실질적인 가장으로서 내가 자기들을 돌봤다는 걸. 그리고 성인이 되자마자 같은 업계에서 함께 일했다. 내가 일하고 성공하는 과정을 함께했고 같이 이뤄낸 사이다. 우리들은 부모님의 자식들로서 사랑으로 연결되어 있지만 위계는 확실하다. 항상 높임말을 쓰고 서로를 걱정한다. 어찌 보면 특별한 형제자매 간이다.

아버지에게는 감사한 마음뿐이다. 아버지를 생각하면서 힘들 때는 있었지만 원망한 적은 없다. 밀라노에서 급히 돌아와 아버지가 병상에 누운 모습을 봤을 때, 앞으로 아버지 곁에서 떠나지 않겠다고 다짐했다. 아버지를 잃을 뻔하고 보니 세계적인 메이크업 아티스트 따위, 당장 이루지 않아도 상관없었다. 내가 이루고 싶은 꿈보다 아버지가 더 소중했었다. 아버지는 나를 있게 한 분, 존재만으로 힘이 되는 분이다. 한 번 쓰러지신 후 아버지는 늘 위태로운 상태다. 지금까지 세 번 정도 위험한 고비를 넘겼다. 많은 노력을 들여 치료를 했지만 전과 같이 건강이 회복되지는 않았다. 언제나 가족들의 도움을 필요로 하신다. 하지만 이렇게라도 내 곁에 계셔주니 얼마나 다행인지, 게다가 자식들이 다 성공해서 아버지를 전력으로 돌봐드릴 수 있으니 그것 또한 감사한 일이다. 감사의 조건을 찾으려 맘먹으면 모든 것이 감사하고 놀라울 뿐이다.

대한민국 최초, 최고의 메이크업 아티스트로서 명성도 얻었고 돈도 벌었지만 그걸 쓸 틈도 없이 바쁘게 살아왔다. 내 자신을 위해 사치를 해본 적도 별로 없다. 하지만 아픈 아버지를 돌보면서 내가 능력이 있어서 좋다는 생각을 했다. 이만큼 돈을 벌어서 다행이란 생각을 수시로 했다. 편찮으신 아버지를 잘 모실 수 있으니까. 이만큼 성공해서 아버지를 간병할 수 있다는 것, 그것에 감사하기로 했다. 그리고 아버지를 보면서 또다른 가족을 생각했다. 나의 도움을 기다리고 있는 또다른 가족들을.

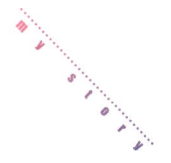

일하는 여자로서, 젊은 여성들에게 하고픈 말

사실 나는 개인적으로는 별로 재미없는 사람이다. 이십 대에도 삼십 대에도 사십 대에도, 나는 오직 일밖에 몰랐다. 앞서 말했듯이 건강과 사생활까지 모두 일에 바쳤다. 술도 전혀 안 마시지만 건강에 유난스럽지도 않다. 그저 10년 동안 휴가도 한 번 간 적 없을 정도로 일에 빠져 지내온 나다. 손목이 시리고 허리가 아파오는 걸 참아가며 하루에 30~40명씩 메이크업하며 살아왔다. 요즘 젊은 친구들의 시각으로 보면 이런 삶, '재미없고 지독하다'고 할 수도 있을 거다. 그렇겠지. 하지만 나에겐 일이 제일 재미있었다. 아주 정확히 말하자면 일이 재미있었다기보다, '재미있게 잘할 수 있는 것을 일로 선택했기 때문에' 그렇게 일에 빠져서 살아왔다.

곰곰이 생각해보면 나는 정말 행운아다. 누구나 자기가 좋아하는 것을 하며 그 일을 통해 돈도 벌고 즐겁게 살기를 바라지만 대부분 그렇게 살지 못한다. 그저 그런 일을 하는 사람도 많고 심하게는 전혀 원하지도, 좋아하지도 않는 일을 하며 근근이 살아가는 사람들도 많다. 나는 내가 원하는 것을 일찍 깨달았고 다행히 그 일에 소질과 열정이 있어서 인정을 받았다. 일을 하면서 돈도 벌 만큼 벌었고 소중한 사람들도 많이 얻었다. 써놓고보니 정말 이렇게 감사한 일이 또 없다. 여러 가지 어려움도 있었지만 결론은 하나다. 나는 정말 복이 많다.

어린 사람들에게 이래라저래라 하며 소위 '어른 노릇' 하는 건 내 성격에는 영 맞지 않지만 그래도 30년 동안 일을 하며 느낀 점, 그중에서도 일을 갓 시작하는 젊은 후배들에게는 해줄 말이 있다. 대단한 조언이나 삶의 지혜도 아니니 기대는 말기를. '성공의 비결'이나 '인생살이의 지름길' 같은 걸 나는 알지 못한다. 그런 건 없다. 그냥 좋아하는 일을 한결같이 꾸준하게 해나가는 것이 기본이다. 그래서 사실 어린 친구들한테 많이 해줄 말은 없다. 게다가 나는 '멘토' 같은 사람이 되기에는 너무 직구를 날리는 사람이다. 사교적이기는 하지만 대체로 아프더라도 진실을 말하는 편이라 그렇다.

약간 주저되지만 다음의 몇 가지는 사실 나 정도 인생을 산 사람이면 누구나 할 수 있는 말이지만 내 방식으로 전하는 것도 누군가에게는 의미가 있을 거라 믿고 시작해본다.

한 우물을 파라

메이크업 아티스트로 활동하면서 많은 후배들을 봤다. 메이크업을 배우려는 후배들뿐 아니라 연기자로 막 시작하는 어리고 예쁜 여성들을 정말 많이 만났다. 다들 젊고 아름답고 의욕에 넘쳐 있지만 2, 3년 후에 현장에서 또 만나게 되는 이들은 소수에 불과하다. 중도에 포기하고 다른 길을 찾아가거나 업계에서 사라져버리는 경우가 많다. '전에 잘하던 그 친구가 어디 갔나' 싶어 물어보면 곤란한 상황을 만나 일을 포기하고 다른 쪽으로 가버렸다는 얘기를 듣게 된다. 사람에 따라 기준은 다르겠지만 내가 볼 때는 대부분 일하다가 있을 수 있는 일, 과정으로 넘길 수 있는 작은 실수 때문에 좌절하고 포기하는 경우가 대부분이다.

'아깝다. 그 과정만 견뎌내면 더 성장할 수 있었을 텐데.'

이렇게 생각하며 안타까워했던 적이 많다. 정말 '이건 아니다' 싶을 때 과감하게 접는 것도 필요하지만 요즘 어린 친구들은 그 '아니다'를 너무 쉽게 느끼는 것 같다. 이왕 한번 뛰어든 일이라면 뚝심을 갖고 계속 밀어붙이는 모습을 보고 싶다. 무슨 일이든 처음부터 잘하는 사람은 없다. 누구나 서툴렀던 시기가 있고 실수도 한다. 자잘한 실수에 마음 상하지 말고 끝까지 가보는 건 어떨까? 몇 개월의 경험으로는 아무것도 할 수가 없다. 최소한 몇 년은 한 가지 일에 천착해야 전문가의 이름을 가질 수 있다. 메이크업 아티스트의 길이든 연기자든 아니면 다른 직업이나 공부든. 뭐든 일단 선택했다면 한 우물을 파길 바란다. 일시의 유행에 휩쓸려 결심하고 유행이 지나면 그만둬버리는 마음가짐이라면 무엇을 해도 잘할 수가 없을 터. 타고난 재능도 중요하지만 그것보다 중요한 건 성실함이다. 꾸준하게 매진하는 사람, 유행이나 남의 말에 흔들리지 않고 스스로를 믿는 사람만이 최후에 살아남고 진짜 전문가가 된다.

나 역시 30년 동안 일하면서 어려웠던 순간들이 무척 많았다. 처음부터 나는 가진 것도 조력자도, 아무것도 없었다. 작은 체구의 이십 대 초반 여자고 어떤 면을 봐도 남보다 유리한 점은 단 하나도 없었다. 그저 내 맘속에 이루겠다는 꿈만 있을 뿐, 순전히 내 힘으로 일어서야 했다. 모함과 시기를 받고 울었던 적도 있다. 경제적으로 힘들었던 적도 물론 있었다. 내 개인적인 일 때문에 마음이 힘들어서 정말 웃을 수가 없을 때도 환하게 웃으면서 신부화장을 하러 일어나야 했다. 그러나 내가 너무나 사랑하는 일이었고 그런 힘든 과정조차 잊을 만큼 영광된 순간도 많았다. 사실 늘 행복했다. 내가 좋아하는 일을 매일 할 수 있었기에, 그리고 늘 그 결과를 눈으로 확인할 수 있기에 작업 하나가 끝나면 곧장 새로 충전되는 느낌을 받고 살았다.

어린 친구들에게 사실 나처럼 살라고는 하고 싶지 않다. 그러나 좋아하는 일, 열정을 갖고 시작한 일에는 최대한 버티며 몰입해보는 끈기를 가져보라고 말하고 싶다. 쉽게 포기하고 자기 길을 벗어나는 젊은 여성들이 스스로를 좀더 믿길 바란다. 요즘 젊은 친구들이 살아가기 힘든 거 안다. 혼자서 아무리 노력해도 바뀌지 않는 부조리함도 있다.

나의 이십 대 때와는 또다른 어려움일 거다. 물론 힘들겠지. 무조건 버티라는 게 아니다. 그저 조금만 더 자신이 선택한 길과 꿈을 믿어보면 좋겠다. 그렇게 스스로의 실력을 쌓아나가면서 세상을 바꿀 힘도 키웠으면 한다.

꿈을 크게 가져라

나는 처음 이 일을 시작했을 때 세계에서 제일 실력 있는, 톱 메이크업 아티스트를 꿈꿨다. 밥 사먹을 돈 한 푼 없이 매일 새벽 첫차를 타고 다니면서도 내 마음은 세계 최고가 되는 순간을 항상 그리고 있었다. 세계 최고의 메이크업 아티스트가 되어 할리우드에서 일하는 김청경을 늘 상상했었다. 가당치도 않은 무모한 꿈이었지만 그 꿈을 상상하는 순간은 행복했다. 그리고 그 꿈이 있었기에 버텼다. 30년이 지난 지금? 어찌 되었든 그 꿈의 딱 절반은 이뤘다고 생각한다. 세계 최고의 아티스트가 되지는 못했지만 우리나라 톱의 이름은 얻었다. 그리고 디올, 바비브라운 등 해외의 최고 브랜드와도 함께 일하며 내 브랜드도 갖고 있다. 말 그대로 '절반의 승리'다.

이왕이면 꿈은 크게 가질수록 좋다고 생각한다. 일단 내 맘에 큰 그림을 가져보면 세상을 보는 시각이 달라진다. 당장의 어려움보다 조금 더 먼 미래를 상상하며 힘을 얻게 된다. 요즘 어린 학생들에게 장래희망을 써내라고 하면 '공무원'이나 '대기업 사원'을 써낸다는 말을 들었다. 좀 뛴다 싶으면 '연예인'이라고 한다. 얼마나 힘들면, 얼마나 사회가 빡빡하면 그럴까 싶다. 그런 얘기를 들으면 어른으로서 미안함과 일말의 책임감도 느낀다. 하지만 이왕 꿀 꿈이라면, 목표를 가진다면 허황된 꿈이라도 크게 꿨으면 좋겠다. 남들이 비웃고 무시하더라도 좀 더 크게. 그 꿈을 이룰 스스로를 상상하면서 마음을 다잡았으면 좋겠다. 현실로 이룰 수 있느냐는 사실 그 다음 문제다. 큰 꿈을 갖고 열심히 한 우물을 파다보면 무언가 되어 있을 거다. 비록 처음에 원했던 길이 아니더라도 그렇게 살아가다보면 당당하고 멋진 전문인이 되어 있을 거라고 믿는다.

여성다움을 살려라

'여자라서 안 돼', '여자들은 일할 때 감정적이라서 안 돼', '여자들은 너무 피곤해'. 요즘은 거의 모든 여자가 일을 하고 있고 사회적으로도 여자가 직업을 갖고 일하는 것을 당연스레 권장하는 분위기지만 일하는 여자들에 대한 시각에는 항상 편견이 묻어 있다. 그 편견의 골자는 주로 여자들의 '감정'에 있다. 여자들은 감정적이라 프로페셔널하지 못하다는 것. 그런 비난들을 많이 한다. 심지어 같은 여자들끼리도 서로를 피하고 헐뜯곤 한다. 그래서 어떤 여자들은 스스로를 감추고 일부러 더욱 냉정하고 차가운 이미지로 자신을 포장하기도 한다. 감정적이라는 말을 듣지 않기 위해서 가면을 쓰고 여성스러움을 애써 가려버리는 모습을 꽤 봤다. 하지만 나는 좀 다르게 생각한다. 여자들에게는 프로페셔널로 살아가기에 더 좋은 미덕들이 많다. '타인의 이야기에 공감하는 능력', '섬세함', '온유함', '처음 만난 사람과 격의 없게 가까워질 수 있는 친화력' 등은 여자들의 장점이다. 그리고 이런 장점은 일하면서 얼마든지 유리하게 발전시킬 수 있다. 나처럼 사람을 상대하는 직업을 가진 경우에는 더욱 그렇지만 다른 분야에서도 여성다운 개성은 좋은 덕목이다. 얼마든지 유익하게 활용할 수 있다. 커리어우먼답게 보이려고 일부러 딱딱하고 사무적인 말투와 태도를 꾸밀 필요는 전혀 없다. 있는 그대로의 모습으로, 가능하면 모두에게 친절하게 대하자. 약간 손해 보는 것 같아도 먼저 인사를 하고 말을 건네보자. 친절을 거절하는 사람은 거의 없다. 스스로 말투가 무뚝뚝하고 수줍음을 많이 탄다면 훈련을 해서라도 바꿔보자. 나 역시 늘 기분이 한결같지는 않다. 하루에 서른 명씩 메이크업하고나면 손목이 끊어질 것같이 아파 인상이 펴지지 않을 때가 있다. 메이크업을 해야 할 신부가 밖에서 기다리고 있는데 기분이 영 나지 않아 난감할 때도 가끔 있다. 그럴 때는 음악을 듣는다. 유키 구라모토나 김광진의 피아노 곡을 잠깐 들으면 서서히 기분이 풀린다. 억지로라도 미소를 지어보면 그 기운이 뇌에 전달되어 정말 기분이 좋아진다. 그러고나면 메이크업할 신부를 보고 진심으로 반갑게 웃어 보일 수가 있다.

  일하다보면 정말 별일이 다 있다. 생각과 개성이 다른 사람들, 별별 사람을 다 만나게 된다. 그렇더라도 항상 미소를 잃지 말자. 물론 정말 힘들 때도 있다. 웃음은커녕 울음이 터져 마땅할 순간이 가끔은 찾아온다. 그럴 때면 자기만의 기분 관리 대책을 하나쯤은 만들어두었다가 써먹자. 나처럼 음악을 들을 수도 있고 좋아하는 향을 맡거나 차를 마실 수도 있다. 뭐든지 자기에게 맞는 방법을 개발하자. 그래서 항상 프로답고, 친절하고 좋은 아우라를 풍길 수 있어야 한다. 혼자 있다면 울고 서러워한들 어떠랴. 하지만 적어도 일터에서는 내 기분을 내 사명에 맞게 관리해야 한다. 인내와 성실, 그게 내가 이 업계에서 최고의 자리를 지킬 수 있었던 비결이라면 비결이다. 조금 더 참고 조금 더 움직이자. 그게 프로페셔널이니까.

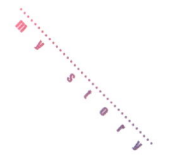

언제 어디서든
배움을 멈추지 마라

'삼척동자에게도 배울 것이 있다'고 했다. '반면교사'라는 말도 있다. 나보다 어리고 경험이 없는 사람에게도 배울 점은 있고, 나쁜 일을 저지르는 사람을 보면서는 나를 돌아보는 기회로 삼을 수도 있다. 일상 속에서 지나치는 자잘한 현상들을 보면서도 배우고자 마음먹으면 스스로에게 가르침을 줄 수 있다. 결론적으로, 살면서 만나는 그 누구에게서든 배울 점은 있다.

스무 살 초반에 메이크업을 처음 시작했을 때, 그때는 메이크업에 대한 번듯한 교재도 없고 보고 배울 사진자료나 책도 거의 없었다. 메이크업 지식에 목말랐던 나는 명동의 헌책방을 뒤져서 외국의 메이크업 서적을 구해 번역을 맡겨서 읽었다. 책을 보고 배우는 것도 흥미로웠지만 현장에서 일하면서부터는 책에서 배운 이론과 실제의 차이를 깨닫게 되었다. 특히 내가 번역해서 읽었던 책들이 독일과 미국 등의 외국 서적이었으므로 우리 실정과는 다를 수밖에 없었다. 얼굴 골격이나 사용하는 제품도 달랐고 책에서 본 대로 현장에서 적용하기에는 아쉬운 점이 많았다. 우리 식의 메이크업은 결국 나 스스로 터득하고 만들어 나가야 하는 것이었다. 나중에는 잡지도 닥치는 대로 읽었다. 〈보그〉, 〈엘르〉, 〈바자〉, 〈앙앙〉, 〈논노〉, 〈화장〉 같은 잡지들을 보며 다른 사람들, 외국 아티스트들의 작업들을 유심히 보고 스크랩했다. 의상과 메이크업이 어떻게 어울리는지, 모델에 따라서 메이크업 스타일이 어떻게 달리 보이는지를 보고 '나라면 이런 콘셉트의 촬영을 위해 어떻게 메이크업했을까' 생각해봤다. 많이 보고 상상하고 판단을 하면서도 배우는 것이 많았다. 결국 메이크업을 시작한 지 10년 만에 나는 『예쁜 얼굴』이라는 책을 출간했다. 메이크업 교본과도 같은 단행본이었다. 10년 동안 내가 현장에서 터득한 실전 노하우가 가득한 책이었다. 메이크업 아티스트 1세대로 메이크업에 대한 기반도, 인식도 없을 때 나 혼자 스스로를 가르치고, 배우고, 시도하고, 제안해야 했다. 그 책은 메이크업을 시작하는 후배들을 위한 것이었지만 아티스트로서, 내 10년 동안의 배움의 기록이기도 했다.

'김청경 헤어페이스'를 세우고 샵이 성장하면서 새로운 도전에 부딪쳤다. 샵의 규모가 커지고 같이 일하는 직원들의 수도 늘어나면서 메이크업 아티스트로서의 전문성만으로는 샵의 경영까지 다할 수 없다는 것을 깨달았기 때문이다. 그리고 나의 오랜 꿈, 숙원사업인 '화장품 브랜드'를 만들고 키우기 위해서는 '경영'을 공부할 필요가 있었다. 아티스트로서만 살아왔던 나에게 경영학 공부는 차원이 다른 문제였다. 고민 끝에 '고려대학교 ICP' 과정에 입학해서 공부를 시작했다. 과정을 이수하면서 배운 것도 많았지만 큰 사업을 경영하는 사람들을 만날 수 있던 것 역시 큰 수확이다. 사실 그동안의 나는 '연예인'과 다름없었다. 내 삶의 반경이 연예계였고 만나는 사람들도 거의 연예인들이었다. 게다가 대학 졸업 이후 지금까지 나는 앞만 보고 달리면서 너무 바쁘게 살았다. 동창이나 친구도 거의 만나지 않고 지냈다. 촬영장에서 만나는 이들이 나의 친구였다. 거의 연예인이나 연예계 인사들이었고 업계 이외의 사람들과는 교류가 거의 없었다. 사회성도 별로 없고 대인관계도 넓지 않은 데다 오직 일에만 집중하며 살아온 나. 그러다가 고대 ICP 과정을 통해 다양한 사업가들을 만나면서 그런 나를 다시 돌아보게 되었다. 다른 업계에서 다양한 사업을 하는 사람들은 내가 만나던 사람들과는 많이 달랐지만 그러기에 더욱 배울 점이 있었다. 사업을 운영하는 원칙, 냉철한 판단력과 직관력, 성실성과 포용력 등. 대학원에서 만난 이들을 통해 경영자들의 다양한 삶의 모습을 엿볼 수 있었다. 그리고 나 역시 조금은 더 멀리, 넓게 보는 시각을 갖게 되었다. 나는 고려대학교 경영대학원에서 펜실베이니아 대학교의 경영대학원인 와튼스쿨(Wharton School) 경영학 과정을 공부할 수 있는 기회를 알게 되었다. 오전 10시부터 오후 6시까지 통역을 통해 미국 교수님의 경영학 수업을 공부하는 과정이었다. 오랜만에 하는 공부, 그것도 경영학 공부는 어려웠다. 새로이 알아야 할 것들이 무척 많았다. 인재, 재무, 회계는 처음 접하는 분야였고 이재의 운용을 잘해야 사업을 성공적으로 이끌 수 있다는 것을 알게 되었다. 아티스트로만 살아온 나에게는 생소했지만 그래도 내가 할 수 있는 한, 성실하게 임했다. 그리고 미국 펜실베이니아대 경영대학원에 가서 CEO 과정 수료증을 받게 되었다. 경영학을 공부하는 과정은 때로는 지루하기도 하고 힘에 부쳤지만 지금 김청경 헤어페이스를 운영하고 리즈케이를 만드는 데 큰 바탕이 되었다. 경영학 공부는 아티스트적인 시각으로는 간과하기 쉬운 사업의 실질적인 면들을 숙고할 수 있게 해준다. 메이크업을 처음 시작했던 30년 전에도, 그리고 지금도 배움은 나를 만들어가는 가장 큰 힘이다. 흔히 '아는 것이 힘이다'고들 말하듯 알기 위해서는 우선 배워야 한다. 어디서든, 누구에게든, 언제든. 단순히 알기만 하는 상태는 금방 소진되지만 끊임없이 배우려는 사람은 마르지 않는 샘물 같은 존재가 된다. 항상 새로운 생각을 해내는 꼭 필요한 존재. 그렇게 되기 위해, 메이크업 아티스트와 사업가로서 내 목표를 이루기 위해 나는 끝없이 배우려 한다.

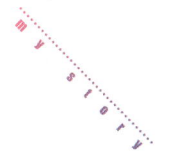

진정한
아름다움이란

어린 여자아이들이 대부분 그렇듯, 엄마의 화장대는 어린 나에게도 가장 흥미로운 놀이터였다. 반짝반짝 빛나는 로션병과 화사한 향기가 담뿍 풍기는 분첩, 보드라운 브러시와 립스틱들. 그것들을 만지작대고 냄새를 맡아보고 가끔 발라도 보며 나는 상상에 빠져들었다. 엄마의 화장품을 바르고 순정만화의 주인공처럼 변신하는 상상을. 과장되게 큰 눈망울과 오똑한 코에 곱슬거리는 긴 머리를 가진, 그런 만화 속 주인공이 되는 상상을 했다. 그리고 작은 스케치북에 그런 여주인공들을 계속 그리곤 했다. 더 자라서 십 대 즈음에 〈명화극장〉을 보다가 엘리자베스 테일러를 알게 된 후에는 그녀의 아름다움에 완전히 빠져버렸다.

'어쩌면 저렇게도 아름다운 여자가 있을까……'

검은 머리에 도자기 같은 피부, 고혹적으로 빛나는 눈동자. 엘리자베스 테일러의 압도적인 아름다움은 한참 동안 내 이상형이었고 내가 만든 화장품, '리즈케이'의 브랜드 명을 만드는 데 영감이 되기도 했다. 엄마의 화장품을 만지며 순정만화의 여주인공을 꿈꾸던 아이 때부터 엘리자베스 테일러를 알게 되고 수많은 스타들과 함께하며 메이크업 아티스트로 살아오는 오늘까지 나의 주제는 여성, 그리고 여성의 아름다움이다.

'여성의 아름다움이란 무엇인가? 어떻게 하면 나의 기술로 여성들을 아름답게 만들 수 있을까?' 이것이 이십 대 초반, 처음으로 이 길에 들어서면서부터 지금까지 내 머릿속에 늘 맴도는 생각이다.

외적으로 여성을 아름답게 보이게 만드는 요소는 많고 많지만 메이크업 아티스트로서 최우선적으로 생각하는 아름다운 여성의 기본적인 조건은 무엇보다도 '피부'다. 우리 몸에서 가장 많은 부분을 차지하고 있고 몸의 상태를 그대로 반영하는 피부가 아름다워야 진짜 미인이다. 건강하고 생기 넘치는 피부는 그 자체로 이미 아름다움을 발산한다. 아무리 좋은 메이크업 제품도 피부상태가 좋지 않다면 소용이 없다. 기초체력이 튼튼해야 다른 운동도 잘할 수 있고 땅이 좋아야 씨앗이 잘 자라듯, 무엇보다도 메이크업의 바탕이 되는 피부가 좋아야 좋은 제품도 그 가치를 발휘할 수 있는 법이다. 피부가 어느 정도 좋다면 메이크업으로 더욱 맑고 건강한 피부를 연출할 수 있다. 피부의 결점을 덮고, 본래의 안색을 가리는 차원을 넘어서 본래의 피부 위에 맑고 건강한 새 피부를 만들어내는 것. 동시에 그것이 오래 유지되고 잘 지워지지 않으면서 자연스럽게 보이는 것. 그것이 내가 추구하는 베이스 메이크업의 원칙이다. 나는 1998년도부터 HD 방송 시대를 준비했었다. 밀라노에서 '빛의 원리'를 깨닫고 촬영장을 누비면서 미국, 일본에 이어 우리 방송계에도 도래할 HD 방송을 예감했다. 배우 얼굴의 미세한 모공과 솜털까지 다 보여질 HD TV 화면, 그 앞에서도 당당하고 완벽하게 보일 수 있는 메이크업을 연구했다. 자칫 잘못 사용하면 화장을 두껍게 보이게 만들 수 있는 파우더를 최대한 덜 사용하면서도 밀착감 있는 메이크업, 수분감과 커버력이 동시에 충족되는 메이크업 방법을 연구했다. 그 결과로 다양한 메이크업 트렌드들이 생겨났고 큰 화제를 일으키며 우리나라 뷰티업계 판도에도 상당한 영향을 끼쳤다.

김지호의 건강한 피부를 카메라 앞에서도 잘 표현해내기 위해 만들었던 '누드 메이크업', 김지호 이후 황수정과 명세빈에 이어 심은하에 이르러서는 완벽하게 노 메이크업으로 보이는 '투명 메이크업'을 완성시켰다. 아기같이 보송한 송혜교의 피부와 이미지를 더 살려내기 위해 개발한 '동안 메이크업', 촉촉한 수분감으로 손만 대면 물이 떨어져 내릴 것 같았던 '아쿠아 메이크업'은 〈커피프린스 1호점〉으로 오랜만에 돌아온 채정안을 위해 만들어낸 메이크업 방법이었다. 그리고 이은주의 드라마 〈불새〉를 위해 만들었던, 비비크림을 이용해 맨얼굴을 예쁘게 연출한 '쌩얼 메이크업', 얼굴에 자연스러운 빛을 만든 수애의 '물광 메이크업'까지. 본연의 피부를 더욱 아름답고 건강하고 자연스럽게 보이게 만들기 위한 노력이 다양한 베이스 메이크업 기법으로 발전되었다. 90년대 중반까지만 하더라도 연예인들도 일반인들도 모두 '투웨이 케이크'류의 파운데이션으로 두껍게 피부를 덮는 화장을 하고 있었다. 당시의 메이크업이란 '피부의 결점을 최대한 가리고 눈과 입을 입체적으로 강조하는 것'이었다. 그러던 중 내가 개발한 누드 메이크업이 큰 호응을 받았고 점차로 메이크업의 개념이 '결점 커버, 색채 강조'에서 '자연스럽고 건강한 피부표현'으로 옮겨지게 되었다. 메이크업 아티스트로 일하면서 보람된 순간이 많았지만 답답하고 두꺼웠던 우리 여자들의 메이크업을 자연스럽고 가볍게 바꾸는 데 기여했다는 점은 특히 자랑스럽게 여기는 일이다.

이런 노력들이 쌓여 지금 우리나라 메이크업의 트렌드는 '자연스러운 피부표현'이 대세로 자리 잡고 있다. '누드, 동안, 물광, 생얼'을 넘어 이제는 '리얼 스킨'의 시대다. 리얼 스킨은 말 그대로 피부 본연의 아름다움을 그대로 드러내는 메이크업이다. 빛이 얼굴의 각 면에 반사되어 스스로 빛나게 보이는 메이크업. 어찌 보면 메이크업의 경지를 넘어서는 영역이지만 메이크업이 최종적으로 도달해야 할 지점이 바로 '리얼 스킨'이다. 메이크업을 했지만 전혀 안 한 것같이 자연스러우면서도 아름답게 빛나는 얼굴. 그리고 그렇게 빛나는 건강한 피부를 가진 여성이 가장 아름답다고 생각한다.

일단 피부가 아름다우면 세세한 이목구비가 조금 부족한 듯해도 밝고 귀한 인상을 줄 수 있다. 스스로 외모를 관리하는, 부지런한 여성이라는 느낌도 준다. 물론 눈, 코, 입 각 부분이 아름답다면 더욱 좋다. 그렇게 예뻐지기 위해서 요즘 여성들은 많은 노력을 한다. 다이어트도 하고 시술이나 성형수술을 하기도 한다. 아름다워지기 위한 노력이라는 면에서 나는 일단 그런 모든 시도를 지지한다. 하지만 돈과 시간을 들여 '어떤 시술을 받느냐'보다 중요한 건 '그것들이 과연 자연스럽게 보이는가'다. 아무리 비싼 최신의 시술, 모 연예인이 받았던 성형수술을 받았다고 할지라도 내 모습이 아니라면, 전체와 조화를 이루지 않고 이질감이 든다면 무슨 소용이겠는가. 자연스럽고 건강한 피부가 가장 아름답듯이 시술이든 수술이든 본연의 모습을 유지하면서도 아름답게 보이는 정도가 가장 적당한 것 같다. '과유불급'이야말로 이런 경우에 꼭 명심해야 할 말이다. 욕심부리지 말자. 젊은 여성들이 자신의 타고난 스타일에 좀더 자신감을 가졌으면 좋겠다. 하나님은 공평하셔서 누구에게나 한두 군데쯤 예쁜 부분을 만들어주셨다. 내가 갖고 있는 개성과 장점으로도 충분히 아름다워질 수 있다. 시술도 조금만, 결점을 보완하는 차원에서 모자라다 싶을 때 멈추는 것이 적당하다. 젊을수록 더욱 그렇다. 지금 당장보다 앞으로 살아갈 날들을 생각하자. 젊다면 수술보다는 좋은 인상을 갖도록 항상 웃는 것이 오히려 더 효과가 있다. 일하면서 정말 감탄스럽게 아름다운 연예인들, 여배우들을 많이 만난다. 그들이 타고난 아름다움은 정말 부러운 재능이다. 미인을 수도 없이 본 나지만 어쩌다 한 번씩 정말 빛나는 미인을 만나면 부러움에 몸서리가 쳐질 정도다. 우리가 그런 연예인들을 따라잡을 수는 없다. 그렇게 욕심부리는 순간부터, 제 모습을 잃기가 쉽다. 일하면서 정말 기억에 남는 미인들은 어찌 보면 평범한 여자들이다. 그저 평범한, 바쁘게 일하는 보통 여자들이다. 그녀들은 모두 완벽하지 않다. 피부에 잡티도 보이고 몸매가 뛰어나게 멋진 것도 아니다. 하지만 그녀들은 '자기다움'을 갖고 있다. 본연의 개성을 잘 살릴 수 있는 옷차림과 메이크업, 태도는 당당하지만 자연스럽고 다정하다. 일로써는 프로답고 외모관리에도 소홀하지 않은 여자들이다. 사실 그런 여자들, 현실의 여자들이 나에게는 정말 아름답게 보인다.

아름다움에는 정답이 없다. 가끔 성형외과 의사들이나 과학자들이 '미인의 기준이 되는 황금비율'이라며 제시하는 그림을 본다. 하지만 그런 수치로 만들어진 사람의 얼굴은 과연 아름다운가? 물론 수치상으로는 그렇겠지만 절대 자연스럽거나 아름답지는 않다. 오히려 약간의 빈틈, 다소의 허점이 얼굴에 신비함을 주고 개성을 느끼게 한다. 그리고 스스로 아무리 부족하다고 느껴도 분명 한두 군데 정도는 아름다운 곳이 있게 마련이다. 그런 장점을 발견하고 그 장점을 살리자. 나 역시 그랬다. 나는 키가 작은 게 어릴 때부터 늘 불만이었다. 때문에 어떤 촬영장에서건 10cm 하이힐을 신고 다녔다. 광고촬영을 하러 한라산 백록담에 올라갈 때도 높은 웨지힐 슈즈를 포기하지 않았던 나다. 그 정도로 작은 키는 나에게 큰 스트레스였다. 그러나 어느 순간부터 내 키에 대한 불만에서 해방되었다. 나는 키가 작은 대신 목소리가 맑고 눈의 표정이 다양하다. 그것도 드문 장점 아닌가? 그런 장점을 깨닫게 된 후부터는 작은 키에 대한 불만에서 해방되었다.

'이 정도면 나도 충분히 괜찮은걸?'

이렇게 마음을 풀어놓으니 내가 가진 또다른 가능성들이 계속 눈에 들어왔다. 나는 커트머리가 잘 어울리고, 항상 잘 웃고, 목소리에 설득력이 있고, 강하지만 동시에 부드러운, 꽤 괜찮은 여자였다. 누가 뭐라든 나 자신은 내가 가장 사랑해야만 한다. 그리고 실제로 알고보면 나도 꽤 매력적이다. 내가 나를 사랑하고 내 장점을 발견하면 남들도 알아봐준다. 내가 깨달은 걸 많은 여성들이 알았으면 좋겠다. 특히 외모에 신경을 많이 쓰는 젊은 여성들이 깨달았으면 좋겠다.

그래도 마음에 들지 않는 얼굴의 결점이 있다면? 메이크업을 적극 활용하면 된다. 메이크업은 마술이다. 내가 처음 이 일을 시작했을 때와 지금은 구석기 시대에서 디지털 시대만큼의 차이가 있다. 제품도, 기술도, 트렌드도 엄청나게 발전했다. 80년대 말에 메이크업 아티스트는 나 하나뿐이었지만 지금은 메이크업을 잘하는 아티스트들도 많고 배울 수 있는 경로도 무척 다양하다. TV나 잡지를 통해서도 메이크업에 관한 꽤 깊이 있는 정보들을 얻을 수 있고 강의를 들을 수도 있다. 원하기만 한다면 얼마든지, 메이크업으로 개성을 살리고 아름다워질 수 있다. 물론 메이크업만으로 맘에 들지 않는 얼굴의 결점을 극적으로 바꾸고 다른 사람처럼 보일 수는 없지만 내가 가진 장점을 부각시키고 기분을 바꿀 수는 있다. 내가 메이크업을 하면서 가장 즐거울 때가 바로 이런 때다. 결혼식장에서 예쁘게 보여야 한다는 강박관념에 사로잡혀 주눅 들어 있던 예비신부가 몇 번의 터치로 확 살아난 눈매를 보고 감탄하며 행복해할 때. 그럴 때 이 일을 하는 즐거움을 온몸으로 느낀다. 어찌 보면 메이크업은 얼굴을 예쁘게 만들어주는 이상의 큰 일일지도 모른다는 생각을 한다. 메이크업은 사람의 마음을 치유하고 분위기와 상황에 맞게 새로운 캐릭터를 창조하는 멋진 일이다. 나는 오늘도 예비신부의 눈썹을 쓸어 올리고 피부에 베이스 메이크업 제품을 바르면서 '이 일로 사람의 마음을 치유할 수도 있겠다'는 생각을 한다.

여성들이 메이크업의 마법으로 외모도, 마음도 다독일 수 있기를 바란다. 그러기 위해서 앞으로도 내 몸이 허락하는 한 메이크업 아티스트로서의 일, 아름다움의 전도사로서의 이 일을 꾸준히 해나가려 한다.

내가 이어가는
사랑의 릴레이

아버지를 간호하며 위험한 고비들을 넘겨가면서 기도를 자주 하게 되었다. 사람 마음이 그렇다. 별일이 없을 때는 잊고 지내다가 내가 필요할 때만 하늘의 도움을 찾는다. 하나님이든 다른 신앙이든 절박할 때 찾게 되는 건 다 비슷하다. 그렇게 기도하던 중에 우연히 아프리카의 아이들을 다룬 TV 프로그램을 보게 되었다. 더러운 누더기 옷을 입고 있는 아이들이 먹고 있는 건 놀랍게도 흙이었다. 먹을 것이 전혀 없는 메마른 땅. 아이들은 굶다 못해 진흙을 구워서 씹어 먹고 있었다. 그나마라도 있으면 다행이라는 게 진행자의 설명이었다. 나는 내 눈을 의심했다. 내 아들보다도 작은 아이들이 흙덩어리를 먹고 있었다. 신발도 없이 맨발로 거친 땅을 뛰어다니다보니 발에 벌레가 생긴 아이들도 있었다. 비참하고 비참했다. 아들과 함께 그 방송을 보면서 주체

할 수 없이 눈물이 흘렀다. 그렇게 비참한 환경에서 살아가는 아이들인데도 눈빛만은 생생했다. 흙먼지가 묻은 까만 피부에 맑은 눈이 반짝반짝 빛났다. 하염없이 울다가 나도 모르게 아들에게 말했다.

"엄마 저기 좀 갔다 올게."

그때 겨우 네 살이었던 아들도 엄마가 심상치 않다는 걸 느낀 모양이었다. 걱정 가득한 얼굴로 이렇게 말했다.

"엄마, 엄마가 가서 빵 좀 사주고 와."

나는 아들의 말대로 했다. 그 방송을 통해 '월드비전'을 알게 되었고 후원하기로 했다. 지금까지 세계 곳곳에 사는 50명의 아이들과 결연을 맺고 후원하고 있다. 아프리카, 아시아 등에 사는 아이들도 많다. 매달 일정 금액을 후원하기로 약속하고 후원신청을 했다. 그걸로 끝인 줄 알았는데 몇 달 지나니 편지가 오기 시작했다. 아이들이 직접 쓴 편지들이있다. 아이들의 사진도 빝있다. 그냥 돈만 내는 것이 아니라 아이들과 일대일의 관계를 맺는 후원이었다. 나는 아이들의 사진을 찬찬히 들여다봤다. 피부색도 사는 나라도 다르지만 다 똑같은 아이들이었다. 맑고, 귀엽고, 사랑받기 위해 태어난 아이들. 내 아들과 다를 바 없는 사랑스러운 아이들이었다. 그 아이들의 편지에 하나하나 답장을 써주면서 내 자신이 치유받는 느낌이었다. 나는 아이들에게 약간의 돈을 보내주고 있었지만 아이들은 나에게 그보다 훨씬 큰 사랑을 전해주고 있었다. 아들에게도 편지를 보여주었다. 교육이 다른 게 아니다. 함께 살아가는 세상에서 나누는 모습을 알게 해주는 것, 그것만큼 큰 교육이 없다.

  월드비전 후원을 시작으로 나는 남을 돕는 일에 본격적으로 눈을 돌리게 되었다. 일에만 파묻혀 살아왔지만 뭔가 내 힘으로 많은 사람의 삶을 바꿀 수 있다는 걸 깨달았고 내 아이를 위해서도 자선의 모습을 보이고, 또 가르치고 싶어졌다. 그렇게 꾸준히 도울 곳을 찾다가 알게 된 곳이 바로 '사단법인 뷰티플 마인드'였다. 뷰티플 마인드는 음악 교육을 통해 장애인의 재능을 발굴하고 지원하는 단체로, 재능 있는 장애인들이 최고의 음악 교육을 받을 수 있도록 지원하고 있다. 또한 이렇게 음악을 배운 장애인들이 국내와 해외에서 콘서트를 개최해 문화대사의 역할을 할 수 있도록 지원하고 있다. 장애인과 비장애인이 함께하는 뷰티플 마인드의 오케스트라 공연은 감동 그 자체다. 공연을 통해 모아진 수익금은 그 지역의 장애인을 지원하는 단체에 다시 기부하고 있다. 아프리카에 가서 공연을 했다면 그 수익금을 우리나라로 가져오지 않고 그냥 아프리카 현지에서 지원이 시급한 곳에 주고 오는 식이다. 도움의 손길이 끊임없이 순환되는 구조를 만드는 것이 이 단체의 모토다. 또한 이 단체의 이사들은 그냥 돈만 내는 것이 아니라 직접 현장에서 봉사활동을 한다. 이것을 '뷰티플 액션'이라고 하는데 한 달에 한 번 정도 장애인 시설에 가서 봉사를 한다. 직접 봉사활동에 참여하면서 장애인들의 생활을 이해하고 자신이 기부한 금액이 어떻게 사용되는지도 알 수 있다. 나는 뷰티플 마인드의 이런 역동적인 면이 마음에 들었다. 일방적으로 물품이나 돈을 지원하는 것이 아니라 교육을 통해 장애인들이 발전할 수 있도록 도울 수 있다는 점, 이사진들이 활동에 몸으로 참여한다는 점이 진실되게 느껴졌다. 그래서 2008년부터 이 재단의 이사로 활동하고 있다.

규모는 작지만 보람은 큰 봉사단체가 또 하나 있다. '겨자씨'가 바로 그곳이다. 청담동 압구정 일대의 자녀를 둔 여성들로 구성된 겨자씨는 약 3년쯤 전에 시작한 봉사단체다. 인원은 지금까지 열여덟 명으로, 작게 시작한 모임이다. 겨자씨 멤버들 중에는 아이들을 멀리 유학 보낸 엄마들이 많다. 경제적으로 여유가 있으니 돈에 구애받지 않고 멀리 있는 자신의 아이들을 생각하며 가까이 있는 어려운 아이들을 돕기 위해 만든 모임이 겨자씨다. 겨자씨 모임의 목표 역시 '교육'이다. 경제적 수준에 따라서 아이들이 받을 수 있는 교육의 수준 또한 크게 차이가 나고 있는 게 우리나라 현실이다. 돈 있는 집 아이들은 미국으로 유학도 가고 방학에는 어학연수도 가지만, 없는 집 아이들은 제대로 된 교재 한 권 사기도 힘들다. 그렇게 벌어진 교육 수준의 격차가 결국은 아이들의 학력 차이로 나타나고 가난은 가난대로, 부유함은 또 그것대로 대물림 되는 현실이 부당하고 안타까웠다. 그래서 가난한 지역의 아이들에게 영어공부를 할 수 있는 환경을 만들어주기로 했다. 일 년에 회비 120만 원씩을 갹출해서 난곡동에 있는 공부방에 컴퓨터를 지원해줬다. 그리고 영어교육 프로그램을 아이들이 이용할 수 있도록 회비를 지원했다. 공부방 아이들은 선생님과 함께 그곳에서 영어를 배우고 컴퓨터를 사용할 수 있다. 일 년에 한 번씩 개최하는 '섬머스쿨' 역시 중요한 교육행사다. 초등학교 한 곳을 빌리고 원어민 교사들을 초빙해서 공부방 아이들에게 영어를 집중적으로 배울 수 있는 기회를 만들어주고 있다. 외국에서 유학을 하다가 방학 동안에 집에 돌아온 겨자씨 멤버들의 자녀들이 도우미가 되어 공부방 아이들과 같이 공부한다. 영어 스피치 대회를 열어 시상도 하는데 아이들의 실력이 늘어가는 것을 확인하면 뿌듯하기 그지없다. 물론 국가나 학교에서 지원해주는 것만큼은 못하겠지만 우리 나름대로 아이들의 영어공부에 도움이 되어줄 수 있는 방편들을 생각해서 하나하나 실천하고 있다. 섬머캠프에 거의 무료봉사로 참여해주는 원어민 교사들도 무척 고마운 후원자들이다. 누가 먼저 말을 꺼내지 않았는데도 자연스럽게 무료로 봉사해주고 아이들과 진실되게 소통하는 원어민 선생님들을 보며 '선진국의 봉사정신이 저런 건가' 싶은 생각도 했다.

겨자씨 활동을 통해 아이들을 직접 만나면서 스스로도 느낀 점이 많았다. 한 달에 한 번 공부방 아이들의 생일을 챙겨준다. 엄마들끼리 역할을 나눠서 누구는 샐러드, 누구는 고기를 준비하고 다른 엄마가 케이크를 사오는 식으로 음식을 준비해간다. 처음에는 공부방 아이들이 우리에게 선뜻 곁을 주지 않았다. 낯설어하고 어색해했다. 우리도 마찬가지였다. '아줌마들이 돕겠다고 음식 해갖고 오는 걸 아이들이 과연 어떻게 받아들일까' 싶어 조심스러웠다. 하지만 곧 아이들도 우리를 받아들였다. 편하게 생각하고 우리가 오는 걸 기다리는 아이들이 있다는 말을 들으면 눈물이 난다. 가난하고, 방치되고, 힘든 사연을 가진 아이들. 허름한 옷을 입고 눈빛으로는 경계하지만 사실 내 아이와 다를 바 없는, 그냥 똑같은 '우리 아이'다. 어려운 환경에서도 아이다움을 잃지 않고 살아가는 아이들, 우리가 지원한 프로그램으로 영어 실력도 늘어가고 학교에서도 잘 생활한다는 아이들의 얘기를 들으면 내 스스로 크게 치유받는 느낌이다.

재작년쯤이던가, 급하게 전화가 왔다. 난곡동의 중학생 공부방 하나가 없어질 상황이라는 전화였다. 공부방을 운영하던 목사님이 사정이 생겨 공부방 보증금을 빼서 써야 하는데 그렇게 되면 공부방을 당장 비워줘야 한다는 것이었다. 일단 내가 3천만 원을 내고 나머지는 기부를 받아서 보증금을 채워주었다. 그 다음 해에는 월세를 올린다기에 아예 1년치 월세를 다 주었다. 교복을 사 입을 수 없어 학교에 가기 싫다는 중학생 여자아이들의 이야기, 안경을 바꿀 돈이 없어 도수가 안 맞는 걸 몇 년째 쓰고 다니는 초등학생들의 사연, 가난한 집안형편을 비관해서 계속 자살을 시도하는 초등학교 4학년 아이의 이야기…….
겨자씨 활동을 하면서 알게 된, 그리고 돕게 된 아이들의 이야기다. 내 자랑이 아니다. 이런 이야기는 정말 알리고 싶다. 번쩍번쩍한 건물들과 명품 숍이 그득한 서울에 이런 사연을 갖고 하루하루를 버티는 어린 아이들이 많다는 걸, 알리고 싶다. 그리고 그 아이들도 내 아이와 똑같은, 놀기 좋아하고 잘 웃는 그런 아이들이라는 걸 알리고 싶다. 그리고 그런 이웃들을 돕는 마음들이 더 많이 자라나고 확산되기를 바란다.

봉사활동을 하면서 속으로 다짐한 것이 있다. '내 자식에게만 물려주는 사람이 되지 않겠다'는 다짐이 바로 그것이다. 물론 하나밖에 없는 내 아들, 너무 소중하고 귀하다. 하지만 내가 모르는 곳에서 힘들어하고 있는 아이들도 내 아들과 같은 소중한 존재들이다. 그런 아이들과 더 많이 나누고 싶다. 진심으로 돕고 싶다. 그리고 무엇보다 그런 돕는 마음을 아들에게 물려주고 싶다. 요즘은 가끔 이런 기도를 한다.

'하나님, 이왕 주실 거면 저한테 많이 주세요. 그걸로 전부 봉사하는 데 사용하고 싶어요.'

빌 게이츠가 아내 멜린다와 함께 빌 앤 멜린다 게이츠 재단을 만들어 봉사하는 것처럼, 그리고 그들을 통해 미국의 부호들이 봉사의 물결에 동참하는 것처럼 나도 그런 봉사의 씨앗이 되고 싶다. 빌 게이츠처럼 크게는 할 수 없더라도 겨자씨만 한 힘이라도 보태서 누군가가 나를 보고 또 봉사의 마음을 갖는다면, 특히 내 아들이 그런 마음을 배운다면 그것만으로도 족할 것 같다.

지금도 성탄절 즈음이 되면 월드비전을 통해 후원하는 세계 곳곳의 아이들로부터 편지를 받는다. 아이들의 모습을 사진으로 보내주니 그들이 매년 어떻게 성장하고 있는지, 내 눈으로 확인할 수 있다. 열악한 상황에서도 무럭무럭 자라나는 아이들을 보면 가슴이 뻐근하게 아려온다. 내가 보내는 적은 돈으로 학교에 다니고 동네에 우물을 팠다는 아이들. 그 아이들 속에서 나는 스무 살 즈음의 나를 본다. 가난과 의무에 지쳐서 죽으려고 했던 김청경, 신부님 앞에서 죽겠다며 통곡하던 김청경을 본다. 그리고 그 힘든 시기에 나를 지탱해준 두 분의 신부님을 생각한다. 명동의 호프집에서 나에게 15만 원의 장학금을 주겠다고 약속하셨던, 젊은 신부님의 말씀을 떠올린다.

"'사랑의 릴레이' 어때요? 나중에 시간이 지나서 율리안나에게 여유가 생기면 그때 율리안나같이 어려운 학생을 돕는 거예요. 그렇게 사랑을 이어간다고 생각합시다."

그렇다, 사랑의 릴레이. 누군가는 그 신부님에게, 신부님은 나에게, 나는 또 세계에 흩어져 있는 나의 또다른 아이들에게 사랑의 릴레이를 이어가고 있다. 영원히 이어가야 할 아름다운 사랑의 고리를 이어가고 있다.

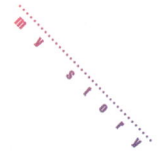

지난 일들을
돌아보면

 살아온 세월이 50년, 그리고 메이크업 아티스트로 살아왔던 세월이 또 30년이다. 이렇게 써놓고 보니 놀라운 시간들이다. 많은 일들이 있었다. 시간을 낭비하지 않고 나름대로 치열하게 달려왔다고 자평하고 싶다.

 그래, 정말 치열하게도 살았다. 뭐든지 잘하고 남보다 앞섰던 어린 시절, 집안의 몰락을 지켜보며 힘들었던 십 대 후반의 어두웠던 날들, 간신히 대학에 다니면서 커피 한 잔으로 버텼었고 KBS에서 처음 사회생활의 쓴맛도 봤다. 그리고 얻은 나의 또다른 이름, '메이크업 아티스트', '한국 최초의 메이크업 아티스트 김청경'. 그동안 받았던 그 어떤 상이나 찬사보다도 자랑스러운 나의 또다른 이름이다. 내가 처음 시작했고 앞으로도 남길 내 이름. 맨땅에서 빈손으로 시작해 이만큼 이뤘다는 사실이 자랑스럽다. 그리고 감사하고 있다. 어찌 되었든 나는 운이 좋은 사람, 복이 많은 사람이다. 내 노력과 하늘의 도우심, 나를 지켜주는 가족과 좋은 사람들이 있었기에 여기까지 왔다. 메이크업 아티스트로서, 김청경 헤어페이스의 오너로서 이룬 것에 후회는 없다. 앞으로 리즈케이를 통해서 이뤄나갈 것들을 생각하면 여전히 가슴이 뛴다. 마치 KBS에 처음 출근했던 그날처럼 말이다.

하지만 다른 면에서 아쉬움은 있다. 개인적인 삶을 너무 즐기지 못하고 살아왔다는 생각이 든다. 특히 젊었을 때, 대학시절을 충분히 누리지 못한 건 지금까지도 큰 아쉬움으로 남는 일이다. 어쩔 수 없었고 내 의지로 선택한 길이었지만 그 나이 때 젊은 여자로서 거쳐야 할 관계들을 만들지 못하고 집과 일만 생각하며 지냈던 건 아쉽다. 길을 지나다가 친구들과 신나게 대화하며 걸어가는 여학생들을 보면 상상에 빠져들곤 한다.

'나도 저런 대학생활을 보냈다면, 지금과는 많이 달랐을까?'

이십 대 젊은 시절에, 친구들과 함께일 때만 할 수 있는 경험들을 해보지 못한 것이 너무 아쉽다. 평범한 친구들처럼 대학생활을 적당히 즐겼다면 좀 다른 인간이 되지 않았을까 싶기도 하다. 인간적으로 더 다양하고 성숙한 사람이, 그리고 타인에 대해 더 공감하고 창의력이 넘치는 사람이 되지 않았을까 싶다. 지금의 나에게 큰 불만이 있는 것은 아니지만 종종 그런 가정을 해보곤 한다. 가져보지 못한 것에 대한 아쉬움이랄까. 그래서 요즘도 젊은 배우들이나 직원들을 만나면 말한다. '젊을 때 하고 싶은 것 맘껏 해보라'고. 젊은 시절은 정말 순식간이다. 그리고 딱 그때 경험해서 쌓아두어야 할 것들이 있다. 일도 그렇고 친구도, 넓은 세상을 보는 것도 그렇다. 젊을 때 할 수 있는 경험들이 조화롭게 쌓여야 나이 들어서도 더 충만한 인생을 살 수 있다고 생각한다.

김지호가 요즘 그림을 그린다. 화가로 활동하는 동생의 영향을 받아서 유화를 그리는데 실력이 대단하다. 배우 양미경도 미술 전공이 아니지만 뒤늦게 그림에 빠져서 열심히 작품을 그리고 있다. 역시 상당한 실력자다. 어릴 때 배운 것도 아니고 전공도 아닌 분야를 나이 들어서 새롭게 시작하는 건 쉬운 일이 아니다. 일단 용기와 각오가 확실해야 하고 그 일을 위해 투자할 시간과 여력이 있어야 한다. 그녀들이 그림을 시작하는 걸 보고 내심 놀라면서 많은 자극을 받았다. 좀 유명하다고, 나이가 들었다고 새로 시작하지 못할 일은 없다. 동기와 의지가 있다면 언제든지 도전하면 된다. 일도 그렇다. 나이가 들었다고 못할 것은 없다. 일정 연령이 되었다고 무조건 은퇴하는 건 글쎄, 업종에 따라 다르겠지만 무조건적으로 물러나서 노하우를 썩히게 되는 건 온당치 않다. 새로운 유행 못지않게 경험과 기술도 중요하다는 걸 알아줬으면 한다. 눈이 침침해지고 손이 떨려온다면 모를까, 가능한 오랫동안 이 일을 하고 싶다. 연예인 메이크업도 신부 메이크업도 내 손으로 직접 하고 싶다. 내가 가장 좋아하고 나에게 힘을 주는 이 일을.

그러다가 정말 메이크업조차 힘들게 되면? 아직은 막연한 구상이지만 작은 부티크 호텔을 만들어서 운영하고 싶다. 유럽의 고성을 사서 내 스타일로 객실과 로비를 만드는 상상을 한다. 유럽이라니, 약간 뜬금없고 메이크업과도 연관성이 없어 보이지만 오래 전부터 이런 생각을 해왔다. 단순히 손님이 묵어 가는 호텔이 아니라 그 호텔을 근거지로 삼아 예술가들을 후원하는 활동을 하고 싶다. 창의성도 실력도 뛰어나지만 경제적으로 어려움을 겪는 예술가들이 있다면 그들이 좋은 작품을 만들 수 있도록 돕고 싶다. 미술, 음악 등 가리지 않고 예술분야의 전방위로 도움을 주는 일을 하고 싶다. 그리고 나도 그들을 도우며 즐기고 싶다. 사람을 발견하고 키우고 성장하는 걸 보며 즐거워하는 일, 메이크업 아티스트로 일하면서 계속 내가 해왔던 일 아닌가. 그런 일의 연장선상에서 예술가들을 위해 의미 있는 일을 해보고 싶다. 아직은 구상에 불과하지만 언젠가는 꼭 실현될 거라 믿는다. 지금까지 무엇이든 내가 원하고 노력해서 이뤄지지 않은 일은 없었다. 간절히 목표를 바라보고 매일 한 걸음씩 나가면 뜻하지 않은 기회가 찾아오고 닫혔던 문이 열렸다.

그렇게 더 나이 들어서도 일하는 여자로, 메이크업 아티스트로 살아가고 싶다. 다른 걸 다 놓아도 그 이름만큼은 놓고 싶지 않다. '대한민국 최초의 메이크업 아티스트 김청경', 자랑스러운 내 또다른 이름으로 살아가고 싶다.

김청경이 만든
최고의 메이크업 테크닉 Best 7

1 | 누드 메이크업

김청경식 메이크업 테크닉의 기본이 된 스타일. 1998년, 드라마 〈8월의 신부〉에 출연할 당시 김지호를 위해 만든 메이크업으로 화장을 안 한 것처럼 보이면서도 피부가 좋아 보이는, 당시로서는 획기적인 메이크업 방법이었다. 90년대 중반까지 방송, 영화, 광고를 막론하고 두꺼운 피부 화장과 화려한 아이 메이크업이 유행했으나 누드 메이크업을 기점으로 자연스러운 맨얼굴처럼 보이는 화장법이 인기를 끌기 시작했다. 누드 메이크업은 무엇보다 자연스러운 베이스 메이크업이 특징. 리퀴드 파운데이션을 소량씩, 얼굴 안쪽에서 바깥쪽으로 쓸 듯이 그라데이션해서 발라준다. 이때 얼굴 바깥쪽은 거의 파운데이션이 묻지 않는다. 그 다음 컨실러로 잡티 부분을 꼼꼼히 커버해주는데 컨실러 전용 브러시를 이용해 주근깨나 자외선에 의한 피부 손상부위를 가려주는 것이 관건. 그 다음 가루 파우더를 이용해 유분기를 날리는 수준에서 메이크업을 마친다. 절대 파우더를 많이 바르지 않고 파운데이션을 발랐을 때 광택이 사라지지 않을 정도로 살짝만 발라주는 것이 포인트. 조명을 받았을 때 한층 작고 신비로운 아우라가 있는 얼굴로 연출된다. 이 누드 메이크업을 기본으로 하면 색조 메이크업(아이, 립)을 다양하게 연출할 수 있다.

2 | 투명 메이크업

심은하의 '칼리' 화장품 광고를 위해 만들었던 메이크업 방법. 한 듯 안 한 듯 깔끔하고 자연스럽게 연출한다. 일단 파운데이션을 아주 얇게, 소량을 얼굴 중앙에만 바르고 얼굴 가장자리로 사라지듯 펼쳐 발라 턱선 쪽은 피부톤이 드러나게 한다. 파운데이션을 바른 다음 온기가 있는 손바닥으로 감싸서 잘 스며들도록 한다. 그 다음 화이트 또는 아이보리 컬러의 아이섀도를 발라주는데 이때 살구색 아이섀도를 아이홀 부분에 발라서 눈매에 입체감을 준다. 이렇게 하면 전체적으로 밝고 깊이가 있으면서도 청량감 있는 아이 메이크업이 완성된다. 아이라인보다는 마스카라를 이용해서 눈을 강조하는데 이때 마스카라를 여러 번 덧발라준다. 연한 핑크 블러셔로 한두 번 쓸 듯이 볼을 터치해주고 하이라이터로 T존과 팔자주름, 아래턱에 터치해주면 끝. 밝고 깨끗한, 그야말로 '투명'의 이미지를 만들어내는 메이크업 방법이다.

3 | 동안 메이크업

최근 2, 3년 동안 스타들과 일반 여성들에게까지 가장 사랑받았던 메이크업 트렌드. 송혜교의 아기 같은 피부와 맑은 이미지를 더욱 강조하기 위해 만들었던 메이크업이다. 피부는 투명하고 깨끗하게, 아이 메이크업은 한 듯 안 한 듯 하게 메이크업해서 마치 소녀와 같은 밝고 귀여운 이미지를 연출한다. 아이라인이 튀지 않도록 얇게 그린 다음 볼과 입술을 생기 있어 보이도록 강조해야 한다. 이때 발그레한 볼을 연출하는 블러셔가 가장 중요하다. 어려 보이는 얼굴을 만들기 위해서는 핑크나 피치톤의 블러셔를 평소보다 조금 더 위쪽으로 끌어올리듯이 터치해주자. 이때 주의할 것은 브러시의 방향. 사선보다는 일자에 가깝게 자연스럽게 원을 그리듯 그라데이션되도록 블러셔를 터치해주는 것이 동안 메이크업의 포인트다. 블러셔가 너무 진해지면 자칫 우스꽝스러운 모습이 될 수 있으니 강약 조절에 유의할 것. 입술은 글로스나 틴트로 물들이듯 자연스럽게 연출해주면 동안 메이크업이 완성된다.

4 | 아쿠아 메이크업

피부에서 금방이라도 물이 뚝 떨어질 것 같은 글로시하고 건강해 보이는 메이크업 룩이다. 드라마 〈커피프린스 1호점〉의 채정안을 위해 만들어낸 룩으로 2007년 한 해 동안 큰 화제를 일으키며 유행했다. 수분 크림으로 피부를 촉촉하게 정돈한 다음 소량의 리퀴드 파운데이션을 고루 펴 발라준다. 잡티는 컨실러로 커버한 다음 파우더를 살짝만 바르거나 거의 바르지 않아 윤기 있는 피부로 마무리한다. 메이크업 마지막 단계에 세럼 스프레이를 뿌려 촉촉한 광을 연출한다.

5 | 생얼 메이크업

드라마 〈불새〉에 출연했던 이은주를 위해 고안한 메이크업 방법. 드라마 초반부에 가정부 역을 맡았던 이은주에게는 맨얼굴처럼 보이는 극도로 자연스러운 메이크업이 필요했다. 당시 피부과 치료 후 커버·재생용으로만 사용되었던 비비크림(독일 슈라멕Schramek 제품)을 파운데이션처럼 얼굴에 펴 바르니 적당히 커버되면서 쏙 스며들어 맨얼굴처럼 보였다. 비비크림에 파운데이션을 섞어 사용하면 커버력을 보완할 수 있다. 눈은 뷰러로 속눈썹만 올려주는 것으로 마무리한다.

6 | 삼각존 동안법

양쪽 눈썹 끝과 턱의 중심부분을 이어서 만들어지는 삼각형이 바로 얼굴의 삼각존. 이 삼각존 안쪽이 밝게 보여야 어려 보이고 생기 있는 얼굴이 된다는 것이 김청경식 '삼각존 동안법'이다. 삼각존을 중심으로 눈 밑을 밝히고, 팔자주름을 옅게 하고, 미간의 주름을 없애는 메이크업을 해주면 안색이 훨씬 밝아지고 어리게 보일 수 있다. KBS 분장실에서 일할 때 선배 분장사들이 했던 노역 분장을 역으로 적용해서 개발한 것이 삼각존 동안법. 젊은 배우를 노인 역할에 맞게 분장하려면 미간에 주름을 잡고 팔자주름을 짙게 그리고 눈밑을 어둡게 칠한다. 반대로 그 부분을 밝고 윤기나게 메이크업하면 어려 보이고 생기 있는 얼굴이 된다. 모든 메이크업 방법에 기본으로 적용할 수 있는 테크닉이다.

7 | 투명 메이크업의 완성, 결 커버(컨실러)

투명 베이스의 장점은 피부를 본래의 그것대로 표현하는, 맨 피부 같은 효과를 주므로 건강하고 자연스럽게 보인다는 것이다. 단점은 피부에 트러블, 잡티가 있거나 결이 고르지 못한 경우 그 단점을 감추지 못한다는 것이다. 그래서 발전된 것이 컨실러의 기교였다. 매트하게 농축된 파운데이션이라 할 수 있는 '컨실러 크림'을 브러시를 사용해 점이나 잡티, 여드름 자국 등을 감추는데, 세붓으로 섬세하게 해주면 감쪽같이 결점을 가릴 수 있다. 누구나 완벽히 백옥 같은 피부로 만들어줄 수 있는 컨실러의 활용은 피부화장에서 가장 중요한 기교가 되었다. 특히 비비크림처럼 커버력이 없는 베이스 제품을 사용하게 되면 얼굴의 감추고 싶은 결함들이 문제가 되는데 그 문제를 해결하는 방법이었다. 눈 밑의 다크서클과 점, 주근깨, 기미, 여드름이나 뾰루지 흔적까지 컨실러 제품의 농도나 색상을 달리 선택해 사용하면 결점 없는 피부표현이 가능했다. 나의 '투명 메이크업' 비결의 핵심이 컨실러가 되었고, 컨실러의 기교는 보다 더 진화해서 피부의 모공이나 결의 거친 굴곡까지도 컨실러로 감춰 피부가 균일하고 매끈하게 보이도록 컨실러를 활용했다. 예를 들어 여드름이 나기 전 어린 십 대의 여성 피부는 모공을 찾을 수 없을 만큼 탱탱하고 매끈하다. 지성 피부이거나 나이 듦에 따라 모공이 커지기도 하고 결에 패임이 생겨 굴곡으로 거칠게 보이는 피부가 된다. 그 패인 부분의 그늘짐을 피부보다 밝은 색상의 컨실러로 채워 그려주면 음영을 가리고 전체적으로 고운 결로 보이게 해준다. 그러다보니 나의 컨실러는 화장의 가장 마지막 단계에 한다. 대부분의 아티스트들이 컨실러를 파운데이션

단계에서 하는 것과 다른 점이다. 나는 컨실러를 립스틱, 블러셔, 하이라이트 터치까지 다 한 후에 거슬리는 부분을 모두 컨실러로 커버해 투명 메이크업을 완성한다. 그러다보니 어떨 땐 컨실러로 커버하는 데만 10분 이상이 걸리기도 하는데, 그만큼 그 과정 때문에 고객은 만족도가 높아지기도 한다고 생각한다. 꼼꼼하고 섬세하게 피부톤을 보정하는 모습을 보면서 나의 성의를 느끼는 것 같다. 고객에게 감동을 주는 것, 그것이 성공일 것이다.

김청경이 선정한
최신 메이크업 트렌드

리얼 스킨 메이크업

2012년을 시작으로 유행 중인 최신 메이크업 트렌드. 누드, 물광, 윤광 메이크업이 발전한 결정판으로 파운데이션도 아이섀도도 '할 건 다 했지만' 제품이 피부에 드러나 보이지 않고 자연스러운 본래의 피부인 것처럼 보이는 메이크업이다. 마치 민낯인 것처럼 보이지만 잡티 커버는 철저히 하는 것이 리얼 스킨 메이크업의 관건. 파운데이션은 최소한, 팥알 크기 정도로 적게 사용하여 최대한 얇고 고르게 펴 바른다. 잡티는 컨실러를 사용하여 집중적으로 커버하고 피부결이 고르지 않은 부분은 그 부분만 컨실러로 메우듯이 커버해준다. 눈과 입술에도 컬러 사용을 자제하고 최대한 피부색과 유사한 컬러의 제품을 사용해 자연스럽게 보이게 한다. 티존에 흔히 쓰는 하이라이터나 펄이 들어간 제품은 사용하지 않고 투명한 가루파우더로 유분기만 살짝 날리는 정도에서 마무리한다.

윤광 메이크업

피부에서 은은하게 빛이 발산되어 밝은 안색과 입체감을 주도록 메이크업하는 것이 윤광 메이크업의 포인트다. 펄감과 수분기가 적절히 균형을 이루어야 윤광이 완성되는데 스킨, 로션, 메이크업 베이스와 파운데이션을 시간 차를 두고 발라주어 피부에 잘 밀착되도록 해준다. 그런 다음 눈썹 끝의 두 지점과 턱의 중심 부분을 선으로 이어 얼굴에 삼각형을 상상한 후 그 안을 빛으로 채우듯이 밝게 표현해준다. 얼굴 중심부가 빛나도록 메이크업하면 전체적으로 은은한 광채와 입체감이 살아나는 작은 얼굴로 보인다.

블랙 섀도 스모키 메이크업

일명 '김연아 메이크업'으로 잘 알려진, 블랙 라이너와 섀도로 눈을 강조하는 메이크업. 아이섀도를 바르기 전에 아이 메이크업 프라이머를 눈 전체에 고르게 발라 눈가 피부톤을 정리한 다음, 블랙 또는 그레이 컬러의 섀도를 바르는데 이때 연한 컬러는 넓은 부위에, 블랙 컬러는 아이라인에 가깝게 좁고 섬세하게 발라서 살짝 번지도록 만들어준다. 잘 번지지 않는 리퀴드, 또는 젤 라이너로 언더라인도 섬세하게 그려서 눈 윗부분 아이라인과 맞춰준다. 눈꼬리를 길게 빼서 마무리하면 강렬하면서도 날렵한 아이 메이크업 완성!

펄 메이크업

은은한 윤광을 주는 미세한 펄이 아니라 굵은 펄 입자를 사용해서 극도로 화려해 보이도록 연출하는 메이크업. 펄을 넘어서 거의 글리터(Glitter)한 느낌을 주는데 눈가에 골드, 실버 펄 메이크업을 하면 화려하고 신비로운 느낌을 줄 수 있다. 일단 눈 전체에 가벼운 스모키 메이크업을 한 후 반짝이는 피그먼트(Pigment)를 얹어 화려한 눈매를 연출한다. 보아, 소녀시대, 2NE1 등 무대에서 역동적인 모습을 보여야 하는 가수들에게 인기 있는 스타일.

네온 컬러 메이크업

걸그룹 멤버들에게 잘 어울리는 발랄한 분위기를 연출할 수 있는 컬러 메이크업. 피부와 아이 메이크업은 전체적으로 누드 메이크업으로 하되 옐로우, 핫 핑크, 아쿠아 블루, 그린 등 튀는 컬러의 라이너나 섀도를 사용해 아이라인 등에 포인트를 주는 메이크업이다. 네온 컬러의 섀도를 사용할 경우엔 눈꼬리부터 아이홀 쪽, 눈 안쪽으로 서서히 그라데이션되도록 발라준다.

일자 눈썹 메이크업

그동안 여성스러운 아치형 눈썹, 글래머러스한 각진 눈썹 등 메이크업의 분위기에 따라 눈썹의 모양도 조금씩 바뀌어 왔다. 최근 돋보이는 눈썹 메이크업 스타일은 일자 눈썹. 배우 수애나 문채원의 눈썹 같은 느낌으로 굴곡을 주지 않고 도톰하게 일자로 연출하면 어려 보이고 순해 보이는 인상을 만들 수 있다. 눈썹칼을 이용해 불규칙하게 난 부분을 자연스럽게 다듬은 후 아이브로우 펜슬이나 전용 브러시로 눈썹 결을 따라 빈 곳만 가볍게 채워주면 동안 메이크업에 어울리는 일자 눈썹이 만들어진다.

딸기우유 립 메이크업

핑크 립스틱의 대유행과 함께 한동안 큰 인기를 끌었던 메이크업 트렌드. 밝은 핑크색 립스틱은 아무나 어울리기 힘든 컬러이기 때문에 베이스 메이크업을 철저히 해줘야 한다. 누드 메이크업을 기본으로 피부의 잡티를 깔끔하게 정리해준 다음, 밝은 핑크색 립스틱을 발라주는데 이때 아이 메이크업을 라인만 그리는 수준에서 해주면 사랑스러운 느낌으로, 스모키 아이 메이크업을 하면 섹시한 이미지로 상반되게 연출할 수 있다.

퍼플 컬러 메이크업

최근 주목받고 있는 퍼플, 보라색을 메인 컬러로 사용해 강렬하고 고급스러운 느낌을 줄 수 있다. 드라마 〈제빵왕 김탁구〉에서 전인화에게 적용했던 메이크업도 바로 이 퍼플 컬러 메이크업. 보라, 자주색은 의외로 동양인 피부와 잘 어울린다. 보라색 아이섀도로 스모키 아이 메이크업을 한 전인화의 모습이 큰 화제가 되기도 했다. 화이트, 핑크 컬러와 그라데이션해서 다양한 분위기로 연출할 수 있다.

틴트 립 메이크업

틴트(Tint) 또한 최근 2, 3년 동안 많은 사랑을 받고 있다. 틴트의 장점은 무엇보다 오래 지속되고 피부에 스며들어 자연스럽게 보인다는 점. 전지현, 황정음 등이 틴트 유행에 일조했다. 입술 중앙에 틴트를 바르고 바깥쪽으로 연해지도록 발라 자연스럽고 입체감 있는 입술색을 연출할 수 있다. 틴트만 사용하면 색감을 그대로 느낄 수 있고 위에 립글로스를 덧바르면 촉촉함과 빛나는 느낌으로 화려하게 연출할 수 있다.

누드 립 메이크업

고급스럽고 세련된 인상을 주는 누드 립 메이크업은 입술색을 튀지 않게 엷은 살구색이나 누드톤에 가까운 핑크로 발라주는 대신 눈을 세미 스모키로 메이크업해 강렬하게 강조해야 완성된다. 매트한 누드톤의 입술에는 스모키 아이 메이크업이, 약간 광택이 나는 누드 립스틱을 바를 경우에는 연한 아이 메이크업을 해야 잘 어울린다. 제니퍼 로페즈가 이 메이크업 스타일을 유행시킨 대표적인 스타다.

골드 메이크업

화려함과 고급스러움을 가장 잘 표현할 수 있는 컬러가 바로 골드다. 입자가 굵은 피그먼트로 화려함을 주는 펄 메이크업이나 얼굴 전체적으로 빛을 주는 윤광 메이크업과는 달리 골드 섀도를 눈두덩 전체에 발라서 빛나는 느낌을 연출하는 것이 골드 메이크업의 특징. 눈두덩 전체가 부담스러울 때는 눈머리나 눈 밑에 골드 섀도를 살짝 얹듯이 연출할 수도 있다. 골드는 카키, 와인, 브라운 등 다른 컬러와도 잘 어울리기 때문에 화려하고 우아한 골드 컬러의 분위기를 다양하게 변형해서 연출할 수 있다.

"Life is either a daring adventure or nothing."
_Helen Keller

인생은 과감한 모험이던가, 아니면 아무 것도 아니다.
_헬렌 켈러

김청경, 미美완성을 꿈꾼다

ⓒ 김청경 2013

초판 인쇄 2013년 3월 11일
초판 발행 2013년 3월 22일

지은이 김청경

펴낸이 강병선
편집인 황상욱

기획·책임편집 황상욱　**구성** 김선　**디자인** 최윤미　**교정** 남연정
마케팅 이숙재　**온라인 마케팅** 김희숙 김상만 이원주 한수진
제작 서동관 김애진 임현식　**제작처** 미광원색사(인쇄) 창림P&B(제본)

펴낸곳 (주)문학동네
출판등록 1993년 10월 22일
임프린트 휴먼큐브

주소 413-756 경기도 파주시 문발동 파주출판도시 513-8 1층
문의전화 031-955-1902(편집)　031-955-3578(마케팅)　**팩스** 031-955-8855
전자우편 forviya@munhak.com　**트위터** @forviya

ISBN 978-89-546-2081-9　03320

- 휴먼큐브는 문학동네 출판그룹의 임프린트입니다. 이 책의 판권은 지은이와 휴먼큐브에 있습니다.
- 이 책 내용의 전부 또는 일부를 재사용하려면 반드시 양측의 서면동의를 받아야 합니다.

www.munhak.com